W0045786

F 131

PS 1085

35 334 / 92

32,80

Rolf Oerter   Entwicklung und Sozialisation

ROLF OERTER

Entwicklung und Sozialisation

Kindheit, Jugend, Alter

Illustrierte Sonderausgabe von Band 3 aus der Reihe
Psychologie für Grundstudium und Sekundarstufe II

VERLAG LUDWIG AUER DONAUWÖRTH

Bildnachweis

S. 57, 115, 121, 139, 157 Hed Wimmer, Karlsruhe. Aus: Hed Wimmer, Weil jedes Kind ein Wunder ist. Walter-Verlag Olten und Freiburg i. Br.

S. 91 Irmin Henkel. Aus: Hanns Reich. Das Kind und sein Vater. Hans Reich-Verlag Luzern

S. 135, 151 Aus: Liselotte Diem, Das Spiel – Spiegel des Menschlichen. Wilhelm Limpert Verlag, Bad Homburg

S. 197, 299 Oswald Kettenberger. Aus: Oswald Kettenberger, Nur Menschen. Kiefel-Verlag Wuppertal

S. 245, 251 Time-Life International. Aus: Die besten Photos aus Time-Life

S. 291 Magnum-Foto von Leonhard Fred. Laenderpress Düsseldorf

S. 337 Edu Med-Pressedienst J. Walter Thompson GmbH Frankfurt a. M.

2. Auflage. 1981
© by Verlag Ludwig Auer, Donauwörth. 1978
Alle Rechte vorbehalten
Gesamtherstellung: Druckerei Ludwig Auer, Donauwörth
ISBN 3-403-00867-3

An den Leser

In einer Welt der zunehmenden Verwissenschaftlichung, Spezialisierung und Differenzierung erkennt der Laie, daß er dem Fachmann das Feld überlassen muß und nicht mitreden darf. Nun gibt es aber Gebiete, auf denen er sich trotzdem tummelt, zum einen, weil er glaubt, sich auszukennen, zum anderen, weil er gezwungen ist, sich eine Meinung zu bilden und zu handeln. Zu den Gebieten dieses Typs gehört die Psychologie. Fast nirgends glaubt der Laie so gut mitreden zu können wie hier. Solange er eine vorwissenschaftliche Alltagspsychologie vertritt, mag er damit sogar recht haben. Der wissenschaftlichen psychologischen Forschung mit über zwanzigtausend Veröffentlichungen pro Jahr aber dürfte er ratlos gegenüberstehen und zugleich ein Bedürfnis entwickeln, wissenschaftlich gesicherte oder doch vertretbare Information zu erhalten, die über ein naives Alltagsverständnis hinausgeht.

Das vorliegende Buch versucht, diesem Ziel im Bereich der Entwicklungspsychologie etwas näherzukommen. Es wählt eine Darstellungsform, die über viele popularwissenschaftliche Darstellungen hinausgeht, aber notwendig ist, wenn man noch ein Bild von dem erhalten will, was Wissenschaft und Forschung im Bereich der Entwicklungspsychologie heute ist. Das Buch wendet sich daher an etwas anspruchsvollere Leser, will aber nach wie vor stets allgemein verständlich bleiben. Der Autor ist zugleich der Überzeugung, daß man den Laien bei Einführung in eine neue Materie eher unterschätzt und ihm Kinderkost vorsetzt, eine Tendenz, die durch die Massenkommunikationsmittel stark gefördert wurde. Dem Fachmann freilich mag die in diesem Buch getroffene Auswahl zu begrenzt und die Darstellung zu simpel oder zu widerspruchsfrei angesichts der divergenten Forschungsmeinungen und -befunde sein, doch soll man zugute halten, daß sich die Balance zwischen Verständlichkeit und sachlicher Angemessenheit nicht immer optimal herstellen läßt.

In den Text sind Aufgaben bzw. Anregungen mit dem Kennbuchstaben **A** eingestreut, die nach Belieben „ausprobiert" werden können. Da das Buch eine Sonderausgabe des bereits vorhandenen 3. Bandes der Reihe Psychologie für Grundstudium und Sekundarstufe II darstellt, wurden auch die Kontrollaufgaben am Ende der Kapitel beibehalten. Der Leser mag sie lächelnd oder erbost überschlagen, er kann sich auch selbst in seinen vier Wänden kontrollieren, was er von dem Dargestellten nun verstanden oder gemerkt hat. Der Autor bittet in jedem Falle um Nachsicht für die Beibehaltung dieses „schulmeisterlichen" Anhangs.

Rolf Oerter

Inhaltsverzeichnis

Einleitung: Zwei Alltagsvorstellungen über die menschliche Entwicklung

Niemand, der nicht vom Fach ist, bildet sich ein, von Astrophysik, Tiefbau oder Hochfrequenztechnik viel zu verstehen. Über den Menschen und seine Entwicklung hingegen hat jeder mehr oder minder fest umrissene Anschauungen. Von der menschlichen Entwicklung glaubt jeder etwas zu verstehen und jeder findet es selbstverständlich, mitzureden. Dies ist eigentlich zunächst unbegreiflich, da der Mensch als Untersuchungsgegenstand unendlich viel komplizierter ist als die Zusammensetzung von Sternen, die Tragfähigkeit eines Fundaments oder die Eigenschaften elektromagnetischer Wellen.

Die festen Vorstellungen und Urteile über menschliche Eigenart und menschliches Werden entspringen aber keineswegs der Borniertheit oder Überheblichkeit des Laien. Während wir nämlich Fachgebiete wie Astrophysik und Hochfrequenztechnik den „Fachleuten" überlassen können, sind wir tagtäglich gezwungen, mit anderen Menschen umzugehen und mit uns selbst fertig zu werden. Jeder muß sich wohl oder übel eine „Theorie" über den Menschen und seine Veränderung im Laufe des Lebens zurechtzimmern. Wir wollen zwei solche Vorstellungen oder Privattheorien über die menschliche Entwicklung an den Anfang setzen, weil sie mehr oder minder bewußt bei allen, die sich nicht näher mit wissenschaftlichen Erkenntnissen über den Menschen befaßt haben, eine Rolle spielen.

Die eine Vorstellung kann durch das Samenmodell

veranschaulicht werden. Ähnlich wie sich aus dem Samen die Pflanze entwickelt, so entfaltet der Mensch seine körperlichen und geistigen Anlagen. Alles, was er erreichen kann, steckt bereits in ihm, und seine Entwicklung vollzieht sich in einer bestimmten Reihenfolge, die – ähnlich wie beim Wachstum der Pflanze – nicht verändert werden kann. Diese Vorstellung schreibt alle entscheidenden Bedingungen der Anlage des Menschen zu:

- die inhaltliche Entwicklung wird als Entfaltung angelegter Begabung verstanden
- die erreichbare Entwicklungshöhe hängt vom Anlagepotential ab
- die Reihenfolge der einzelnen Entwicklungsschritte ist anlagemäßig vorgegeben.

Zwei Gründe mögen Hauptursache für dieses Verständnis von Entwicklung sein. Zum einen beobachten wir in der Natur Entwicklungsvorgänge, die in der Tat ungefähr nach einem im Organismus angelegten Programm ablaufen, z. B. das Wachstum von Pflanzen, die Entwicklungsstadien von Insekten. Zum anderen entwickeln sich Menschen von Anfang an recht verschieden, obwohl die Umwelteinflüsse durchaus ähnlich sind. Kinder aus ein und derselben Familie zeigen oft recht große Unterschiede in ihrem „Temperament" und in ihrer „Begabung". Für viele drängt sich daher der Eindruck auf, der Mensch entwickle sich zwangsläufig in eine bestimmte Richtung, unbeschadet aller Einwirkungen und Bemühungen. Die Entwicklungsvorstellung in Analogie zum Samenmodell bestimmt bis zu einem gewissen Grad nicht nur Anschauungen über den Menschen, sondern auch praktisches Handeln bis hinein in die familiäre Erziehung und in den Schulalltag, obwohl diese Vorstellung falsch und zudem nicht ungefährlich ist.

Die zweite Alltagsvorstellung bezieht sich auf den Zusammenhang zwischen körperlichem und seelischem Wachstum und hängt sehr eng mit der eben beschriebenen Vorstellung zusammen. Die auffälligen körperlichen Veränderungen während der menschlichen Entwicklung, vor allem in den ersten fünfzehn Jahren, werden von ebenso auffälligen Veränderungen im Verhalten und in der Persönlichkeit begleitet. Kein Wunder, daß man einen Zusammenhang zwischen beiden Veränderungsreihen vermutet. Da die körperliche Entwicklung hauptsächlich ein rein biologischer Vorgang ist, erscheint sie festgelegt und wirkt unserem Eindruck nach als Ursache für Verhaltens- und Leistungsänderungen. Körperliche Reifungsvorgänge scheinen zugleich seelische Reifevorgänge zu bedingen. Die „Schulreife" stellen sich viele daher in engster Verbindung mit bestimmten körperlichen Reifungsmerkmalen vor, und die Geschlechtsreife im Jugendalter bewirkt nach allgemeiner Anschauung eine stürmische und dramatische Entwicklung im Erleben und Verhalten. Auch diese Vorstellung von der Parallelität körperlicher und seelischer Entwicklung, vor allem aber die Bestimmung der seelischen Entwicklung durch die körperliche, ist trotz aller sichtbaren „Beweise" falsch. Auch sie wirkt sich wie die zuerst genannte Alltagsvorstellung auf praktisches Handeln aus und kann zu falschen Entscheidungen führen.

Beide Alltagsvorstellungen enthalten freilich Elemente, die auch in einer besser fundierten Beschreibung und Erklärung ihren Platz haben. So stehen wir im folgenden vor einer doppelten Aufgabe: Wir müssen einerseits vertraute und leider auch fest verankerte Anschauungen aufgeben, andererseits einige Elemente dieser Anschauungen in ein angemesseneres Verständnis von der Entwicklung des Menschen hinüberretten.

Wie vollzieht sich menschliche Entwicklung?
Einführung in einige Grundbegriffe

Um Entwicklung zu verstehen, soll man nicht auf wichtige Bedingungen, wie Anlage oder körperliche Entwicklung, verzichten, sondern muß sie im Zusammenhang mit entscheidenden anderen Bedingungen sehen. Wir werden daher von der Anlage ausgehen und prüfen, welchen Einfluß die Umwelt während der menschlichen Entwicklung auf diese Anlage nimmt. Daß am Ende dann die Anlage ihre derzeit immer noch sehr hoch eingeschätzte Bedeutung weitgehend verliert, ist nicht eine Folge ihrer vorzeitigen Ausklammerung oder Streichung, sondern stellt eine notwendige Schlußfolgerung dar.

Anlage

Schwierigkeiten und methodische Probleme der Erbforschung

Während sich für den Laien, der gerne alles auf Anlage zurückführt, der Nachweis der Anlage einfach gestaltet, steht die wissenschaftliche Erbforschung vor großen Schwierigkeiten, sobald sie komplexes menschliches Verhalten untersucht. Einige dieser Schwierigkeiten sollen kurz beschrieben werden.

Unterscheidung von Genotyp und Phänotyp. Bekanntlich ist das Erbmaterial in den Genen, die in den Chromosomen der Körperzellen lokalisiert sind, gespeichert. Über die Art der Speicherung ist einiges bekannt:

Die gesamte Erbinformation der Gene* wird durch DNS-(Desoxiribose-Nuklein-Säure)Teilchen gebildet. Jedes Teilchen oder (Desoxiribose-)Nukleotid enthält vier verschiedene Basen, die aber nur in Dreier-Kombinationen (Tripletts) vorkommen. Insgesamt sind demnach 4^3 Tripletts möglich. Jedes Triplett bildet eine Informationseinheit oder ein Code-Wort. Die Nukleotide des Tripletts geben über RNS-Nukleotide** an die eiweißbildende Instanz der Zelle den „Auftrag", eine bestimmte Aminosäure aufzubauen und zwar in genau der Reihenfolge, wie sie im Triplett festgelegt ist. Durch Aneinanderreihung der Tripletts ergibt sich die Gesamtheit aller Erbinformation, die in Genen gespeichert werden kann.

Es besteht kein Zweifel darüber, daß auch komplexe Verhaltens- und Leistungsbedingungen ihr Anlagefundament in Triplett-Ketten haben, also materiell gespeichert sind. Daraus wird aber zugleich deutlich, welch gewaltiger Unterschied zwischen dem materiell gespeicherten Erbmaterial (Genotyp) und dem im sozialen Leben sichtbar werdenden Verhalten (Phänotyp) besteht. Läßt sich bei einfachen Substanzen (Eiweißkörpern) noch relativ gut der Zusammenhang zwischen Genotyp und Phänotyp herstellen, so sind wir heute weit davon entfernt, komplexere Körperstrukturen unmittelbar aus der Erbinformation abzuleiten. Bei Verhaltensstrukturen und gespeicherten Wissens- oder Denkstrukturen liegt die Schwierigkeit, einen Zusammenhang zwischen Genotyp und Phänotyp zu finden, aber nicht so sehr in der Komplexität des Sachverhaltes, als darin, daß der Zusammenhang nicht eindeutig und direkt wie bei körperlichen Merk-

---

* Neuerdings nimmt man an, daß auch außerhalb von Genen Erbinformation gespeichert wird.

** Nähere Einzelheiten können hier nicht beschrieben werden. Eine anschauliche Darstellung findet sich beispielsweise in: *Boden* (1967).

malen besteht. Das Endergebnis, das wir in Erleben und Verhalten phänotypisch vor uns haben, stellt nämlich eine gewaltige Veränderung und Entwicklung dar, von der nur die ersten Schritte die Ausformulierung genetischer Information bilden.

Eine direkte Entsprechung von Phänotyp und Genotyp ist daher nicht gegeben. Dies gilt auch bei Anwendung der bekannten Mendelschen Gesetze: Der psychische Phänotyp beim Menschen ist nicht beschreibbar als Kombination von genotypisch vorhandenen Merkmalen, wie etwa die phänotypisch sichtbare Blütenfarbe eine Kombination von genotypisch zugrundeliegenden Farbmerkmalen ist.

Zu diesem Tatbestand seien im folgenden noch zwei Gesichtspunkte aufgeführt.

Psychische Merkmale gehen auf eine Vielzahl von Genen zurück. Man kann nicht anzweifeln, daß Intelligenzleistung, der Erwerb der Sprache und die Fähigkeit, sich sozial zu verhalten, genetische Wurzeln hat, so wie alles Leben auf genetischer Information basiert. Die Gattung Mensch würde sich ohne spezifisches genetisch festgelegtes Programm nicht vom Tier unterscheiden. Die Anlage komplexer Verhaltens- und Leistungsmuster ist aber nicht in einigen wenigen Genen gespeichert, sondern mutmaßlich aus der Kombination einer großen Zahl von Genen gebildet. So können phänotypisch gleiche oder ähnliche Verhaltensmuster genotypisch ganz unterschiedlich repräsentiert sein, und phänotypisch sehr verschiedene Verhaltensmuster genotypisch ähnliche Bedingungen zur Grundlage haben. Das bekannteste Beispiel für eine Vielzahl genetischer Bedingungen ist wohl die Intelligenz. Sie ist genetisch „multifaktoriell" bedingt. Alle

Versuche, Intelligenz in einem Chromosom oder gar Gen zu lokalisieren, sind bislang gescheitert, nicht weil es solche „Intelligenz-Gene" nicht gibt, sondern weil es zu viele von ihnen gibt.

Eine lange Kette vom Genotyp zum Phänotyp. Wir stellten fest, daß der psychische Phänotyp nicht unmittelbar dem Genotyp entspricht, auch nicht der gemäß den Vererbungsgesetzen wirksamen Kombination von genotypischen Merkmalen. Die Verhaltensstrukturen des Menschen – konkretes Verhalten wie allgemeinere Merkmale – sind nämlich inhaltlich durch die umgebende Kultur bestimmt. Was der Mensch tut und wofür er es tut, läßt sich nur innerhalb der Gesellschaft und des Kulturkreises, in dem dieser Mensch lebt, verstehen. Ein Kopfjäger setzt seine Geschicklichkeit (und damit ererbtes Potential) dafür ein, möglichst viele Männer des feindlichen Stammes zu töten und sich die Schädel der Opfer umzuhängen. Körperkraft und -geschicklichkeit haben bei uns hauptsächlich noch im Sport Bedeutung, also einem Bereich, der vom Arbeits- und Familienleben deutlich abgetrennt ist und keine entscheidende Bedeutung besitzt.

Der Spracherwerb beleuchtet ebenfalls das Verhältnis von Genotyp und Phänotyp. Jeder Mensch lernt im Normalfall in den ersten sechs Lebensjahren die Sprache seiner Umgebung, ganz gleich wie kompliziert oder wie einfach sie sein mag. Sprachforscher und Psychologen sind heute einhellig der Meinung, daß die große Geschwindigkeit des Lernens bei der Sprache mit allgemeinen Gesetzen des Lernens allein nicht erklärt werden kann. Der Mensch muß eine spezifische Erbausstattung besitzen, ein endogenes „Programm", das ihm ermöglicht, Wortschatz und Sprachstruktur der Muttersprache zu übernehmen und beliebige neue Aussagen in der betreffenden Sprache zu formulieren. Wiederum ist der endogene Anteil an der Sprachleistung nicht inhaltlich und auch nicht unmittelbar formal bestimmt, sondern bildet gewisse Voraussetzungen für die inhaltliche und formale Seite des Verstehens und Sprechens von Sprache.

Wir werden nie erfahren, wie viele geniale Mathematiker, Musiker oder Dichter unbekannt blieben, weil sie nie ihr Anlagepotential entfalten konnten, insbesondere weil die kulturellen Bedingungen solche Leistungen nicht vorsahen. Mozart wäre im afrikanischen Buschwald allenfalls ein guter Trommler geworden, Dante hätte seine Göttliche Komödie nicht im zwanzigsten Jahrhundert geschrieben und Einstein hätte sein neues physikalisches Weltbild nicht zu Newtons Zeiten entwickeln können. In der langen Kette von gespeicherter Erbinformation bis zu einer aktuellen Leistung hin ließen sich einige Anfangsglieder denken (Genaueres wissen wir darüber nicht), die Erbinformation in physiologische Muster umformen, z. B. in eine spezifische Funktionstüchtigkeit des Gehirns und der Sinnesorgane. Wie diese Funktionsbereitschaft genutzt wird, was mit ihr angestrebt wird und welche Inhalte durch sie gespeichert werden, hängt nicht von Anlagebedingungen ab. Wir können in einem ersten Schritt vielmehr die gesamte menschliche Entwicklung von der Geburt bis zum Tod als Vorgang ansehen, bei dem Anlagebedingungen nach Vollendung der physiologischen Funktionsgrundlage durch die immerwährende Auseinandersetzung mit der Umwelt ausformuliert und zu inhaltlichen Strukturen verändert werden. Durch seine Entwicklung in einer sozialen Welt wird der Mensch – sofern die äußeren Bedingungen entsprechen – frei, aus seinen Anlagebedingungen ganz verschiedene Möglichkeiten zu realisieren.

Menschliche Entwicklung ist daher am wenigsten als vorprogrammierte Folge und Ausprägung von Anlagen zu verstehen, sondern bis zu einem gewissen Grad als Freiwerden von genetischen Bedingungen.

Ergebnisse der Zwillingsforschung

Trotz der soeben getroffenen Feststellung ist es wichtig, einige Befunde näher kennenzulernen, die sich mit der Rolle der Anlage für die psychische Entwicklung befassen. Über komplexe Züge menschlichen Verhaltens, wie Intelligenz und Persönlichkeitsmerkmale, erhält man auch heute noch nur durch die Zwillingsforschung Hinweise. Eineiige Zwillinge haben die genau gleiche Erbausstattung. Vergleicht man sie mit zweieiigen Geschwistern, so ergeben sich Hinweise auf das Ausmaß der Vererbung. Der entscheidende methodische Schritt besteht darin, von den Unterschieden zwischen Individuen auszugehen. So unterscheiden sich Zwillingspaare aus verschiedenen Familien oft sehr stark in ihrer Intelligenzhöhe, gemessen durch Intelligenztests. Erfaßt man daher die Intelligenzhöhe einer größeren Gruppe von eineiigen (EZ) und zweieiigen (ZZ) Zwillingspaaren, so wird man eine beträchtliche Variationsbreite in der Intelligenzleistung vorfinden. Nun kann man prüfen, ob sich eineiige Zwillinge ähnlicher sind als zweieiige. Spielt die Anlage für die aktuelle Testleistung eine Rolle, so müßten bei EZ die beiden zusammengehörigen Geschwister den gleichen oder einen sehr ähnlichen Testwert erhalten, ZZ-Geschwister, die ja nicht die genau gleiche Erbausstattung haben, müßten stärker in ihren Testwerten voneinander abweichen.

In Tab. 1 sind fiktive Intelligenzwerte für EZ und ZZ zusammengestellt. Zweierlei Maße können gewonnen werden: der Grad der Ähnlichkeit innerhalb der Paare und der Grad der Verschiedenheit innerhalb der Paare. In unserem Beispiel läßt sich auf den ersten Blick erkennen, daß die Ähnlichkeit der Reihen bei den EZ größer ist als bei den ZZ. Das Ähnlichkeitsmaß, das als Korrelationskoeffizient bezeichnet wird, erbringt für EZ einen Wert von $r = .76$ und für ZZ einen Wert von $r = .47$. Dabei entspricht $r = 1.00$ einem vollständigen Zusammenhang. Das Unterschiedsmaß ist etwas schwieriger zu verstehen. Erfaßt wird hier die Schwankungsbreite der Differenzen innerhalb der Paare. Sie wird durch das Quadrat eines Streuungsmaßes ausgedrückt (= Varianz) und beträgt in unserem fiktiven Beispiel für die EZ $V = 161,36$ und für die ZZ $V = 338,96$

Wie man sieht, ist die Varianz bei ZZ mehr als doppelt so hoch wie die Varianz bei EZ. Alle bisherigen Zwillingsuntersuchungen haben ähnliche Ergebnisse gebracht.

Bis jetzt sind in unserer Betrachtung die Anteile von Anlage und Umwelt noch vollkommen ungetrennt, da sowohl EZ wie ZZ gemeinsam aufwachsen und dem gleichen Milieu ausgesetzt sind. Um Anlage- und Umweltanteile zu scheiden, müßten Zwillingsgeschwister in verschiedenen Umwelten aufwachsen. Sind sich EZ, die in der gleichen Familie aufwachsen, sehr ähnlich, solche, die in verschiedenen Familien großgezogen werden, aber unähnlich, so hat die Umwelt einen entscheidenden Anteil am Zustandekommen des Intelligenzwertes. In seltenen Fällen werden ZZ und EZ in der Tat bereits im ersten Lebensjahr getrennt, sei es, daß Verwandte eines der beiden Geschwister aufziehen, sei es, daß infolge eines Unglücksfalles oder eines Fürsorgefalles beide Geschwister in neue Familien kommen. In Tab. 2 sind die Ergebnisse von zwei Untersuchungen zusammengestellt, die Fälle von getrennt und gemeinsam aufgewachsenen Zwillingen vergleichen.

Tab. 1: Fiktives Beispiel für die Intelligenzleistung von eineiigen (EZ) und zweieiigen Zwillingen (ZZ)

Paar-Nummer	EZ-Paare Geschwister 1.	2.	Differenz (d)	ZZ-Paare Geschwister 1.	2.	Differenz (d)
1	73	71	2	102	71	31
2	90	75	15	86	75	11
3	85	79	6	90	79	11
4	100	82	18	78	82	–4
5	95	84	11	100	84	16
6	81	87	–6	115	87	28
7	78	90	–12	105	90	15
8	110	93	17	75	93	–18
9	89	97	–8	88	97	–9
10	76	99	–23	72	99	–27
11	115	102	13	81	102	–21
12	124	105	19	120	105	15
13	112	108	4	94	108	–14
14	98	111	–13	98	111	–13
15	124	115	9	129	115	14
16	108	119	–11	125	119	–6
17	104	121	–17	108	121	–13
18	128	125	3	111	125	–14
19	119	128	–9	121	128	–7
20	127	130	–3	95	130	–35

Ähnlichkeitsmaß $r_i = .76$ $r_i = .47$
(Intraklassen-korrelation)

Varianz der Differenzen $V = 161,36$ $V = 338,96$

Man sieht aus der Tabelle, daß EZ, die getrennt aufwachsen, sich weniger ähnlich sind: niedrige Korrelation in der Untersuchung von *Newman* et al., größere mittlere Differenz zwischen den Geschwistern. Dennoch scheinen sich getrennt aufgewachsene EZ in ihren Intelligenzleistungen ähnlicher zu sein als gemeinsam aufgewachsene ZZ.

Tab. 2: Einfluß verschiedener Umwelten auf die Intelligenzleistung bei EZ

Untersuchung von:	Intraklassen-korrelation		Mittlere Leistungsdifferenz (M_d)	
	Newman u. a. (1937)	Shields (1962)	Newman	Shields
EZ (zusammen aufgewachsen)	.88	.76	3,1	7,38
EZ (getrennt aufgewachsen)	.77	.77	6,0	9,46
ZZ (zusammen aufgewachsen)	.63	.51	8,5	13,43

Zusammenfassende Bewertung

Dieser Schluß erscheint allerdings voreilig und gefährlich. Ohne auf weitere Befunde der Erbforschung, die alle in eine ähnliche Richtung wie obige Ergebnisse weisen, einzugehen, soll die Bedeutung der Befunde in vier Punkten zusammengefaßt werden.

(1) Die Messungen repräsentieren einen winzigen und einseitigen Ausschnitt von Personen. Alle bisherigen Zwillingsuntersuchungen umfassen im Vergleich zu den Millionen der Bevölkerung, aus denen die Zwillinge stammen, einen nicht repräsentativen Ausschnitt. Entscheidend aber ist nicht die geringe Zahl, sondern die Sondersituation von Zwillingen, die hinsichtlich der Ei-Entwicklung

und der Umweltbedingungen nicht ohne weiteres mit dem Normalfall verglichen werden dürfen.

(2) Verschiedene Familien vermitteln ähnliche Umwelten. In den oben genannten Untersuchungen wurden auch EZ, die getrennt aufgewachsen waren, verglichen. In den meisten Fällen waren jedoch die Milieus, in denen die Kinder aufwuchsen, recht ähnlich. Auch das Ausmaß des Schulbesuchs (weiterführend bzw. nicht weiterführend) unterschied sich bei den Geschwistern nicht wesentlich. *Shields* (1962) berichtet von einem eineiigen Zwillingspaar, bei dem ein Mädchen eine weiterführende Schule besuchte, das andere nicht. Hier betrug der Intelligenzunterschied 14 Punkte, so daß in diesem Einzelfall überhaupt nicht mehr von einer Ähnlichkeit des Intelligenzniveaus gesprochen werden kann.

(3) Die vorliegenden Befunde heben die Unterscheidung zwischen Genotyp und Phänotyp nicht auf. Von den genetisch zugrundeliegenden materiellen Bedingungen (DNS-Nukleotide) bis zu einer spezifischen Intelligenzleistung ist ein weiter Weg, bei dem die ständige Auseinandersetzung mit einer anregenden Umwelt nötig ist. Bei allen untersuchten Fällen war somit die Umweltanregung hinreichend für die Entwicklung der genetischen Grundlage. Bei gänzlichem Fehlen der Umweltanregung oder bei deren starker Beeinträchtigung können kaum mehr irgendwelche geistigen Leistungen gemessen werden (Kaspar-Hauser-Bedingung).

(4) Trotz der gemachten Einschränkungen wäre es

verfehlt, die Erbkomponente zu leugnen. Ähnlichkeitsbeziehungen zwischen Zwillingsgeschwistern sind in einer Fülle von Untersuchungen nachgewiesen und stimmen über mehrere Jahrzehnte hinweg recht gut überein. Für die Chancen im beruflichen und außerberuflichen Leben spielen Anlageunterschiede jedoch eine geringe Rolle, sofern man darum bemüht ist, die Heranwachsenden optimal zu fördern. Im folgenden Abschnitt wird über das Verhältnis von Anlage und Umwelt noch ausführlicher die Rede sein.

A Die in unserem fiktiven Beispiel ermittelte Ähnlichkeit zwischen eineiigen Zwillingen und zweieiigen Zwillingen entspricht etwa den Werten der Untersuchung von *Shields* (1962). Prüfen Sie, wie groß die Intelligenzunterschiede bei EZ trotz des relativ hohen Ähnlichkeitswertes in Einzelfällen sind. Berücksichtigen Sie dabei, daß Kinder mit einem Intelligenzwert unter 85 gewöhnlich in der Sonderschule, mit einem Intelligenzwert über 115 gewöhnlich im Gymnasium sind!

Umwelt

Was ist Umwelt?

Diese Frage erscheint auf den ersten Blick überflüssig. Die Umwelt liegt uns handgreiflich vor Augen, sie ist physikalisch beschreibbar und meßbar. So geläufig und griffig die Vorstellung von der physikalischen Umwelt sein mag, sie ist für unsere Zwecke nicht brauchbar. Schon in der Pflanzen- und Tierwelt läßt sich Umwelt nicht einfach als das beschreiben, was die

biologische Einheit umgibt. Immer sind es nur bestimmte Ausschnitte aus der physikalischen Welt, die
für ein Lebewesen bedeutsam werden. Ein extremes
Beispiel bildet die Zecke, deren Umweltausschnitt bereits *Jakob von Uexküll* (1956) beschrieben hat. Die
Zecke nimmt aus der Vielfalt der physikalischen Umgebung nur den Geruch von Buttersäure wahr. Auf
diesen Reiz hin läßt sie sich fallen und erreicht so
gelegentlich die Haut eines Säugetiers oder Menschen.
Auch beim Menschen bildet die physikalische Welt
nur den Hintergrund und die Rahmenbedingung für
seine eigentliche Umwelt. In ihr läßt sich zwischen der
biologischen und der sozialkulturellen Umwelt unterscheiden.

Die biologische Umwelt

Die biologische Umwelt enthält die Komponenten,
die für die Erhaltung und Entwicklung des Lebens
nötig sind. Zu ihr gehören genau wie beim Tier eine
bestimmte Zusammensetzung der Luft, eine bestimmte Temperaturhöhe, bestimmte chemische und organi-
sche Stoffe (Vitamine, Nährstoffe) und eine bestimmte
Schwerkraft*. Die Komponenten der biologischen
Umwelt müssen nicht unbedingt „natürlich" sein, sie
können auch technisch produziert werden, z. B. ist
dies der Fall bei Beheizung oder Klimatisierung von
Räumen, bei Sauerstoffzufuhr und Luftdruckregula-
tion im Flugzeug und beim Raumanzug, der eine nahezu vollständige biologische Umwelt simuliert. Damit wird bereits angedeutet, daß die Umwelt des Menschen nicht mehr angemessen als „Natur" bezeichnet

---

* Ob Mensch und Tier über Jahre hinweg ohne Schwerkraft leben
können, ist noch nicht erwiesen.

werden kann, selbst wenn es um den Ausschnitt von Umwelt geht, der zur biologischen Lebenserhaltung nötig ist. In der Tat ist unsere biologische Umwelt zum Teil relativ „künstlich": wir leben in angefertigten Häusern aus Baumaterialien, die nicht vom eigenen Körper stammen (im Gegensatz zur Schildkröte oder zur Schnecke), wir halten die biologisch erforderliche Temperatur künstlich konstant und wir manipulieren die Natur seit Jahrtausenden systematisch, um hinreichend die erwünschten Nahrungsmittel zu erhalten. Insofern ist es schwierig, zwischen der biologischen und der sozial-kulturellen Umwelt zu trennen.

Die sozial-kulturelle Umwelt

Eine besondere Komponente der biologischen Umwelt wurde bis jetzt unterschlagen: die Artgenossen. Schon bei vielen niederen und höheren Tierarten beobachten wir, daß das Einzelexemplar nicht für sich existieren kann, es lebt im Sozialverband mit anderen Artgenossen. Von der Evolution des Menschen her gibt es ebenfalls eine biologische Wurzel dafür, daß der Mensch nur im Sozialverband zu existieren vermag. Beim heutigen Entwicklungsstand ist es jedoch schwierig, die Abhängigkeit des einzelnen von der Gruppe auf den biologischen Ursprung zurückzuführen. Immerhin steht fest, daß Säuglinge neben der körperlichen Pflege auch den sozialen Kontakt brauchen. Der affektive Kontakt mit der Mutter oder einer konstanten Pflegeperson hat in den Anfängen regelrecht biologische Funktion: bei mangelndem Kontakt werden die Lebensfunktionen des Säuglings und Kleinkindes beeinträchtigt, es kann unter Umständen sterben. Dieses Phänomen ist in Säuglings- und Kinderheimen früher häufig aufgetreten und als Hospitalismus bezeichnet worden. Einen entscheidenden Ausschnitt in der menschlichen Umwelt bilden also andere Menschen, die Gruppe, der Sozialverband.

Der Mensch ist nicht nur von bestimmten Bedingungen der Natur abhängig, sondern auch auf die Hilfe anderer Menschen angewiesen. Die Menschen haben sich infolge ihrer wechselseitigen Abhängigkeit eine eigene neue Umwelt aufgebaut, die sich von der Natur abhebt. Sie haben sich mehr als jede andere Art von Lebewesen von der Natur unabhängig gemacht, indem sie die für sie notwendigen Lebensbedingungen konstant hielten und die Natur nach eigenen Plänen umformten. Unsere Erdoberfläche gibt von diesem gewaltigen Umformungsprozeß ein beredtes Zeugnis. Die materielle Verwirklichung von Plänen und Zielen zur Lebensverbesserung und -erweiterung wird durch die Technik erreicht. Hinter ihr steht das Wissen der Menschen, das sich von Generation zu Generation vermehrt und heute in einzelnen Wissenschaften zusammengeordnet ist. Während Tiere mehr oder minder ihr gesamtes Wissen zur Lebenserhaltung intern gespeichert haben müssen (Instinkte), steht dem Menschen ein gewaltiger externer Speicher an Wissen zur Verfügung, aus dem er Ausschnitte auswählen und übernehmen kann.

Eine dritte Umwelt-Komponente bilden die Werke des Menschen, die ohne biologischen Zweck Ausdruck seiner Erlebnisse und Eindrücke darstellen. Hier formt der Mensch die Natur „nach seinem Vorbild" um, allein zum Zweck der Selbstdarstellung. Nicht von ungefähr gibt es in allen menschlichen Gesellschaften Werke der bildenden Kunst, der Musik und der Literatur.

Einen unsichtbaren, aber alles umgreifenden Teil der sozialkulturellen Umwelt bildet die Sprache. Sie existiert als Kulturgut nicht nur im Einzelmenschen, sondern ist eine entscheidende Struktur der menschlichen Umwelt.

Schließlich darf man nicht vergessen, daß unsere Umwelt stark durch Bedingungen geprägt ist, die man gemeinhin als Wirtschaft bezeichnet. Warenproduktion und Warentausch bilden bestimmende Elemente unserer Umwelt. Es existiert kaum ein Ausschnitt der menschlichen Umwelt, in dem es keine Warengüter und keinen Austausch von Gütern gibt.

Die sozial-kulturelle Umwelt ist nach dem bisher Gesagten demnach nicht mehr allein der Ausschnitt, den der Mensch zur Lebenserhaltung benötigt, sondern ein vom Menschen umgeformter Ausschnitt, der seinerzeit den Menschen erneut umformt. Infolge dieser „zweiten" kulturellen Umwelt entstehen neue Ziele und neue Bedürfnisse. So hat der Mensch sich nicht nur selbst eine eigene Umwelt geschaffen, die Umwelt schafft gewissermaßen ihrerseits den Menschen um.

„Gleiche" und „verschiedene" Umwelten
Infolge des Wechselverhältnisses von Umwelt und Individuum wäre es naiv zu glauben, daß das, was in der physikalischen Umwelt „gleich" ist, auch in der menschlichen Umwelt dasselbe sein muß. Ein Ehepaar, das einen Schaufensterbummel macht, nimmt die Umwelt unterschiedlich wahr. Ein Schaufenster mit modischer Damenkleidung ist für die Ehefrau attraktiv, sie nimmt Details wahr und ist von ihnen begei-

stert, während sie dem Ehemann völlig entgehen. Er mag sich seinerseits mit einer Stereo-Anlage in der Auslage nebenan beschäftigen und dabei Einzelheiten sehen, die der Gattin nichts bedeuten. Über solche trivialen Beispiele hinaus muß man sich vor Augen halten, daß die langzeitige Umweltwirkung auf den einzelnen ähnlich differenziert gesehen werden muß. Äußerlich gleiche Förderungsmaßnahmen (wie z. B. ein bestimmter Schultyp) wirken keineswegs auf alle Betroffenen in der gleichen Weise. Die einen werden stärker, die anderen weniger gefördert, manche werden sogar in ihrer Entwicklung beeinträchtigt werden. Umgekehrt muß man die Umwelt ganz unterschiedlich gestalten, um für alle die „gleiche" optimale Anregung zu bieten. Äußerlich verschiedene Umwelten können subjektiv gleich sein.

Neben der individuellen Bezogenheit gibt es aber sicherlich Züge und allgemeine Merkmale, die für alle Individuen mehr oder minder gleiche Auswirkungen haben. Eine starke Verarmung der Umweltanregung (Deprivation) bewirkt in allen Fällen eine Beeinträchtigung der Gesamtentwicklung. Eine zu komplexe, chaotisch wirkende Umgebung (z. B. „Reizüberflutung") stört ebenfalls die Entwicklung, da eine Orientierung in dieser Umwelt erschwert wird.

Für die geistige Entwicklung scheint es typische Umweltkonstellationen zu geben, die förderlich sind, und solche, die beeinträchtigen. In bezug auf die Entwicklung der Intelligenzhöhe, sofern man sie durch Intelligenztest erfaßt, wirkt sich beispielsweise das Milieu der Mittelschicht (freie Berufe, Angestellte, Beamte) eher günstig aus, das der sog. Unterschicht (Arbeiter) eher ungünstig *(Dahrendorf,* 1961; *Deutsch,* 1970).

Zur Bewertung von „gleichen" und „verschiedenen" Umwelten ist es aber allgemein geboten, den Begriff „Umwelt" in Wechselwirkung zum Individuum zu sehen. Mit *Lewin* (1954) können wir die so definierte Umwelt als *Lebensraum* (life space) bezeichnen und verstehen darunter einen Ausschnitt der physikalischen Umwelt, der objektive Züge trägt, die durch die Gesellschaft bestimmt sind. Der Lebensraum hat aber auch eine subjektive Komponente. Er stellt ein Ordnungsgefüge dar, das durch das Individuum selbst aufgebaut worden ist[*]. Will man die Wirkung der Umwelt auf das Individuum verstehen, so muß man sowohl die objektiven (gesellschaftlich-strukturellen) Züge, als auch die subjektiven (individuell geordneten und bewerteten) Momente der Umwelt kennen.

Zum Verhältnis Anlage – Umwelt

Nun können wir das Verhältnis von Anlage und Umwelt besser beleuchten. Zur Veranschaulichung dieses Zusammenhanges während der menschlichen Gesamtentwicklung soll nicht ein Bild oder eine Grafik, sondern eine mathematische Formel gewählt werden, weil sie die im folgenden zu beschreibenden Sachverhalte besser erfaßt.

Die Formel leitet sich aus der Grundannahme her, daß man bei einem aktuellen Verhalten Umweltanteile und Anlageanteile unterscheiden kann. Das aktuelle Leistungsniveau setzt sich also aus „äußeren" Bedingun-

---

[*] Bei *Lewin* wird nie ganz deutlich, ob er nur die subjektive Komponente oder auch die objektiven sozio-kulturellen Züge in den Begriff des Lebensraumes miteinbezieht. Wir verwenden diesen Begriff unter Berücksichtigung beider Aspekte.

Anlage und Umwelt wirken unabhängig und addieren sich:

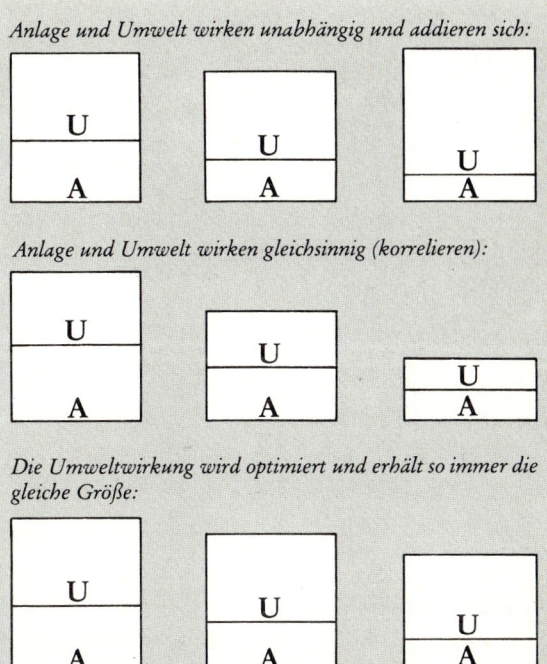

Anlage und Umwelt wirken gleichsinnig (korrelieren):

Die Umweltwirkung wird optimiert und erhält so immer die gleiche Größe:

Hier ist das Zusammenwirken von Anlage und Umwelt gemäß der Gliederung veranschaulicht. Die Proportionen von beiden Anteilen sind willkürlich gewählt. Im ersten Beispiel (oben) verändern sich die Umweltanteile unabhängig von der Anlage, im zweiten Beispiel (Mitte) im gleichen Verhältnis, im unteren Beispiel bleiben sie gleich hoch. Die Gesamthöhe des Blocks veranschaulicht die augenblickliche Leistungshöhe eines Menschen. Man erkennt, daß sie nur im letzten Beispiel (unten) Anlageunterschiede widerspiegelt.

gen (Umwelt = U) und „inneren" Bedingungen (Anlage = A) zusammen:

$$L = A + U \qquad (1)$$

Diese Gleichung ist also lediglich eine Möglichkeit, „äußere" und „innere" Anteile zu analysieren. Nimmt man für jedes Individuum einen spezifischen Wert von L, A und U an, so läßt sich durch Transformation der obigen Gleichung ein Maß für die Variationsbreite individueller Unterschiede angeben, das wir früher schon als „Varianz" kennengelernt haben (Tab. 1). Die individuelle Leistungsvarianz (s^2) auf irgendeinem Verhaltensgebiet läßt sich wie folgt beschreiben*:

$$s_L^2 = s_A^2 + s_U^2 + 2r_{A, U} \cdot s_A \cdot s_U \qquad (2)$$

wobei r die Korrelation zwischen A und U ausdrückt (s. Tab. 1) und s die Quadratwurzel der Varianz s^2 bedeutet.

Diese Gleichung besagt, daß sich die aktuelle Verhaltensvarianz aus drei Gliedern zusammensetzt, aus der Varianz der Anlage, der Varianz der Umwelt und dem Zusammenhang zwischen Anlage und Umwelt. Beim letzten Glied richten wir unser Augenmerk zunächst auf den Wert von r, der die Ähnlichkeitsbeziehung zwischen Anlage- und Umweltvariation beschreibt. Entsprechend den Komponenten gibt es drei prinzipielle Möglichkeiten des Zusammenwirkens von Anlage und Umwelt: Anlage und Umwelt wirken additiv, Anlage und Umwelt korrelieren, die Umweltvarianz wird Null.

---

* Die Ableitung aus der Ausgangsgleichung kann hier nicht vorgenommen werden.

Anlage und Umwelt wirken additiv. Wenn Umweltbedingungen unabhängig von Anlagebedingungen variieren, dann besteht kein systematischer Zusammenhang zwischen beiden Komponenten. Dies ist beispielsweise der Fall, wenn Hochbegabte nicht besonders intensiv gefördert und Minderbegabte nicht besonders stark vernachlässigt werden. Wird in einer
Familie eine große Zahl von Kindern, die stark verschieden sind, in der gleichen Weise erzogen, so gibt
es ebenfalls keinen systematischen Zusammenhang.
Umgekehrt mag es vorkommen, daß Kinder mit ganz
ähnlichen Anlagebedingungen recht unterschiedlich
intensiv gefördert werden. Auch dann variieren Anlage und Umwelt unabhängig voneinander. In all diesen
Fällen wird das letzte Glied unserer Gleichung (2)
gleich Null, weil die Korrelation zwischen A und
U Null wird. Die Umwelt tritt also additiv zur Anlage
hinzu, eine günstige Umwelt fördert A beim einen
stark, der Wert von L wird hoch, eine ungünstige
Umwelt fördert nur gering, der Wertzuwachs von
L bleibt gering.

Anlage und Umwelt korrelieren. In diesem Falle wirken A und U nicht unabhängig voneinander. Ein der
Anlage nach „Hochbegabter" erfährt beispielsweise
besonders günstige Umweltanregungen, ein wenig
„Begabter" geringe Anregung. Dieser systematische
Zusammenhang betrifft möglicherweise große Grup-
pen: die Intelligenteren werden in weiterführenden
Schulen besser gefördert, die weniger Intelligenten er-
fahren kürzere und weniger aufwendige Förderung.
Dabei ist freilich die Annahme, daß das phänotypisch
gegebene Intelligenzniveau unmittelbar das Anlage-
Niveau widerspiegelt, sicher falsch. Im Falle eines sy-

stematischen Zusammenhangs zwischen Anlage- und Umweltbedingungen wird das dritte Glied ($2r_{A, U} \cdot s_A \cdot s_U$) substantiell, da die Korrelation r ansteigt. Das bedeutet, daß die Variationsbreite von L, also der zur Debatte stehenden Leistung, in der Gesamtgruppe ansteigt: s_L^2 wird größer. Im Endeffekt finden wir dann unter der Bevölkerung mehr als bei unserer obigen Bedingung Extreme, z. B. besonders niedrig und hoch „intelligente", besonders angepaßte und unangepaßte Personen, besonders gute Musiker und besonders „Unmusikalische" usw.*. Man muß bei dem Zusammenhang zwischen A und U aber im Auge behalten, daß unter Umwelt nicht eine für alle objektiv vergleichbare Umwelt gemeint ist, sondern eine Umwelt, die im Sinne der früheren Ausführungen spezifisch auf das Individuum bezogen wird. Die physikalisch gleiche Umwelt kann also dennoch bei der Wechselwirkung mit dem Individuum variieren und einen systematischen Zusammenhang von A und U ergeben.

Die Umweltvarianz wird Null. Dieser Fall liegt vor, wenn es möglich wird, für jedes Individuum die optimalen Umweltbedingungen herzustellen. Fördert man z. B. jeden Menschen in seinen geistigen Leistungen durch individuelle, genau auf den einzelnen abgestimmte Anregungen und Methoden, so schafft man damit Umwelten, die für alle optimiert und damit im Sinne unserer Definition von „Umwelt" gleich sind. Wenn es keine „Unterschiede" mehr zwischen solchen Umwelten gibt, dann wird die Varianz der Umwelt gleich Null, ebenso das dritte Glied unserer Glei-

---

* Kulturelle Höchstleistungen (Bach, Mozart) bleiben außer Betracht, wir bewegen uns hier im „Normalspektrum".

chung, da auch die Korrelation und s_U Null werden. Wir erhalten also in diesem Falle die reine Varianz der Anlage. Die hier zutage tretende Konsequenz ist bedeutsam: Die Unterschiede zwischen den Menschen verschwinden nicht bei Optimierung der Umwelt, sondern bleiben als „reine" Anlageunterschiede erhalten. Sofern mit Unterschieden in der Gesellschaft auch Machtunterschiede verbunden sind, würden Schicht- und Klassenunterschiede den schicksalhaft zufällig zugeteilten Anlageunterschieden weichen und zu Machtverhältnissen von Erbanlagen werden. Da es in der Realität nie gelingen wird, die Umweltvarianz gleich Null zu setzen, ist diese Gefahr wohl gering.

Durch die Umwelt wird die Anlage entwickelt

Unsere Gleichung kann ein großes Mißverständnis nicht verhindern. Der Zusammenhang von Anlage und Umwelt könnte als Addition verstanden werden in dem Sinne, daß die Umwelt als Anhängsel zu einer sich selbständig entfaltenden Anlage hinzutritt, einmal mit größerem, einmal mit geringerem Effekt. Diese Vorstellung liegt der obigen Gleichung nicht zugrunde. Der Ansatz (1) soll nur besagen, daß ein aktuelles Niveau aus zwei Komponenten zusammengesetzt gedacht werden kann. Die spezifische Art des Zusammenwirkens hat uns im folgenden zu beschäftigen.

Lernen

Zum Begriff

Sieht man von der biologischen Umwelt ab, so kann man alles, was von der Umwelt auf das Individuum eindringt, als Erfahrung bezeichnen. Kinder wie Erwachsene machen sensorische Erfahrungen der mannigfachsten Art, von einfachen Wahrnehmungsvorgängen bis zur Verarbeitung komplexer Ereignisse und Zusammenhänge. Zwei Momente sind bei den Erfahrungen, die der Mensch im Laufe seines Lebens macht, besonders hervorzuheben:

– der Mensch hat nicht für jede Erfahrung gleich das richtige Verhalten bereit,
– der Mensch antwortet auf die gleichen Eindrücke nicht immer in der gleichen Weise.

Der erste Aspekt weist darauf hin, daß es notwendig ist, ein angemessenes Verhalten für bestimmte Situationen zu erwerben. Der zweite Aspekt deutet an, daß der Mensch seine Eindrücke, und wie er in bestimmten Situationen reagiert hat, nicht vergißt, sondern sie für neue Situationen und für weiteres Verhalten nutzbar macht. Allgemein läßt sich festhalten, daß der Mensch aufgrund von Erfahrungen sein Verhalten verändert und im Regelfalle im Laufe der Entwicklung angemessener in den Situationen, denen er ausgesetzt ist, zu handeln vermag. Häufig genügt nicht eine einmalige Erfahrung, um angemessen zu handeln, sondern es bedarf der wiederholten gleichartigen Eindrücke und des Versuchs, auf diese Eindrücke erfolgreich zu reagieren. Das heißt, bei vielen dieser Prozesse ist Übung eingeschaltet. Man nennt den Prozeß der *Verhaltensänderung* aufgrund von *Erfahrung* und *Übung* in der Psychologie *Lernen.* Lernen bezieht sich also nicht nur auf den engumgrenzten Bereich des Wissenserwerbs und der Aneignung von Fertigkeiten, sondern bildet den zentralen Vorgang der menschlichen Entwicklung. Somit läßt sich die Wechselwirkung von Anlage und Umwelt während der Entwicklung von der Geburt bis zum Tode als permanentes Lernen verstehen.

Da Lernen auch als isoliertes oder kurzfristiges Geschehen vorkommt und nicht nur eine Erscheinung der Entwicklungspsychologie ist, sollen zwei Merkmale genannt werden, die das Lernen im menschlichen Entwicklungsprozeß von sonstigen Lernvorgängen abheben:

(1) In der menschlichen Entwicklung setzt Lernen oft unmittelbar nach Reifung der erforderlichen Funktionen ein.

Sobald sich das Kleinkind allein vorwärtsbewegen kann, verbessert es schlagartig seine motorischen Leistungen. Sobald es fähig wird, die Sprache der Umgebung zu erwerben, lernt es die Muttersprache unglaublich schnell – im wesentlichen in ca. drei Jahren.

(2) Die für die Entwicklung bedeutsamen Lernvorgänge bauen aufeinander auf. Frühere Lernvorgänge wirken fördernd oder hemmend auf spätere Lernvorgänge ein, so daß sich die Gesamtentwicklung auch als eine Schichtung von Lernprozessen verstehen läßt, die von unten nach oben und von oben nach unten aufeinander einwirken.

Lernbereiche in der menschlichen Entwicklung

Man kann auch versuchen, die Fülle dessen, was gelernt wird, einzuteilen. Versuchen wir eine vorläufige Gliederung, so hilft eine Dreiteilung weiter:

(1) Lernen von Fähigkeiten oder Kompetenzen, Reizeindrücke (Erfahrungen) rasch und angemessen zu verarbeiten. Hier handelt es sich in erster Linie um

Wahrnehmungslernen, angefangen von der Erkenntnis von Gegenständen bis zum Verstehen von sprachlichen Mitteilungen.

(2) Lernen von Fähigkeiten oder Kompetenzen, auf Reizeindrücke bzw. in Situationen angemessen zu handeln. Zunächst geht es bei diesem Lernen um den Erwerb motorischer und sensumotorischer Fertigkeiten, um Verbesserung der Bewegungssteuerung und Bewegungsgeschicklichkeit. Dann aber gehören hierher auch die Verhaltensmuster, die der Mensch in einer bestimmten Kultur benötigt, um im Kontakt mit anderen und mit Aufgaben des Alltags zurecht zu kommen. Diese Verhaltensmuster sind vorwiegend von der umgebenden Gesellschaft inhaltlich bestimmt (Eß- und Schlafgewohnheiten, Art und Weise der Kontaktaufnahme mit anderen, Verkehrsverhalten, Berufsrolle, Schülerrolle und vieles andere mehr).

(3) Lernen von Fähigkeiten oder Kompetenzen, Inhalte und Erlebnisse intern zu speichern. Im Alltagsverständnis bringt man – wohl aufgrund der Selbsterfahrung – diesen Bereich am ehesten mit der menschlichen „seelischen" Entwicklung in Verbindung und versteht die Entwicklung vor allem als einen „inneren" Vorgang. Lernen im Bereich solcher internen Inhalte bezieht sich vor allem auf drei Sektoren:

auf den Erwerb von Wissen und Wissensstrukturen (Begriffen, Ordnungsdimensionen),

auf das Erlernen von Gefühlen und Bedürfnissen und

auf die Übernahme sozialer Normen (Aufbau von Wertstrukturen).

Während man Wahrnehmungs- und Handlungs-
lernen aus der Alltagserfahrung leicht verstehen
kann und auch im Alltag hier von Lernen spricht,
beschränkt sich der umgangssprachliche Lernbe-
griff bei der Speicherung von Inhalten vorwiegend
auf den Wissens- und Begriffserwerb. Daß auch
Bedürfnisse (Motive), Gefühle oder gar Werte gelernt werden, widerspricht bis zu einem gewissen
Grad der Selbsterfahrung. Sind wir doch überzeugt, daß unsere Wünsche, Beweggründe und
Wertvorstellungen ureigenster Besitz sind, der
niemals von außen übernommen oder erlernt werden kann. Gleichwohl täuscht hier die Selbsterfahrung.

Typische Arten des Lernens während der Entwicklung

In die drei genannten Bereiche gehören eine ungeheu-
re Vielzahl von Lernvorgängen. Alle Lernvorgänge
bewirken die Ausformung und Entwicklung von Anlage in der Auseinandersetzung mit der Umwelt. Obwohl wir diese Prozesse unter dem Namen „Lernen"
vereinigt haben, handelt es sich um sehr unterschiedliche Vorgänge. Man kann daher fragen, wie solche
Lernprozesse eigentlich ablaufen. Jetzt soll nur der
Versuch unternommen werden, die Vielzahl von
Lernvorgängen unter dem Gesichtspunkt der Entwicklung nach wenigen typischen Formen zusammen-
zuordnen. Es lassen sich vier deutlich voneinander
geschiedene Lernaktivitäten anführen, die alle für die
menschliche Entwicklung unentbehrlich sind.

(1) Lernen durch Unterscheiden (Diskrimination),
    Verallgemeinern (Generalisation) und Auswählen
    (Selektion).

In allen drei genannten Lernbereichen muß zwischen unterschiedlichen Elementen getrennt, verallgemeinert und ausgewählt werden. Beim Wahrnehmen lernt das Kind die wichtigen Reize beachten, z. B. anstelle der leuchtenden bunten Farben die Form und den Verwendungszweck eines Gegenstandes. Beim Handeln lernt das Kind die richtige von vielen möglichen Reaktionen unterscheiden und auswählen. Bei der Übernahme sozialer Normen* lernt der Heranwachsende, welche Norm in welcher Situation gilt, z. B. Wettbewerb in der Schule, Kooperation in der Freizeit. Der Vorgang der Verallgemeinerung (Generalisierung) befähigt den Menschen, Erfahrungen der einen Situation auf eine andere zu übertragen. Generalisiert werden Reize (Erkennen der Ähnlichkeit von Umweltbedingungen), Reaktionen (Anwendung gleicher und ähnlicher Verhaltensmuster auch in neuen, fremdartigen Situationen) und „interne" Inhalte (z. B. Erweiterung von Begriffen, Generalisierung von Werten). Ein einfaches Beispiel für Unterscheidungslernen in früher Kindheit ist das Unterscheiden von bekannten und fremden Personen bei sieben bis acht Monate alten Kindern. Generalisierung liegt vor, wenn ein Kind neue Uhren, die es zuvor noch nicht gesehen hat, als „Tick-Tack" bezeichnet.

A   1. Nennen Sie ein weiteres Beispiel für Unterscheidungslernen in früher Kindheit!

2. Bei der Benennung von Tieren sind kleine Kin-

---

* Verhaltensvorschriften in der Gesellschaft. Genauere Erklärung s. S. 60

der sehr großzügig und geben verschiedensten Tierarten den gleichen Namen (Beispiel!). Trotzdem handelt es sich hier um einen Lernvorgang, nämlich eine Generalisierung. Erläutern Sie diesen Lernvorgang und suchen Sie nach ähnlichen Generalisierungsbeispielen!

(2) Lernen durch Verknüpfung (Assoziation). Eine weitere basale Form des Lernens kann als Verknüpfung von Ereignissen beschrieben werden. Kleine Kinder, die einen Gegenstand zu Boden werfen, hören hinterher jedesmal das Aufschlagen. Zwei Ereignisse werden miteinander gekoppelt, das erste läßt das zweite erwarten. Mit der Begegnung von Erwachsenenpartnern ist die Verhaltensweise des Grüßens oder Begrüßens verbunden, der Reiz „Partner" hat die Reaktion „Grüßen" im Gefolge. Beim Auskleiden müssen eine Reihe von Bewegungen in der richtigen Aufeinanderfolge ausgeführt werden. Drei Hauptarten solcher Koppelung lassen sich unterscheiden:

Verknüpfen von Reizereignissen (S-S-Verknüpfung),

Koppelung von Reiz und Reaktion (S-R-Verknüpfung) und

Verbindung von Reaktionen (R-R-Koppelung oder -Reihung).

Unser Wurf-Beispiel wäre eine S-S-Verknüpfung, das Grußbeispiel eine S-R-Verknüpfung und das Auskleidespiel eine R-R-Reihung. Auch interne Prozesse, wie Gefühle, entstehen teilweise durch solche Verknüpfungen, man kann dies nach den Gesetzen der klassischen Konditionierung beschreiben.

A Suchen Sie nach Beispielen für Verknüpfungslernen im Kleinkindalter!

(3) Lernen durch Nachahmung und Identifikation. Der Mensch hat eine besondere Ausstattung für den Erwerb von Verhaltensmustern und für die Übernahme von Normen, nämlich die Fähigkeit, nachzuahmen und sich mit einem sozialen Partner zu identifizieren. Infolge dieser Fähigkeiten kann der Mensch während der Entwicklung durchs ganze Leben hindurch komplexe Verhaltensweisen von anderen Personen abschauen und übernehmen, ohne sie schrittweise durch lange Übung erwerben zu müssen. Der Vorgang der Identifikation ist verwickelter, da bei ihm nicht nur äußere Verhaltensweisen des Partners, sondern mehr noch dessen Wertüberzeugung und Charakter übernommen werden. Die ersten und wichtigsten Identifikationspersonen sind die Eltern. Über den Prozeß der Identifikation wird auf S. 116 f. noch ausführlicher die Rede sein. Nachahmung und Identifikation bilden ein gutes Beispiel für das Zusammenwirken von Anlage und Umwelt:

> Die Anlage schafft Voraussetzungen zur Übernahme von Verhaltensmustern, die Umwelt bestimmt die Inhalte, nämlich, welche Normen und Verhaltensweisen übernommen werden.

A 1. Machen Sie Kindern im Alter zwischen einem und zwei Jahren folgendes Verhalten vor:
In die Hände klatschen, mit dem Kopf schütteln, mit einem Kuli auf Papier schreiben, et-

was zu Boden werfen. Beobachten Sie das Verhalten der Kinder!

2. Vergleichen Sie Kinder im Alter von fünf bis sechs Jahren mit ihren Eltern und suchen Sie nach Ähnlichkeiten im Verhalten (z. B. Gangart, Körperhaltung, Benutzung von Redewendungen, Übernahme von Erziehungsverhalten im Rollenspiel).

(4) Lernen durch Strukturieren und Konstruieren. Die höchste und eigentlich menschliche Form des Lernens besteht darin, sich die Umwelt zu eigen zu machen. Der heranwachsende Mensch schafft sich gewissermaßen die Welt ein zweites Mal und vermag sie sich, ohne daß eine äußere Entsprechung vorhanden wäre, zu vergegenwärtigen. Jedes Kind kann sich einen Ball, ein Haus oder die Mutter vorstellen, ohne daß diese Gegenstände wirklich vorhanden wären. Insgesamt entsteht so im Laufe der Entwicklung ein neues Universum im Individuum, das nie in allen Einzelheiten der Außenwelt entspricht.

Ordnungsdimensionen und Begriffe ordnen die Vielfalt der Erscheinungswelt. *Piaget* konnte zeigen, daß selbst die grundlegenden Begriffe, wie der dreidimensionale euklidische Raum, der Gegenstandsbegriff, der Zeitbegriff und die Kausalität vom Menschen innerhalb eines komplexen Lernprozesses konstruiert werden. Auch der Wissenserwerb, der vor allem während des Schulbesuches, aber auch in der beruflichen Weiterbildung stattfindet, beruht auf der aktiven Strukturierungs- und Konstruktionsleistung des Lernenden. Der Spracherwerb vollzieht sich keineswegs, wie man zunächst glauben mag, als reines Nachahmungslernen, sondern besteht in der Hauptsache im Ablesen oder Folgern von grammatikalischen und semantischen* Zügen aus den Sprachäußerungen der Umgebung (Sprachkorpus) und im aktiven Konstruieren der wesentlichen Züge der Muttersprache.

Besonders eindrucksvoll wird die Leistung des Strukturierens und Konstruierens bei der Wahrnehmung und Erkenntnis anderer Personen. Die Leistung, wie Kinder andere verstehen lernen, wie später Erwachsene sich in der sozialen Welt zurechtfinden, erfordert langfristige Lernprozesse, bei denen das Zusammenordnen von Einzeleindrücken, die Herausarbeitung von allgemeinen Merkmalen bis hin zu einer selbst gebastelten Persönlichkeitstheorie über andere Menschen wichtige Momente darstellen.

Schließlich gehört zum Lernen durch Strukturieren und Konstruieren natürlich auch die Vorwegnahme äußerer Handlungsabfolgen. Ein Kind, das ein Auto bauen will, muß erst einen Plan für dieses Vorhaben entwickeln. Wer mehrere Aufträge zu erledigen hat, macht sich einen Plan für die Reihenfolge der Aufträge. Die Entwicklung von Handlungs- und Denkplänen stellt von einem relativ frühen Alter an eine wichtige Leistung des Lernens dar.

---

* bedeutungsbezogenen

A
Nennen Sie Beispiele für Strukturierungs- und Ordnungsleistungen kleiner Kinder! Zur Orientierung seien noch zwei Beispiele angeführt:

a) Ein kleiner Junge besucht zum ersten Mal den Tiergarten und versucht, die ihm meist unbekannten Tiere zu klassifizieren: der Affe wird als Eichhörnchen bezeichnet (Klettern, Schwanz), das Flußpferd als Schwein (nackte Haut, Körperform), das Nashorn als Kuh usw.

b) Kleine Kinder ordnen einzelnen Personen eine Familienrolle zu: einem fremden Mann die Rolle des Vaters, einer Frau die Mutterrolle, einem Kind die Kinderrolle. So wird eine erste soziale Einteilung in der Gesellschaft erfaßt.

Die vier genannten Lernformen wirken meist zusammen. Die menschliche Entwicklung ist vom ersten Tag an kein simpel zu beschreibender Vorgang, sondern ein äußerst verwickelter Lernprozeß. Am Beispiel des Spracherwerbs kann abschließend gezeigt werden, wie die vier Typen des Lernens ineinandergreifen. Um Sprache oder Laute zu verstehen, bedarf es zunächst der Differenzierung und Generalisierung von Lauten oder Lautfolgen (1. Typus). Das Verständnis von Wörtern ist teilweise* ein Prozeß der Koppelung von Wort mit Gegenstand (S-S-Koppelung) und der Verknüpfung von Wortbedeutung mit der Reaktion des Sprechens (S-R-Koppelung)**, was dem 2. Lerntypus entspricht. Die Verbesserung und Angleichung der sprachlichen Äußerungen an die Lautfolge der Muttersprache (z. B. auch die Dialekt-Einfärbung) beru-

---

* aber keineswegs ausschließlich!

** Der Einfachheit halber haben wir hier für „Wortbedeutung" das Symbol S gesetzt, was eigentlich nicht zulässig ist.

hen auf Nachahmungslernen (3. Lerntypus). Der Aufbau und die Ordnung von Wortbedeutungen („Lexikon") und die Produktion von grammatikalisch richtigen Sätzen erfolgt durch Leistungen des Strukturierens und Konstruierens (4. Lerntypus).

Das Individuum als Aktivitätszentrum

Eigenaktivität als Kern des Lernprozesses

Die Wechselwirkung von Anlage und Umwelt wurde bislang vorwiegend als Lernprozeß gekennzeichnet. Man könnte nun ein mechanistisches Modell dieses Lernprozesses zugrundelegen, um Entwicklung zu beschreiben. Wenn man einen Hund für ein bestimmtes Verhalten straft, wird das unerwünschte Verhalten verschwinden. Wird bei einem Kind systematisch Handgeben und Verbeugen mit Lob bedacht, so scheint gewissermaßen eine mechanische Koppelung von Reaktion und Verstärkung (Lob) zu erfolgen. Die Umformung von Wissensstoff in einer für die Aufnahme idealen Weise durch den Lehrer oder ein Medienpaket legt den Schluß nahe, daß hier Lernen durch ein einfaches „Hineinfließen" des Lernstoffes in das Individuum analog zum Nürnberger Trichter geschieht. Allgemein ergibt sich daraus die theoretische Annahme, daß Lernen durch das Zusammenwirken bestimmter Umwelt-Momente mehr oder minder zwangsläufig und „von selbst" geschieht. Diese Vorstellung ist irreführend, wenngleich sie in der Psychologie schon vertreten wurde. Wir müssen vielmehr Lernen als Vorgang verstehen, bei dem das sich entwickelnde Individuum entscheidenden Anteil durch seine eigene Aktivität hat. Für den Schüler, der sich anstrengen muß, um einen wenig interessanten Stoff zu büffeln, ist eine solche Feststellung trivial. Sie bezieht sich aber auch auf Formen des Lernens, bei denen man subjektiv die eigene Aktivität gar nicht merkt und gewissermaßen „spielend" lernt.

Nun erscheint das Verhältnis von Anlage und Umwelt zum dritten Mal anders: Anlagebedingungen umfassen auch Aktivitätsmuster und Energien, mit deren Hilfe aus der Umwelt für die eigene Entwicklung Nutzen gezogen werden kann. Vom ersten Tag nach der Geburt an gibt es Vorrichtungen, die Information aus der Umwelt aufnehmen. Eine reflexartige komplexe angeborene Reaktion ist der orientierende Reflex (OR) oder die orientierende Reaktion (orienting response). Bei Reizwechsel wendet sich das Baby dem neuen Reiz zu, versucht den Reiz zu fixieren, zeigt Veränderung in der Herzschlagfrequenz und eine Reihe sonstiger physiologischer Veränderungen. Der OR bildet die Eingangsbedingung für Reizaufnahme. Die weitere Reizverarbeitung verwendet ebenfalls Techniken, die von Anfang an zu beobachten sind und sich ständig verbessern. Schon sehr kleine Kinder tasten mit den Augen ihr Sehfeld ab und erforschen so die Einzelheiten größerer Reizmuster. Aber sie gehen dabei noch wenig systematisch vor. Später verbessern sich solche Techniken, ältere Kinder scheinen stärker von der Mitte aus nach den Seiten abzusuchen oder systematisch bestimmte Bildpunkte auszuwählen (*Vurpillot*, 1968). So ergibt sich eine mehrstufige Wechselwirkung zwischen Anlage und Umwelt. Die ersten Lernprozesse fußen auf vorprogrammierter Aktivität, mit ihrer Hilfe können erste Strukturen aufgebaut werden. Es werden aber nicht nur Inhalte erworben, sondern zugleich Leistungen verbessert, die für die Aufnahme von Inhalten benötigt werden.

Beispiele für motorische Aktivität

Am deutlichsten wird die Bedeutung der Eigenaktivität für die Entwicklung, wenn wir Kinder in ihrem Verhalten beobachten. Normale Kleinkinder sind ununterbrochen in Bewegung, sie fassen alles an, bewegen sich umher und verhalten sich eigentlich erst dann ruhig, wenn sie schlafen. Diese Aktivität, die den Eltern oft Kummer bereitet, ist für die Erforschung der Umwelt nötig. Gegenstände werden durch Manipulieren und nicht allein durch Anschauen kennengelernt. Den Raum, in dem das Kind lebt, kann es nur in seiner Struktur erfassen, indem es ihn durchwandert oder durchkriecht. Wer Kinder beharrlich an ihrer motorischen Aktivität hindert, hemmt zugleich ihre Gesamtentwicklung. Es ist wahrscheinlich, daß manche späteren Intelligenzunterschiede auf solche einfache Verhaltensweisen der Eltern wie Zulassen und Blockieren von Bewegung zurückgehen*.

| A | Beobachten Sie ein ein- bis zweijähriges Kind und registrieren Sie alle Aktivitäten, die es innerhalb von 30 Minuten ausführt. |

Ein besonders typisches Beispiel für motorische Aktivität ist das Spielverhalten der Kinder. Hier werden

---

* Natürlich sind mit solchen Verhaltensweisen eine Reihe anderer Erziehungsgewohnheiten gekoppelt, so daß man recht unterschiedliche Erziehungsstile beobachten kann.

die Eigenbewegung und der Umgang mit Objekten in einen Spielzusammenhang eingebettet. Anfangs überwiegen perseverative und iterative Verhaltensweisen, also Bewegungen, die sich immerfort wiederholen. Gegenstände werden hundertmal zu Boden geworfen oder auf den Tisch geklopft, Laute oder Wörter immer von neuem wiederholt, das permanente Blasen einer Spieltrompete und das Schlagen einer Kindertrommel bringen die Mutter zur Verzweiflung; das Kind kann unermüdlich schaukeln, wippen und im Kreis herum laufen. Durch dieses dem Erwachsenen sinnlos erscheinende Verhalten entwickelt das Kind zweierlei: Einmal erfährt es wichtige Gesetzmäßigkeiten seiner Umwelt (Schwerkraft, Substanz von Gegenständen), zum anderen übt und verbessert es die Steuerung des Bewegungsapparates.

A Beobachten Sie bei einem ungefähr sechs Monate alten Kind iterative Reaktionen (z. B. Lautwiederholung, Klopfen, Armschwenken) und zählen Sie die Anzahl der Wiederholungen aus!

Später beobachten wir auch ganz andere Spielformen, von denen hier nur eine besondere Art des Umgangs mit Gegenständen ausgewählt werden soll: das Umdeuten zu Gegenständen für die Zwecke des Spielgeschehens. Aus einem Stuhl wird ein Auto; eine Kette von Kindern, die sich an den Händen fassen, wird zum Zug oder zur Schlange. Hier wird die Eigenaktivität geradezu dazu benutzt, um von der Umwelt freizukommen: die Umdeutung der Umwelt nach eigenen Vorstellungen ist eine entscheidende Grundleistung beim Aufbau der „inneren" Welt, die allmählich unabhängig von der äußeren Welt existiert und Gegenstände ohne die Gegenwart ihres Gegenstücks in der Außenwelt zu repräsentieren vermag. So wird ein dem Erwachsenen sinn- und zwecklos erscheinendes Spielverhalten höchst bedeutsam für den Aufbau der geistigen Welt, vor allem für das Training von „innerer" Aktivität, die nun nicht mehr motorisch ist, sondern uns als Vorstellen und Denken von unserer Selbsterfahrung her vertraut ist.

Von äußerer zu innerer Aktivität

Die Beispiele kindlicher Aktivität weisen am deutlichsten auf die gewaltige Veränderung hin, die sich in diesem Bereich im Laufe des Lebens abspielt. Rein äußerlich betrachtet, nimmt die motorische Aktivität ständig ab. Kleine Kinder bewegen sich fast ununterbrochen, Schulkinder sind zum Leidwesen der Lehrer ebenfalls noch sehr bewegungsfreudig, Jugendliche geben sich bereits gesetzter oder „bequemer", Erwachsene schließlich verharren nicht ungern stundenlang sitzend in bequemer Lage, ein Verhalten, das für kleine Kinder eine Qual wäre. Alte Menschen schließlich bewegen sich nur noch langsam und zeigen zu der relativen Bewegungsarmut des Erwachsenen zusätzlich die Bewegungsverlangsamung, was wieder für den jüngeren Erwachsenen oft unerträglich wirken mag.

Genauer besehen muß aber die Gesamtaktivität des Menschen nicht mit zunehmendem Alter abnehmen. Vielmehr wird die äußere Aktivität mehr und mehr „nach innen" verlagert. Innere Aktivität tritt häufig dann auf, wenn äußere Bewegungen gestoppt werden.

Schon Säuglinge halten in ihren Bewegungen inne, wenn sie einen neuen Reiz wahrnehmen. Die Zuwendungs- und Orientierungsreaktion (OR) ist beispielsweise mit dem abrupten Einhalten in der bisherigen Aktivität verbunden. Wir müssen annehmen, daß während dieser Zeit äußerer Ruhe der neue Reiz aufgenommen und verarbeitet wird. Später sieht sich das Kind mehr und mehr mit Problemen konfrontiert, die es nicht einfach durch äußere Aktivität bewältigen kann. Um etwa zu einem begehrten Spielzeug zu gelangen, muß erst ein Hindernis überwunden werden, das Kind klettert auf einen Stuhl, es benutzt einen Stock zum Heranholen des Objektes oder es versucht, die Tür, die sich zwischen ihm und dem Objekt befindet, zu öffnen. Beobachtungen zeigen, daß vor dem Lösen solcher „einfachen Probleme" Denkpausen eingeschaltet werden, in denen die Aktivität offenkundig innerlich weitergeführt wird. Allmählich werden mehr und mehr Handlungen erst gedanklich ausgeführt, bevor man sie in die Realität umsetzt. Dieses innere Handeln oder „Probehandeln" *(Freud,* 1953) bildet das Denken und Vorstellen. Leistungen des Denkens sind daher nicht vom äußeren Handeln völlig verschiedene geistige Phänomene, sondern die Fortsetzung des äußeren Handelns und Wahrnehmens als innere Aktivität.

Die Schule verlangt solche inneren Aktivitäten in hohem Maße*. Nicht von ungefähr nimmt daher die äußere Aktivität stark während der Schulzeit ab. Im

---

* Das Niveau schulischer Aktivitäten ist gleichwohl häufig niedrig: Routineleistungen der Übung (Pauken) und der Ausführung bekannter Techniken (z. B. Rechenprozeduren).

Vergleich zu Kindern in Primitivkulturen wird ein wesentlich höheres Maß an Bewegungsbeherrschung* und -umsetzung in innere Aktivität verlangt. Für Erwachsene, die einen Schreibtischberuf haben, ist die Form der inneren Aktivität bei äußerer Bewegungsarmut der Normalfall. Ausgleich wird außerhalb des Berufs, z. B. im Sport, aber auch durch bloße Teilnahme an ritualisierten Wettkämpfen (Fußball), gesucht. Die immense innere Aktivität kann unmittelbar aus der Selbsterfahrung erschlossen werden. Es fällt sehr schwer, überhaupt nichts zu denken. In unserem Bewußtsein sind im Wachzustand immer Inhalte, die mit anderen verknüpft werden oder sich selbst wandeln. Eine erneute Akzentuierung der „inneren" Aktivität gibt es noch einmal im Alter. Ältere Menschen ziehen sich – meist notgedrungen – von vielen Umweltbeziehungen zurück und beschäftigen sich mehr mit sich selbst (s. Desengagement-Theorie, S. 287).

A Die „Verinnerlichung" von äußerer Aktivität im Erwachsenenalter ist nicht bei allen Berufen gleich ausgeprägt. Nennen Sie Berufe, bei denen die äußere (motorische) Aktivität noch sehr stark benötigt wird, und Berufe, die kaum äußere Aktivität benötigen.

---

* Die fortlaufende Verbesserung der Bewegungshemmung und -beherrschung ist eine parallellaufende Entwicklung, die uns hier nicht beschäftigt.

Von größerer zu geringerer Aktivität?

Trotzdem mag man sich fragen, ob denn die Gesamtaktivität des Menschen im Laufe seines Lebens nicht
ständig abnimmt. Die vielseitigen Interessen des Kindes und Jugendlichen, die Aktivitäten auf vielen Gebieten werden ständig eingeschränkt. Alte Menschen
scheinen nicht nur hinsichtlich der äußeren Bewegungsarmut, sondern auch in bezug auf ihre Denkleistungen einen Rückgang an allgemeiner Aktivität zu
zeigen. Wir werden in einem späteren Kapitel feststellen, daß solche Annahmen häufig nicht zutreffen.
Wenn Menschen im Laufe ihrer Entwicklung wirklich
eine allgemeine Einschränkung ihrer Aktivität zeigen,
so hängt das mit ihrer Umgebung zusammen, die zu
wenig Aufgaben stellt oder Aufgaben verlangt, die
geringe Aktivität erfordern. Das Alter ist in unserer
Gesellschaft von dieser Verarmung der Aktivität besonders betroffen. Unsere Gesellschaft hat wenig Aufgaben bereit, die man im Alter noch ausführen kann.

Die Kanalisierung von Aktivität

Die manchmal zu Recht, manchmal zu Unrecht vermutete Verarmung an Aktivität läßt sich angemessener
beschreiben, wenn wir verfolgen, welche Kanäle die
Aktivität beim einzelnen im Laufe seines Lebensweges
einschlägt. Bei kleinen Kindern hat man oft den Eindruck, sie interessieren sich für alles, mit dem sie
konfrontiert werden. Sobald sie in die Schule eintreten, erfolgt die erste große Kanalisierung von Aktivität. Ein großer Teil der Zeit muß nun für Aufgaben
verwendet werden, die von der Institution Schule gefordert werden. Für andere Bereiche bleibt weniger

Zeit. Später wird der gesellschaftliche Druck auf die Erfüllung bestimmter Aufgaben immer stärker. Immer mehr Zeit muß für relativ wenige Aufgabentypen verwendet werden. Dem Typus von Schularbeit folgt der Typus von Berufsarbeit. Nun ist die Aktivität sehr spezifisch geworden, die Menschen unterscheiden sich beträchtlich hinsichtlich ihrer beruflichen Aufgaben, aber jede dieser spezifischen Aufgaben erfordert den größten Teil der Zeit. Eine besondere Aktivität wurde wiederum im höheren Alter beobachtet. Infolge auftretender Defizite in „normalen" Intelligenzleistungen (z. B. Verlust der Merkfähigkeit, Verlangsamung der Reaktionsgeschwindigkeit) zeigen ältere Menschen eine kompensatorische Aktivität und versuchen ihre Defizite auszugleichen. Sie entwickeln beispielsweise Techniken zur Überwindung des raschen Vergessens (Unterstreichen von Namen, Aufschreiben von Einzelheiten).

Sozialisation

Was lernt der Mensch?

Bis jetzt haben wir das Zusammenwirken von Anlage und Umwelt rein formal beschrieben. Nun ist es an der Zeit, nach den Inhalten der Umwelt und nach den Inhalten, die gelernt werden, zu fragen. Einige Beispiele mögen beleuchten, wie verschiedenartig solche Inhalte sein können. Bei uns bedeutet Kopfnicken Bejahung und Kopfschütteln Verneinung. In Griechenland (wie fast im gesamten Vorderen Orient) verhält es sich umgekehrt. Kopfschütteln (Seitwärtsdrehung) drückt Zustimmung, Kopfnicken (wobei der Kopf schräg nach hinten geworfen wird) Verneinung aus.

In den meisten Ländern der Dritten Welt gilt es als höchstes Glück, viele Kinder zu haben. Familien mit ein oder zwei Kindern werden bemitleidet oder gar gemieden. In unserer Kultur hat sich demgegenüber die Zahl 2 oder 3 als angemessene Kinderzahl eingebürgert. *William Saroyan** beschreibt in heiter-übertreibender Art die armenische Großfamilie, in der er als Kind aufwuchs. Der Urgroßvater entschied als unumschränkter Herrscher über Wohl und Weh der Familie. Der hohe Status des Alters ist in vielen vorindustriellen Gesellschaften zu finden, sowohl bei den nordamerikanischen Indianern wie bei den Orientalen. In hochindustrialisierten Ländern dagegen genießt das Alter meist geringes Ansehen, die Gesellschaft einschließlich des Warenangebotes ist stärker auf die Jugend und das frühe Erwachsenenalter eingestellt.

Kopfjäger auf Neu-Guinea trachteten danach, im Zweikampf den Feind zu erlegen, ihn zu verspeisen und seinen Schädel umzuhängen, um so die Kraft des Feindes in sich aufzunehmen. Diese Verhaltensweisen sind in der Kultur der Kopfjäger ebenso selbstverständlich wie bei uns die Bemühung um sozialen Aufstieg und der Konkurrenzkampf. Offenkundig hängt es sehr stark von der Gesellschaft und Kultur ab, was das Individuum lernt. „Umwelt" ist für den Menschen demnach vor allem die Gesellschaft, in der er lebt.

---

* *W. Saroyan:* Ich heiße Aram. Fischer Bücherei, Frankfurt/Hamburg, 1954

Die erste Ursache für diesen Tatbestand liegt in der *Natur* des Menschen begründet. Er kann nicht, wie manche Einsiedler unter den Tieren, allein leben, sondern kommt nur in der Gruppe vor. An drei Beispielen soll dieser fundamentale Sachverhalt erläutert werden.

a) Säuglinge und Kleinkinder bedürfen neben der körperlichen Pflege auch des sozialen Kontaktes. Fehlt dieser, so werden die Kinder krank und sterben häufig (früher bekannt als „Auszehrung"). Wenn sie überleben, tragen sie meist Schädigungen der Intelligenz und der Sozialentwicklung davon (Debilität, unangepaßtes aggressives Verhalten).

b) Als die Amerikaner auf Grönland militärische Stützpunkte errichteten, traten nach kurzer Zeit Schwierigkeiten auf, da die Posten, die allein eine Station betreuten, über gesundheitliche Beeinträchtigungen klagten. Sie hatten Trugwahrnehmungen, z. B. hörten sie Menschen sprechen, die nicht vorhanden waren. Die Isolation bildet also für den Menschen einen schwer zu ertragenden Zustand, weshalb man auch nach Möglichkeit Einzelhaft zu vermeiden trachtet.

c) Robinson, der zunächst als Gegenpol sozialer Bezogenheit die Sehnsucht vieler Jugendlicher ist, konnte in Defoes Geschichte nur überleben, weil er seine Gesellschaft und Kultur mit sich genommen hatte. Er besaß Werkzeuge und Waffen, er besaß vor allem handwerkliches und technisches Wissen, und er lebte in einer bestimmten Weltanschauung. All das hielt ihn am Leben. Ohne das

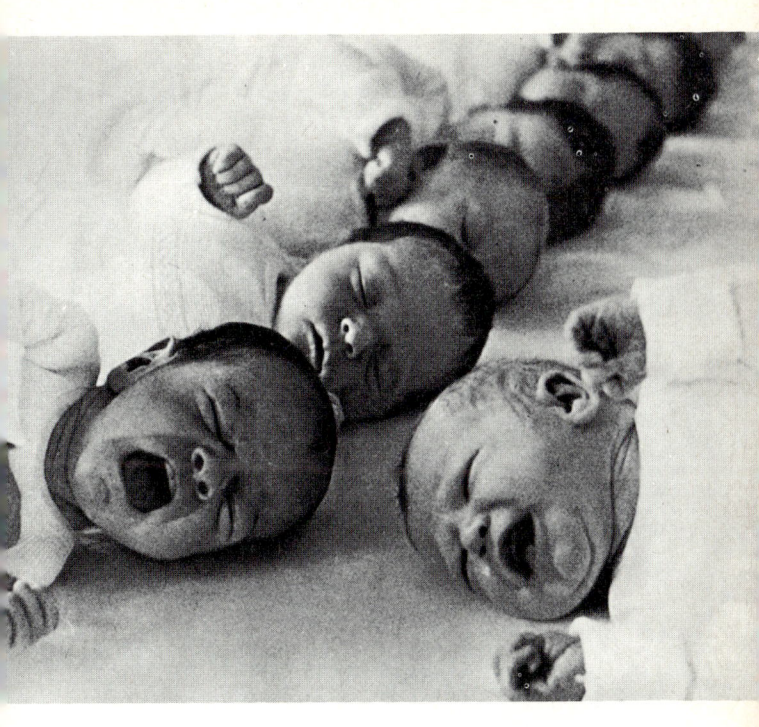

Bei der Geburt gibt es zwar schon Unterschiede zwischen den Menschen, aber sie sind gering im Vergleich zu den durch den Sozialisationsvorgang bewirkten Verschiedenheiten, die wir in späteren Lebensabschnitten vorfinden.

Wissen seiner Gesellschaft und ohne ein Minimum ihrer materiellen Güter wäre er verloren gewesen.

Das wechselseitige Aufeinander-Angewiesen-Sein zwingt den Menschen von Beginn bis zum Ende seines Lebenslaufes dazu, die Dinge zu lernen, die in seiner Welt, also seiner Gesellschaft und Kultur, gebraucht werden. Diese Abhängigkeit von der Gruppe verlangt auch, deren Vorschriften, Regeln und Gesetze zu lernen und zu akzeptieren. So besteht ein wesentlicher Zug der menschlichen Entwicklung in der Anpassung an die Normen der umgebenden Gesellschaft. Wer sich wesentliche Normen nicht zu eigen macht, gilt in der betreffenden Gesellschaft als geisteskrank oder kriminell und wird isoliert.

Die Gesellschaft braucht das Individuum

Damit sind wir bei der Gegenseite, der umgebenden Gesellschaft. Die Gesellschaft ist daran interessiert, daß ihre Mitglieder die Aufgaben erfüllen, die zu ihrer Erhaltung nötig sind. Daher sorgt sie dafür, daß das Individuum auch wirklich diese Aufgaben lernt. In der Regel hat sie eigene Institutionen für dieses Ziel geschaffen. Man nennt solche Einrichtungen auch Sozialisationsagenturen. In unserer Gesellschaft, wie in allen hochindustrialisierten Ländern, gibt es für den Heranwachsenden vor allem zwei solche Sozialisationsagenturen: Die Familie und die Schule. Die Schule wurde nötig, weil die Familie nicht mehr in der Lage war, die für die komplizierten Aufgaben erforderlichen Kompetenzen (Wissen, Techniken, Leistungen) zu vermitteln.

Das Individuum ist aktiv und selektiv

Obwohl die Inhalte also stark von der Gesellschaft bestimmt sind, bleibt das Individuum nach wie vor der aktive Partner, so wie wir schon allgemein die Auseinandersetzung mit der Umwelt als aktiven Prozeß beschrieben haben. Zum einen ist das Individuum nicht an totaler Anpassung interessiert, es hat eigene Bedürfnisse und Ziele, zum anderen muß es, um die geforderten Normen und Inhalte übernehmen zu können, lernen, und Lernen ist ein aktiver Vorgang.

Wir werden im zweiten Teil dieses Buches noch einen besonderen Zug dieses Lernprozesses kennenlernen, das Auswählen. Das Individuum verhält sich selektiv gegenüber dem Riesenangebot aus der sozialen Umwelt. Es selbst muß begreifen, welche Normen und Rollenvorschriften auszuwählen sind. Zum Beispiel verstehen kleine Kinder sehr bald, welches Geschlecht sie haben. Sie bemühen sich aktiv darum, ein Junge oder ein Mädchen zu sein, d. h. sie wählen die Verhaltensweisen aus, die zu ihrer Geschlechtsrolle gehören. Die Buben übernehmen Verhaltensweisen des Vaters, später des Lehrers oder eines Fußballstars. Mädchen ahmen Verhaltensweisen der Mutter nach und interessieren sich für die „Welt der Frau". *Kohlberg* (1974) hat diesen aktiven Vorgang der Rollenübernahme ausführlich beschrieben. Eine geschlechtsübergreifende Norm ist heute offenkundig Leistung. Man kann beobachten, wie immer mehr Jugendliche ihr Leben aktiv planend nach der Leistungsnorm der Schule ausrichten. Während noch in den 60er Jahren Zehnjährige sich wenig Sorgen um die Zukunft machten, sorgen sie sich in den 70er Jahren frühzeitig um gute Noten und um gute Schulabschlüsse.

Ob diese voreilige Kanalisierung der Aktivität wirklich wünschenswert ist, mag man mit Fug und Recht bezweifeln. Immer mehr Kinder und Jugendliche besuchen ungern die Schule.

Aktiv und selektiv ist der Jugendliche auch bei der Übernahme von Zielen und Verhaltensweisen der Jugendkultur. Die Musik, die Sprache, die Lebensgewohnheiten der Jugendkultur werden sukzessive vom Heranwachsenden übernommen. Während Zehn- und Elfjährige für Mopeds, Beat und Mädchen noch kaum Interesse haben, sind sie wenige Jahre später sehr aktiv, um solche Interessen wahrnehmen zu können.

Übernahme von Normen und Rollen

Die Inhalte, die von der Gesellschaft übernommen werden, sind mannigfaltig und zahlreich. Aber sie stellen nicht eine ungeordnete und beliebige Ansammlung von Einzelheiten dar.

Normen

Das Verhalten der Menschen zueinander und in einzelnen Situationen oder Lebenslagen wird durch Vorschriften geregelt. Diese Vorschriften oder soziale Normen sind innerhalb eines gewissen Spielraumes verbindlich. Wer sie übertritt, muß mit „Sanktionen" (Strafen) rechnen. Es gibt für alle Bereiche des Lebens soziale Normen, besonders wichtige Normen sind Altersnormen, Geschlechtsnormen, Normen des familiären und sexuellen Zusammenlebens (Inzest-Tabu), Normen der Leistung, des Wettbewerbs und des Konsums sowie Normen bezüglich des Eigentums, des Schutzes von Menschenleben (Tötungsverbot) und der Gleichberechtigung. Die meisten dieser Normen gelten nicht generell. Töten ist dem Soldaten im Krieg erlaubt, ja sogar geboten. Hoher Konsum ist für Erwachsene gefordert, für Kinder hingegen eher verboten, weil hier die Norm der Einschränkung von Bedürfnissen wichtiger ist („Kinder sollen nicht alles haben, was sie sich wünschen").

Da wir den lebenslangen Entwicklungsprozeß betrachten, sind für uns Altersnormen besonders interessant. Sie legen fest, was man in einem bestimmten Alter tun darf oder leisten muß. Ein starker Wechsel der Altersnormen vollzieht sich bei uns beim Schuleintritt, beim Eintritt ins Berufsleben und beim Ausscheiden aus dem Berufsleben. Beim Schuleintritt ändern sich die Verhaltensvorschriften schlagartig. Das Kind muß stillsitzen, längere Zeit konzentriert arbeiten können und bestimmte Verhaltensnormen (aufzeigen, nur nach Stundenwechsel auf die Toilette gehen) beachten.

Der Eintritt ins Berufsleben bringt eine Reihe von Privilegien, aber auch neue Verhaltensnormen mit sich. Eine feste Arbeitszeit muß eingehalten werden, während der bestimmte Tätigkeiten auszuführen sind. Dem steht ein größerer Verhaltensspielraum durch Verfügung über eigene Geldmittel gegenüber.

Das Ausscheiden aus dem Berufsleben bringt wiederum eine starke Veränderung der Normen mit sich. Viele Aufgaben und Vorrechte gehen verloren. Die neuen Normen lassen sich am ehesten als „Vorschrift" bezeichnen, möglichst wenig aufzufallen, im Weg zu stehen und Arbeit zu machen. Positive Normen gibt es hingegen wenig.

Untersuchungsbeispiel

In Tab. 3 sind Altersbereiche über die Angemessenheit von Aufgaben und Merkmalen zusammengestellt, wie sie eine Erwachsenenstichprobe aus den USA sieht. Es besteht innerhalb der befragten Gruppe offenkundig wenig Meinungsverschiedenheit über die Altersangemessenheit verschiedener Ereignisse und Normen. Ähnliche Altersnormen existieren auch bei uns.

Tab. 3: Altersnormen und Altersangemessenheit von Merkmalen im Urteil einer Erwachsenenstichprobe aus den USA (Ausschnitt aus Neugarten u. a., 1965)

	als angemessen angesehener Altersbereich	Prozentsatz der übereinstimmenden Personen	
		Männer	Frauen
Bestes Heiratsalter für Männer	20–25	80	90
Bestes Heiratsalter für Frauen	19–24	85	90
Wann die Leute in der Regel Großeltern werden sollten	45–50	84	79
Das beste Alter für Beendigung des Schulbesuchs und den Arbeitsbeginn	20–22	86	82
Wann man den Höhepunkt seiner Berufslaufbahn erreicht haben sollte	45–50	71	58
Wann man sich aus dem Berufsleben zurückziehen sollte	60–65	83	86
Ein junger Mann	18–22	84	83
Ein Mann im mittleren Alter	40–50	86	75
Ein alter Mann	65–75	83	87
Eine junge Frau	18–24	89	88
Frau im mittleren Alter	40–50	87	77
Eine alte Frau	60–75	83	87
Wann der Mann die meiste Verantwortung trägt	35–50	86	80
Wann die Frau die meiste Verantwortung trägt	25–40	93	91
Eine gutaussehende Frau	20–35	92	82

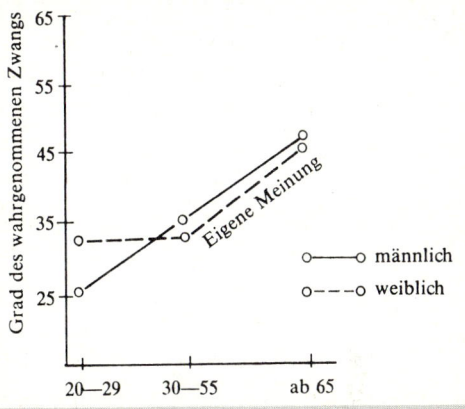

Abb. 1: Verbindlichkeit und Zwang von Altersnormen im eigenen Urteil (Neugarten u. a., 1965)

Abb. 1 zeigt den Grad der Verbindlichkeit von Altersnormen im Selbsturteil. Für jüngere Erwachsene sind die auf sie zutreffenden Altersnormen weniger streng und verbindlich. Mit zunehmendem Alter werden die Altersnormen jedoch stärker verbindlich angenommen, ihre Mißachtung wird weniger geduldet*.

A Legen Sie sich und Ihren Bekannten die Fragen der Tab. 3 vor und vergleichen Sie die so ermittelten Angaben mit denen der Tabelle! Versuchen Sie Gründe für deutliche Abweichungen zu finden!

Rollen

Die Gesellschaft hat nicht nur Normen für das Verhalten aufgestellt, sondern auch *Positionen* oder Plätze

---

* Die Ergebnisse stammen allerdings von einer Querschnittsuntersuchung, bei der Erwachsene aus verschiedenen Generationen zum gleichen Zeitpunkt verglichen wurden. Möglicherweise handelt es sich also nicht um Alters-, sondern um Generationsunterschiede.

für die Individuen vorgesehen. In der Sozialisationsagentur Familie gibt es einen Platz für den Vater, einen
für die Mutter und Positionen für die Kinder. Großeltern haben keine fest umrissene Position mehr, so wie
etwa früher. In der Schule gibt es die Position des
Lehrers und die des Schülers, im Berufsleben sprechen
wir wie auch im Alltag von (guten und schlechten)
Positionen. Soziale *Rollen* werden als das Verhalten
verstanden, das man von einem Individuum in einer
Position erwartet. Das erwartete Verhalten wird durch
soziale Normen weitgehend vorgeschrieben. Schon
das Kind ist sich seiner „Rolle" bewußt und spielt sie
mehr oder minder angemessen. Die Rolle des Schülers
und Lehrers ist durch ein ganzes Bündel von Verhaltensvorschriften geregelt, und Disziplinprobleme stellen oft nichts anderes als den Versuch des Schülers dar,
seine Rolle auszuloten.

Die Rolle ist als Konzept oder Konstruktion (in der
Fachsprache auch „Konstrukt" genannt) zu verstehen
und soll die geordneten Verhaltensmuster im menschlichen Zusammenleben erklären. Ohne soziale Rollen
(oder Verhaltensordnungen) wäre das Leben in der
Tat zu kompliziert und unberechenbar.

Wenn wir ein Geschäft betreten, versuchen wir nicht, dem
Verkäufer eine Ware anzubieten, sondern bekleiden die
Rolle des Käufers. Kinder, denen man täglich „Halt den
Mund" sagt, äußern dies dennoch in der Regel nicht gegenüber Erwachsenen, weil ihre Kindesrolle solche „asymme-
trischen" Beziehungen zu den Erwachsenen beinhaltet*.
In allen Situationen des Alltags spielen wir unsere Rollen
ganz selbstverständlich und erwarten ebenso selbstverständlich von den anderen angemessenes Rollenverhalten. Auf

---

* Zur Frage reversibler Kommunikation in der Schule siehe etwa
  Tausch & Tausch (1973^7)

diese Weise vereinfacht sich das Zusammenleben gewaltig. Es ist einfacher, für bestimmte typische Situationen feste Verhaltens- und Interaktionsstrukturen zur Verfügung zu haben, als jedesmal neu ein Verhalten zu planen und auszuprobieren. Nur durch Rollenverhalten erhält der andere zudem Gewißheit darüber, wie wir ihm gegenüber reagieren werden, genau wie wir selbst das Verhalten des anderen ziemlich gut abschätzen können, weil es eben Rollenverhalten ist. Für Kinder wie für Erwachsene gibt es typische Verhaltensmuster, die festlegen, was man als Träger einer bestimmten Alters-, Geschlechts- und Berufsrolle in einer bestimmten Situation zu tun und zu sagen hat. Man denke an Gespräche mit dem Tischnachbarn bei einer Einladung, an das Verhalten bei einer Beerdigung, an Redewendungen, die man gegenüber Vorgesetzten gebraucht und an das Rollenverhalten von Ehemann und Ehefrau.

A	Versuchen Sie typisches Rollenverhalten bei Mutter und Kind, Lehrer und Schüler zu beschreiben. Gehen Sie am besten so vor, daß Sie die Verhaltensweisen suchen, die über alle individuellen Unterschiede vorhanden sind (Verhalten der „typischen" Mutter, des „typischen" Kindes usw.)

role-taking und Rolleninterpretation

Das obige Beispiel macht deutlich, daß Rollen einen beträchtlichen Spielraum haben können. Die Aufgabe des Individuums, das solche Rollen übernimmt, ist daher eine doppelte: Es muß Rollen lernen und zugleich die Variationsmöglichkeiten solcher Rollen erkunden und ausprobieren.

Aus dem Gesamtfragenkreis seien nur das sog. role-taking und die individuelle Auslegung von Rollen kurz erläutert.

Ein wesentliches Moment der Persönlichkeitsentwicklung besteht darin, sich mit den Augen der anderen zu sehen, die Position des anderen einzunehmen und die eigene Person gewissermaßen von außen zu sehen. Nur so ist es möglich, sich als jemand zu verstehen, der ein Mensch wie andere ist, zwar mit bestimmten persönlichen Eigenheiten, aber doch auch mit Verhaltenszügen, die „allgemein üblich" und dem anderen vertraut sind. Sich in andere versetzen, ermöglicht aber auch, die anderen in ihren Motiven und Verhaltensweisen zu verstehen und sein eigenes Verhalten darauf abzustimmen. Die Rolle des anderen im Wechsel mit der eigenen Rolle zu übernehmen, wird auch als *role-taking* bezeichnet. Untersuchungen zeigen, wie Kinder in der Leistung des role-taking allmählich besser werden und zunehmend schwierigere Gedankenschritte vollziehen (s. vor allem *Flavell,* 1975 und S. 127 in diesem Buch).

Role-taking kann trainiert werden und sollte neben der Vermittlung isolierten Fachwissens Eingang in die schulischen Lehrpläne finden. Der moderne Deutschunterricht greift heute beispielsweise Möglichkeiten des role-taking auf. Alte Menschen ziehen sich – gewollt oder ungewollt – von sozialer und beruflicher Verantwortung zurück, sie beschäftigen sich wieder mehr mit sich selbst und können daher oft Motive und Verhaltensweisen anderer nicht mehr nachvollziehen.

Die zweite Leistung, die uns hier interessiert, ist die Fähigkeit des Rollenverständnisses und der *Rolleninterpretation.*
Hier geht es um die lebenslange Aufgabe, die sozialen Rollen, die man im Laufe seines Lebens zu übernehmen hat, individuell auszugestalten und den eigenen Bedürfnissen und Zielen Rechnung zu tragen. Die beste Rollenübernahme ist nicht die totale Anpassung an ein Rollenschema; solche Rollenträger wirken auf uns unsympathisch, maskenhaft oder unoriginell. Man

denke an den 150%igen Beamten, an den korrekten, aber farblosen Lehrer, an den Musterschüler und das brave Hausmütterchen. Rollenlernen und Rollenbekleiden ist für alle Beteiligten um so befriedigender, je mehr an Einfallsreichtum und origineller (kreativer) Eigenleistung in das Rollenverhalten eingeht. Hier ein Beispiel für originelles Rollenverhalten im kindlichen Rollenspiel, das von einer Erzieherin aus dem Kindergarten berichtet wird *(Projektgruppe Vorschulische Erziehung im Ausland,* 1975).

Auf der Terrasse entsteht ein Streit.
Zwei Kinder, der Seppi, 6 Jahre, und der Michael, 5 Jahre, streiten um das Kett-Car. Jeder möchte zuerst fahren. Der Seppi behauptet:
„Ich fahre zuerst, weil ich älter und größer bin."
Der Michael sagt: „Du lügst, ich bin genauso groß wie du."
Das Kett-Car wird nun für eine Weile Nebensache.
Die Kinder prüfen ihre Größe. Sie stellen sich zusammen und jeder versucht sich zu strecken. Die beiden werden sich nicht einig, wer nun größer ist.
Sie kommen zur Erzieherin und lassen sich messen. Nach einer genauen Messung stellt sich heraus, daß beide gleich groß sind. Beide rennen nun zum Auto zurück. Das Auto wird hin- und hergezerrt. Der Michael muß auch noch eine Ohrfeige einstecken. Der Seppi verläßt sich nun ganz auf seine Körperkraft. Endlich hat er es geschafft und sitzt im Auto.
Nun hat der Michael eine Idee. Er sagt: „Mein Vater ist Polizist und regelt manchmal in der Bruckstraße den Verkehr. Spielen wir doch Verkehrspolizei."
Diese Idee gefällt auch dem Seppi. Der Michael macht den Verkehrspolizisten, und der Seppi kann so lange mit dem Auto fahren, bis er abgestoppt wird. Dann erfolgt ein Rollentausch, das Spiel geht friedlich weiter.
                                                      Sr. M. Luzilla Klein

A Beobachten Sie ein Rollenspiel zwischen zwei oder mehr Kindern und beschreiben Sie, wie die Kinder ihre Rollen auffassen (interpretieren)!

Individuelle Rolleninterpretation ist freilich nicht in allen Lebensbereichen und vor allem nicht in allen Kulturen gleich gut möglich. Primitivkulturen verbieten individuelle Rollenvariation. Hier stehen starre bis ins Detail vorgeschriebene Rollenmuster stark im Vordergrund. Aber auch bei uns gibt es Bereiche, wo individuelle Rolleninterpretation leichter und wo sie weniger gut möglich ist. In unserer Mittelschicht-Familie sind die Rollen Vater, Mutter und Kind recht variabel geworden. Je nach Konstellation und äußeren Lebensbedingungen gibt es unterschiedliche und bis zu einem gewissen Grad einmalige Familienstrukturen. In den Schulen und im Berufsleben besteht eine Tendenz zur verstärkten Einengung der Rollengrenzen. Dies hängt mit der wachsenden Verbürokratisierung und der damit verbundenen Verreglementierung wichtiger Lebensbereiche zusammen. Auch in der Wirtschaft gibt es trotz der bekannten Einzelfälle, in denen durch Originalität sozialer Aufstieg und Rollenveränderung erreicht wurde (self-made-man), oft enge Rollengrenzen. Der Arbeiter hat in festen, durch Stechuhren kontrollierten Zeitabschnitten ganz bestimmte Handgriffe auszuführen. Der Wissenschaftler, der ein verbessertes Produkt entwickelt hat, kann nur dann auf Erfolg rechnen, wenn es in den Wirtschaftsplan des Betriebes paßt.

Wichtige Rollen

Es gibt eine Reihe von Rollen, die jeder Mensch in seiner Entwicklung zu lernen hat. Die wichtigsten seien im folgenden kurz beschrieben.

Die *Altersrolle* ist innerhalb des menschlichen Lebenslaufes eine durchgängige, aber sich permanent wandelnde Rolle. In allen Altersstufen gibt es Schwierigkeiten beim Verlassen der bisherigen Altersrolle und der Übernahme der nächsten Altersrolle. Das Kleinkind, das zum Schulkind wird, hat eine Menge an Verhaltensweisen, vor allem Leistungen der Selbststeuerung und Selbständigkeit zu lernen. Der Jugendliche hat mit seiner Rolle, die unscharf abgegrenzt und ungenau definiert zwischen der Erwachsenen- und Kindesrolle liegt, besondere Schwierigkeiten. Der 40er will es nicht wahrhaben, daß er nicht mehr zur jungen, dynamischen Generation gehört. Der 50er gerät häufig in Panikstimmung, da er das Alter auf sich zukommen sieht und Versäumnisse nachholen möchte. Der 60er muß sich damit abfinden, daß er aus vielen Aktivitäten und Verantwortungen entlassen wird.

Die *Geschlechtsrolle* ist wie die Altersrolle schicksalhaft zugewiesen, man kann sein Geschlecht wie sein Alter nicht frei wählen. Schwierigkeiten bei der Übernahme der Geschlechtsrolle bestehen vor allem, wenn man mit seiner Rolle nicht zufrieden ist. An manchen Mädchen ist ein Junge verlorengegangen und manche Jungen sind Zimperliesen. Insgesamt erscheint die männliche Rolle attraktiver als die weibliche, weshalb der Tendenz nach die Übernahme der weiblichen Rolle später erfolgt (s. etwa *Hetherington*, 1965).

Die Geschlechtsrolle ist wie die Altersrolle dem Wechsel unterworfen. Aus dem viel begehrten und beneideten Teenager und Twen wird die immer noch attraktive Dreißigerin, die in den 40er und 50er Jahren ihre Geschlechtsrolle umdefiniert erfährt und mit anderen Aufgaben konfrontiert wird. Da unsere Gesellschaft sehr stark die jüngeren Jahrgänge bevorzugt und in ihrer Selbstdarstellung oft so tut, als gäbe es ältere Frauen gar nicht, gerät die Frau oft in große Schwierigkeiten. Sie versucht nach amerikanischem Vorbild, möglichst jung zu erscheinen und weicht, so lange es geht, der Rolle der älteren Frau aus.

Eine zunächst noch schicksalhaft zugewiesene Rolle hängt mit der *Schichtzugehörigkeit* zusammen. Je nachdem, in welche soziale Schicht das Individuum hineingeboren wird, erfährt es unterschiedliche Rollenstrukturen und zeigt es unterschiedliches Rollenverhalten. Die Wahrnehmung, daß in anderen Schichten ein anderes Rollenverhalten auftritt, führt einerseits zu stärkerer Abgrenzung (Adel und Oberschicht), andererseits zu Übernahme des Verhaltens der anderen Schicht (z. B. Übernahme von Verhaltensweisen der Mittelschicht durch die Unterschicht). In den USA hat man als durchgängigen Zug bei Angehörigen von niedrigeren Sozialschichten die Bemühung um Aufstieg in die nächsthöhere Schicht beobachtet. So kommt es, daß die zweite Generation von Erwachsenen im Schnitt bereits eine höhere Sozialschicht als die erste Generation erreicht hat. Höhere Schichten suchen demgegenüber ihren Status zu halten. Die Oberschicht bemüht sich zudem, daß niemand von „unten" in ihre Gruppe eindringt (Tendenz zur Isolation). Statusstreben ist in hochzivilisierten Ländern ein bestimmender Zug menschlicher Entwicklung geworden.

Familiale Rollen gehören ebenfalls zu den Rollen, die jeder Mensch in seiner Entwicklung bekleidet. Gewöhnlich hat er zwei solcher Rollen auszuführen. Zuerst bekleidet er die Kindesrolle, die übrigens bei manchen Menschen zeitlebens das Verhalten mitbestimmt. Die Autorität der Eltern bleibt nicht selten einflußreich, wenn das Kind selbst erwachsen ist und eine eigene Familie gegründet hat. Ist das Kind zum Erwachsenen geworden, so wird es im Normalfall zum Vater oder zur Mutter und führt nun die Rolle der Gegenseite aus. Man kann beobachten, wie junge Menschen schlagartig ihr Verhalten ändern, wenn sie zu Vätern oder Müttern werden. Plötzlich schlagen die Normen der Elternrolle durch, meist in ähnlicher Form, wie sie von den eigenen Eltern vertreten wurden, und die jüngeren Eltern werden zu braven Bürgern, die sich stark auf das Leben der Familie konzentrieren. Gerade ein solcher abrupter Verhaltenswechsel zeigt, daß der Rollenbgriff als Erklärungsmodell fruchtbar ist.

Schüler- und *Berufsrolle* schließlich bestimmen vom 7. Lebensjahr an in großem Umfang das Arbeitsverhalten des Individuums. Für die Mehrzahl der Bevölkerung beinhalten diese beiden Rollen einen großen Aufwand an Tätigkeiten, die man überwiegend ungern tut. Schüler, die lateinische oder englische Vokabeln mit Lust büffeln, sind sicher im doppelten Sinn des Wortes nicht normal. Der Berufstätige, der die zermürbende Routinearbeit des Alltags gerne verrichtet, ist auch nicht unbedingt eine Idealvorstellung. Gelernt werden in diesen „Arbeitsrollen" also nicht nur spezifische Fertigkeiten und Inhalte, sondern auch ein Steuerungs- oder Willensverhalten, das einen befähigt,

die langen Durststrecken während des Arbeitsprozesses durchzustehen und die geforderten Arbeiten angemessen auszuführen.

Dieses Bild von der Schüler- und Berufsrolle mag etwas
düster und pessimistisch erscheinen, es entspricht aber der
Realität unserer Wirtschafts- und Gesellschaftsstruktur.
Freilich gibt es auch Bereiche und Zielsetzungen in den
Rollen, die sehr positive Aspekte haben, doch bilden diese
Aspekte im Vergleich zur Gesamtzeit der geforderten Arbeit
relativ begrenzte Ausschnitte. Meist steigt die Zahl der Frei-
heitsgrade und Wahlmöglichkeiten mit schulischem und be-
ruflichem Status. Schüler der gymnasialen Oberstufe haben
vergleichsweise mehr Möglichkeiten, interessante Tätigkeiten zu wählen als Lehrlinge. Akademiker an Universitäten
haben sich häufig Tätigkeitsbereiche wählen können, die
weit weniger den Zwangscharakter von Berufsrollen aufwei-
sen als anderswo. Die Beherrschung des individuellen Lebens durch berufliche Arbeit veranlaßt viele zu einer Lebensplanung, bei der ein größeres Maß an Freizeit durch ein
geringeres Einkommen erkauft wird.

Sozialisation als Wechselverhältnis von Anpassung und Selbstdurchsetzung

Sozialisation als Vorgang und Resultat im menschlichen Lebenslauf

Die Übernahme von Inhalten aus der Umwelt und die
daraus entspringenden Leistungs- und Verhaltensmuster lassen sich, wie wir sahen, in der Hauptsache als
Sozialisationsprozeß beschreiben. Sozialisation wird
also hier im umfassenden Sinn als Vorgang und Ergebnis verstanden, wie das Individuum Mitglied seiner
Gesellschaft wird[*].
Repräsentanten der Gesellschaft sind für verschiedene
Alters- und Entwicklungsstufen unterschiedliche Instanzen oder Einzelpersonen. In früher Kindheit ist es

fast ausschließlich die Familie, später tritt die Schule hinzu, und allmählich eine Vielzahl von Sozialisatoren (Konfrontation mit öffentlichen Verhaltensregeln im Verkehr beim Einkaufen, Einfluß der Massenmedien usw.). Im Kindes- und Jugendalter wird der gleichaltrige Partner zum wichtigen Sozialisator (zum Begriff s. unten). Der Erwachsene wird durch Rollenaufgaben in der Familie und im Berufsleben weiter sozialisiert. Auch er zeigt in der Gruppe Gleichberechtigter und ungefähr Gleichaltriger ein typisches Verhaltensmuster. Außerhalb des engeren Familienkreises und des eigentlichen Berufslebens gibt es dabei Verhaltensformen, die den Kindern und Jugendlichen ausgesprochen töricht erscheinen: Sich betrinken, gemeinsam Lieder singen, stundenlang Karten spielen, bei Frauen der tägliche Tratsch. Es ist sicher falsch, solche Verhaltensmuster als abwegig und „sinnlos" zu bezeichnen. Aber es ist ebenso falsch, das Verhalten der Erwachsenen immer und unbedingt als „reifer" und „vollkommener" im Vergleich zum Jugendlichen und Kind anzusehen. Die „törichten" und die „zweckmäßigen" Verhaltensweisen des Erwachsenen sind ein Ergebnis seiner Sozialisation, und zwar großenteils erst der späteren Sozialisation im Erwachsenenalter.

Ein alltägliches Beispiel für die Erwachsenensozialisation ist das Verkehrsverhalten. In den USA wird ruhig, entspannt und gleichmäßig gefahren. Geschwindigkeitsbegrenzungen auf allen Straßen sorgen für Mäßigung, wie sie bei uns unbekannt ist. Unser Verkehrsverhalten erscheint vielen Auslän-

---

* Es gibt engere Begriffe von Sozialisation, die das Konzept gegenüber Enkulturation und Erziehung abgrenzen (s. z. B. *Weber* 1973). Für unseren Zweck der Beschreibung menschlicher Entwicklung erscheint aber ein umfassender Begriff sinnvoller zu sein (s. auch *Mollenhauer*, 1969).

dern demgegenüber als „verrückt" und selbstmörderisch, als Kampf aller gegen alle. Den Sozialisationsvorgang im Verkehrsverhalten kann jeder an sich selbst beobachten, wenn er beispielsweise in der BRD und in den USA Auto fährt. In den USA paßt er sich rasch an den neuen Stil an. Nach Deutschland zurückgekehrt, behält er einige Tage seinen amerikanischen Fahrstil bei und übernimmt dann wieder das deutsche Verhalten überhöhter Geschwindigkeit, riskanter Überholmanöver und fortwährenden Wechsels der Fahrspur. Er wird zugleich auch merken, daß es sehr schwer ist, ein deutlich anderes Verkehrsverhalten zu praktizieren.

Sozialisation ist ein reziproker Vorgang

Beim Sozialisationsvorgang kann man zwei Parteien unterscheiden: Das Individuum, das sozialisiert wird (Sozialisand) und den Partner bzw. die Institution, die sozialisiert (Sozialisator). Sozialisand und Sozialisator stehen in einem Wechselverhältnis zueinander. Einerseits beeinflußt natürlich der Sozialisator den Sozialisanden, aber dieser wirkt seinerseits auf den Sozialisator zurück.

Sozialisation läßt sich also nicht als eine einseitige Kausalwirkung, die vom sozialisierenden Partner zum Sozialisanden verläuft, verstehen, sondern sie ist ein Wechselwirkungsprozeß, ein reziproker Vorgang. Zwei Beispiele mögen diesen reziproken Vorgang verdeutlichen, die Mutter-Kind-Beziehung und die Lehrer-Schüler-Beziehung.

Die Mutter-Kind-Beziehung (beziehungsweise das Verhalten zwischen konstanter Pflegeperson und Kind) ist der Prototyp des Sozialisationsvorganges und zugleich dessen Grundvoraussetzung. Die Wechselseitigkeit dieser *Dyade* beginnt bereits bei der Körperpflege. Die Mutter, die heute nicht selten bei einer Puppe das Wickeln geübt hat, ist anfangs von den strampelnden Bewegungen ihres Säuglings verwirrt und etwas hilflos. Bald aber kommt sie gut zurecht und hat Spaß an der Lebendigkeit ihres Kindes. Dieses wiederum gewöhnt sich an die täglichen Hantierungen. Wenn sie zu lange dauern, schreit es, was die Mutter nicht hindert, ihr Reinigungswerk zu vollenden, sie aber veranlaßt, rascher und zügiger zu arbeiten und auf das Kind tröstend oder scherzend einzugehen. Schon lange vor dem Spracherwerb gibt es zwischen Mutter und Kind eine Art Zwiegespräch. Die Mutter redet auf das Kind ein, dieses reagiert durch Lallen, Lachen oder aufgeregte Bewegungen. Die Mutter findet heraus, was dem Kind Spaß macht: Wiegen, Betätigen der Klapper, ein bestimmtes Spielzeug. Besonders subtil ist der Körperkontakt zwischen Mutter und Kind. Der Zärtlichkeitsaustausch ist schon in diesem frühen Alter ein individuelles Wechselspiel zwischen den Partnern und nimmt für jede Mutter-Kind-Dyade eine spezifische Form an. Sobald das Kind die ersten Wörter spricht, beginnt eine neue intensive Kontaktaufnahme. Die Mutter greift begierig Äußerungen des Kindes auf und versucht, ihm neue Objektbenennungen beizubringen. Auch die Wechselseitigkeit des Sprachkontaktes ist gerade in ihren Anfängen für jede Dyade recht spezifisch.

Unser zweites Beispiel, die Lehrer-Schüler-Beziehung, stellt keine Zweierbeziehung dar, sondern in der Regel eine Beziehung zwischen einer Gruppe oder einer Ansammlung von Personen und einer Einzelperson. Der Lehrer, der ziemlich festgelegte Rollenvorschriften hat, versucht, die Schüler für die schulisch spezifischen Verhaltensweisen und Leistungen zu sozialisieren. Solange die Interaktion (Wechselbezie-

hung) zwischen beiden Parteien noch einigermaßen funktioniert, muß aber der Lehrer auf seine Klasse eingehen. Er wird sein Verhalten auf die Reaktionen der Klasse abstimmen und verschiedene Wege versuchen, seine Sozialisationsziele durchzusetzen. Diese Interaktion ist besonders störanfällig, weil der Schüler monotone und oft auch lebensfremde Aktionsformen, wie sie der heutige Unterricht notgedrungen hervorbringt, gerne durchbricht. Im Extremfall befinden sich Lehrer und Schüler nicht mehr in Kommunikation. Der Lehrer unterrichtet zwar noch, aber es hört ihm niemand zu, die Schüler sitzen zwar noch an ihren Plätzen, aber sie haben sich in Teilgruppen strukturiert, die für sich agieren. Geschickte Lehrer haben im Laufe ihrer Tätigkeit Erfahrungen gesammelt, wie sie in bestimmten Situationen reagieren müssen. Sie können sich auf den einzelnen wie auf die Klasse „einstellen“. So kommt es, daß der Lehrer in der einen Klasse ein deutlich anderes Verhalten an den Tag legt (partnerschaftlich) als in der anderen Klasse (stärker restriktiv und bestrafend). Besonders interessant wird das Wechselspiel zwischen Lehrer und Schüler, wenn man es über lange Zeitstrecken hinweg betrachtet. Es gibt immer wieder Fälle, in denen am Ende ein besonders gutes Zusammenspiel erreicht ist. Die Schüler sprechen von „ihrem“ Lehrer und seiner Einmaligkeit. Der Lehrer spricht von „seiner“ Klasse und ihrer einmaligen Zusammensetzung und Leistungsform.
Störung der Reziprozität zwischen den Sozialisationspartnern gibt es vor allem im Alter. Aus Untersuchungen geht hervor, daß das Antwortverhalten der Jüngeren stereotyp ist, sie sagen auf alle Bemerkungen und Feststellungen alter Leute bevorzugt „ja“, „du hast

recht", „schon gut". Auf diese Weise verlieren die
Alten die Selbstkontrolle und die Kontrolle über die
Angemessenheit ihres Verhaltens.

Anpassung und Selbstdurchsetzung

Alle bisherigen Aspekte tragen zur Klärung des Sozialisationsbegriffes in einem ganz bestimmten Sinne bei.
Sozialisation ist nicht ein Einweg-Prozeß, bei dem
sich das Individuum an die Normen und Rollen der
Gesellschaft anpaßt, sondern ein wechselseitig verlaufender Prozeß, bei dem sich das Individuum zugleich
gegenüber einer bestehenden Ordnung durchsetzen
muß. Sozialisation ist somit von außen her gesehen ein
Kompromiß zwischen individueller Eigenart (persönlichen Bedürfnissen, Zielen, Rechten) und gesellschaftlichen Normen.

Vom Individuum aus gesehen erfordert dieser Kompromiß einen ständigen Kampf, ständige Aktivität,
Originalität und Intelligenz. So gesehen, befindet sich
das Individuum in einem permanenten Konflikt während des ganzen Lebens, sofern beide Anteile – Anpassung und Selbstdurchsetzung – sich die Waage halten. Erst wenn der Anpassungsprozeß überwiegt,
wird dieser Konflikt sich verringern. Widersprüchlichkeit, Konflikt und die Notwendigkeit, gegensätzliche Anforderungen zu vereinen, bilden somit einen
Grundzug menschlicher Entwicklung.

Vergleichen wir verschiedene Altersabschnitte miteinander, so zeigt sich, daß sich dieses Wechselverhältnis
eigentlich nie so recht im Gleichgewicht befindet.

In früher Kindheit überwiegen Tendenzen der Selbstdurchsetzung, einfach deshalb, weil der Anpassungsprozeß aus Mangel an Lernerfahrung und erlernter

Technik nicht möglich ist. Mühsam lernt das Kind, die Ausscheidungsorgane in dem von der Umgebung gewünschten Sinne zu beherrschen. Mühsam muß es Gewohnheiten der Nahrungsaufnahme lernen, und langwierig ist der Prozeß, bis das Kind sich selbst an- und auskleiden kann. Zu diesem äußeren Verhalten treten aber auch die viel schwierigeren Leistungen der Beherrschung ursprünglicher Triebe und Bedürfnisse. Zunächst will das Kind ungehemmt und ohne Aufschub seine Triebe befriedigen, ohne irgendwelche Rücksichten zu kennen. Man nennt daher das Neugeborene beziehungsweise den Säugling ein asoziales oder präsoziales Wesen.

Ein radikaler Umschwung im Verhältnis von Anpassung und Umwelt tritt gewöhnlich bei Schulkindern auf. Die Sozialisationsagentur Schule verlangt vom äußeren Verhalten angefangen bis zur Steuerung „innerer" Leistungen der Aufmerksamkeit und des Denkens rigoros Anpassung. Wer sich nicht anpaßt, erreicht das Klassenziel nicht und gerät in permanenten Konflikt mit der sozialen Umwelt. Infolge der Fülle von außen gesetzter Ziele überwiegt stark der Anpassungsprozeß gegenüber der Selbstdurchsetzung. Letztere läßt sich nur gelegentlich verwirklichen als:

Einbringen eigener Ziele in das schulische Leben,

Durchsetzen eigenständiger Verhaltensweisen durch individuelles Lernen und

Selbstdurchsetzung im Kontakt mit Gleichaltrigen.

A Diskutieren Sie Möglichkeiten von Selbstdurchsetzung (Selbstverwirklichung) in der Schule. Machen Sie Verbesserungsvorschläge für schulische Sozialisation!

Im ganzen Sozialisationsgeschehen dürfte der Schule die Aufgabe zukommen, das Individuum aus den Formen familiären Zusammenlebens in Formen des gesellschaftlichen Arbeitsprozesses überzuführen. Diese Aufgabe der Schule liegt darin begründet, daß in allen hochindustrialisierten Ländern Familienleben und Arbeitsleben auseinanderfallen. Die Arbeit wird an eigenen Arbeitsstätten außerhalb der familiären Wohnung abgeleistet. Wesentlich ist auch, daß es prinzipiell nicht auf eine bestimmte, konkrete Arbeit ankommt, sondern darauf, daß in Auftrag gegebene Arbeit gegen Entgelt verrichtet wird. Die Schule bereitet genau diese genannten Momente vor: Der „Arbeits"-Platz, nämlich das Schulgebäude, ist getrennt vom Elternhaus und die zu leistenden Arbeiten sind für den Schüler insofern beliebig, als sie mit neuen, von außen gesetzten Inhalten verbunden sind.

Die Normen und Inhalte der älteren Generation können nur durch äußeres Herantragen und Setzen von Zielen vermittelt werden. Insofern ist ein Überhang an Anpassung im Schulsystem nicht vermeidbar. Freilich wäre es wünschenswert, wenn daneben echte Möglichkeiten von Selbstdurchsetzung geschaffen würden, da sich zu einseitige Anpassung in jedem Falle für die Gesamtgesellschaft rächt. Wer beispielsweise immer nur die Inhalte lernt, die man von ihm verlangt (z. B. Schulstoffe) und nur so lernt, wie man es wünscht (z. B. Hausaufgaben machen, bestimmte Techniken verwenden), wird versagen, wenn er sich selbst Inhalte suchen muß, die ihm keiner zeigt, und Verfahren aushecken muß, die niemand zuvor gekannt hat. Vor solchen Aufgaben steht heute nicht nur der einzelne, sondern die Gesamtgesellschaft.

Im Jugendalter beobachtet man trotz der massiven äußeren Einflüsse verstärkte Tendenzen zur Selbstdurchsetzung. Diese stärkere Akzentuierung ist für das Erwachsenwerden, also die Übernahme der Erwachsenenrolle, sehr bedeutsam. Je mehr die Bemühung um Selbstdurchsetzung mit der Anpassung integriert wird, desto eher wird sich eine stabile Persönlichkeit entwickeln.

Im Erwachsenenalter der jungen und mittleren Altersbereiche scheint die Anpassung häufig sehr stark zu überwiegen. Der Erwachsene muß sich genau den Anforderungen des Betriebes oder der Organisation, die ihn einstellt, unterordnen. In den USA beispielsweise wissen Bewerber, daß man möglichst normal sein muß, ohne Besonderheiten und Auffälligkeiten. Die Antworten der Bewerber richten sich nach diesem Wunschbild (s. z. B. *Jungk,* 1953). Viele der Interessen, die der Erwachsene als junger Mensch hatte, müssen aus Geld- und Zeitmangel aufgegeben werden *(Pressey & Kuhlen,* 1957). Dazu kommt, daß die Erwachsenen nach Gründung einer Familie zusätzliche Formen der Anpassung erwerben müssen. Aber auch für das Erwachsenenalter gilt, daß Selbstdurchsetzung notwendig und möglich ist. Sie darf allerdings nicht als Konkurrenzkampf und Übervorteilung anderer verstanden werden. Diese heute beim männlichen Geschlecht im Vordergrund stehende Aktivität ist nichts anderes als eine besondere Form der Anpassung, nämlich die gedankenlose Übernahme einer zentralen Norm in unserer Gesellschaft.

Die alten Menschen haben in der Entwicklungsreihe wiederum eine besondere Ausprägungsform des Wechselspieles von Anpassung und Selbstdurchsetzung. Infolge zunehmender Abnahme sozialer Verpflichtungen wird Anpassung weniger verlangt und auch weniger bewältigt. Die Alters-Rigidität („Starrköpfigkeit") ist Ausdruck des Mißlingens von Anpassungsbemühungen. Aber auch in bezug auf die Selbstdurchsetzung liegt eine Sonder-Situation vor. Auch wenn die wirtschaftliche Sicherheit gegeben ist, vermag der alte Mensch häufig seine Anliegen nicht durchzusetzen. Er hat Schwierigkeiten, sie darzustellen und gehört zu werden. Man ignoriert häufig seine Bedürfnisse. Andererseits lebt der alte Mensch auch für manche seiner Ziele, aber diese Selbstdurchsetzung ist nicht in Anpassungsleistungen integriert. So gibt es häufig Schwierigkeiten, weil das Alter bevorzugt behandelt werden will. Im Alter gibt es auch noch den ausdrücklichen Verzicht auf Selbstdurchsetzung. Es werden keine eigenen Wünsche geäußert, sondern die Ziele der jüngeren Generation den eigenen Bedürfnissen vorangestellt.

So finden wir sowohl in frühester Kindheit, wie im Alter ein gravierendes Mißverhältnis von Selbstdurchsetzung und Anpassung. Im ersteren Falle ist dieses Mißverhältnis Ausgangspunkt für die Sozialisationsbemühungen überhaupt. Im letzteren Falle ist es Ausdruck eines ungelösten Problems, das durch das Ausscheiden aus der sozialen und gesellschaftlichen Verantwortung entsteht. Die Sozialisation, die hier noch stattfindet, gleicht unkoordinierten Notmaßnahmen, um die man angesichts des Vorhandenseins alter Menschen nicht herumkommt.

Diese gewiß sehr grobe Skizzierung von Sozialisation durch das ganze Leben hindurch zeigt, daß Sozialisation nicht nur die Beschreibung eines „Ist-Zustandes" sein kann, sondern Bezug auf einen wünschenswerten „Soll-Zustand" nehmen muß. Gemessen an der Ausgewogenheit von Selbstdurchsetzung und Anpassung gibt es auf allen Altersstufen Ungleichgewicht. Nicht die totale Aufhebung dieses Ungleichgewichts ist wünschenswert oder möglich, sondern eine stärkere Akzentuierung der Komponente der Selbstdurchsetzung bei gleichzeitiger Integration der Komponente der Anpassung.

Zusammenfassung

Menschliche Entwicklung wird bedingt durch das Zusammenwirken von Anlage und Umwelt.

Die *Anlage*bedingungen für Verhalten werden aber während des menschlichen Lebenslaufes nicht unmittelbar sichtbar. Das beobachtbare und erlebbare Resultat menschlicher Entwicklung ist vielmehr

a) das Endglied einer langen Kette von Zwischenschritten und

b) bei jedem Menschen durch eine einmalige, unwiederholbare Kombination von Faktoren bedingt.

Die *Umwelt* als biologische und sozial-kulturelle Umwelt kann bei äußerer Gleichheit unterschiedliche und bei äußerer Verschiedenheit gleiche Wirkung auf die Entwicklung von Menschen ausüben.

Durch die Umwelt wird die Anlage entwickelt. Die durch die Umwelt bedingte Veränderung der Menschen, die auf Erfahrung und Übung beruht, nennt man *Lernen.* Lernen ist somit der entscheidende Vorgang menschlicher Entwicklung. Er erstreckt sich auf alle Bereiche des Lebens und tritt in verschiedenen Arten auf, die bis hin zum höchsten Niveau der Ordnung und Erklärung der Umwelt und des Selbst reichen.

Entwicklung als Lernen vollzieht sich aber nicht mechanisch durch die Einwirkung der Umwelt, sondern

nur, wenn das Individuum selbst *aktiv* ist. Besonders
wichtige Aktivitätsformen sind:

- explorative Aktivität (Erforschen der Umwelt)
- instrumentelle Aktivität (Werkzeuggebrauch)
- konstruktive Aktivität (Herstellung neuer Objekte).

Die Inhalte, die der Mensch in seiner Entwicklung
lernt, stammen aus der Gesellschaft, in der er lebt.
Daher lernt der einzelne die Inhalte, die in seiner
Gesellschaft wichtig sind. Zu diesen Inhalten gehören
unter anderem soziale Rollen und Normen. Durch das
Erlernen von Rollen und Normen wird das Individuum Mitglied der Gesellschaft. Diesen Vorgang nennt
man *Sozialisation.*

Da das Individuum aber eigene Bedürfnisse und Interessen hat, besteht ein Spannungsverhältnis zwischen
Individuum und Gesellschaft. Die Gesellschaft drängt
auf Anpassung, das Individuum auf Durchsetzung eigener Wünsche und Anliegen. Sozialisation läßt sich
daher sinnvoll durch das Wechselspiel von *Anpassung*
und *Selbstdurchsetzung* kennzeichnen. Beide Prozesse
müssen ständig aufeinander abgestimmt werden.

Aufgaben

(1) Wo ist bei den psychischen Merkmalen die Erbinformation gespeichert?
    a) In den Nervenzellen des Gehirns
    b) In den Genen
    c) Es gibt keine biologische Speicherung psychischer
       Merkmale
    d) Im Genotyp
(2) Welches Ergebnis hat die Zwillingsforschung erbracht?
    a) Intelligenz ist angeboren
    b) Intelligenz wird durch Umwelteinflüsse bestimmt

    c) Eineiige Zwillinge sind sich in ihrer Intelligenz ähnlicher als zweieiige Zwillinge

    d) Die Umwelt übt keinen Einfluß auf die Intelligenz aus

(3) Wir haben zwei „Umwelten" beim Menschen unterschieden. Wie heißen sie?

(4) Wie kann man das Verhältnis von Anlage und Umwelt am besten beschreiben?

    a) Anlage und Umwelt ergänzen sich

    b) Anlage und Umwelt addieren sich in ihrer Wirkung

    c) Die Umwelt kann fehlende Anlagen ausgleichen (kompensieren)

    d) Durch die Umwelt wird die Anlage entwickelt

(5) Menschliche Entwicklung ist am besten erklärbar als

    a) Reifungsvorgang

    b) Lernvorgang

    c) Wachstumsvorgang

    d) Entfaltungsvorgang

(6) Sozialisation wurde im vorliegenden Kapitel verstanden als Wechselspiel von   und

(7) Sozialisation ist der Vorgang des Hineinwachsens in die umgebende Kultur und Gesellschaft. Sie vollzieht sich daher

    a) nur während der Kindheit und Jugend

    b) während des ganzen Lebens

    c) hauptsächlich in der Familie

    d) mehr in Ostblockstaaten als bei uns

(8) Die Übernahme von sozialen Rollen ist am besten geglückt,

    a) wenn das Individuum seine Rolle möglichst genau nach den Erwartungen der Gesellschaft bekleidet

    b) wenn die soziale Umgebung mit dem Rollenverhalten des einzelnen sehr zufrieden ist

    c) wenn der einzelne die Rolle so auslegt, daß auch eigene Bedürfnisse zum Zug kommen

    d) wenn der einzelne eine neue Rolle erfindet und sie in die Gesellschaft einführt

(9) Welche Lernform ist für die Anpassung und Selbstdurchsetzung besonders wichtig? (Bitte nur eine der Möglichkeiten ankreuzen!)

Für die Anpassung
a) Lernen durch Unterscheiden, Verallgemeinern und Auswählen
b) Lernen durch Verknüpfung
c) Lernen durch Nachahmung und Identifikation
d) Lernen durch Strukturieren und Konstruieren

Für Selbstdurchsetzung
a) Lernen durch Unterscheiden, Verallgemeinern und Auswählen
b) Lernen durch Verknüpfung
c) Lernen durch Nachahmung und Identifikation
d) Lernen durch Strukturieren und Konstruieren

(10) In welchem der folgenden Beispiele findet role-taking statt? (Es können *mehrere* Möglichkeiten angekreuzt werden)
a) Ein Kind spielt Schulehalten
b) Ein Autofahrer sieht, wie ein Ball auf die Fahrbahn rollt und bremst stark, weil er erwartet, daß ein Kind nachspringt
c) Ein Schüler antwortet dem Lehrer so, wie dieser es haben will, obwohl er eine andere Meinung hat.
d) Ein Bankangestellter vertritt seinen Freund am Schalter
e) Ein Ehepaar mit zwei Kindern adoptiert ein weiteres Kind und übernimmt Vater- und Mutterrolle.

(11) Nennen Sie vier wichtige Rollen, die während des menschlichen Lebenslaufes von jedem ausgeübt werden!

Literatur

Boden, J.: Knaurs Buch der modernen Biologie. Hamburg: Deutscher Bücherbund 1967

Dahrendorf, H.: Über den Ursprung der Ungleichheit unter den Menschen. Tübingen: Mohr 1961

Deutsch, M.: Die soziale Umwelt des Kleinkindes und sein späterer Schulerfolg. In: Hechinger, F. M. (Hrsg.), Vorschulerziehung als Förderung sozial benachteiligter Kinder. Stuttgart: Klett, 2. Aufl. 1973

Flavell, J. H.: Rollenübernahme und Kommunikation bei Kindern. Beltz Studienbuch. Weinheim: Beltz 1975

Freud, S.: Abriß der Psychoanalyse. Das Unbehagen in der Kultur. Frankfurt/Hamburg: Fischer-Bücherei 1953 (Neuaufl.)

Hetherington, E. M.: A developmental study of the effects of sex of the dominant parent on sex-role preference, identification, and imitation in children. Journal of Personality and Social Psychology, 1965, 2, 188–194

Jungk, R.: Die Zukunft hat schon begonnen. Amerikas Allmacht und Ohnmacht. Stuttgart: Scherz & Goverts, 5. Aufl. 1953

Kohlberg, L.: Zur kognitiven Entwicklung des Kindes. Frankfurt: Suhrkamp 1974

Lewin, K.: Behavior and development as a function of the total situation. In: Carmichael, L. (Hrsg.), Manual of child psychology, New York: Wiley 2. Aufl. 1954

Mollenhauer, K.: Sozialisation und Schulerfolg. In: Roth, K. (Hrsg.), Begabung und Lernen. Ergebnisse und Folgerungen neuer Forschungen. Deutscher Bildungsrat – Gutachten und Studien der Bildungskommission 4, Stuttgart: Klett 1969

Neugarten, B., Moore, J. W. & Lowe, J. C.: Age norms, age constraints, and adult socialization. Am. J. Sociol., 1965, 70, 710–717

Newman, H. H. Freemann, F. N. & Holzinger, K. J.: Twins – a study of heredity and environment. Chicago: 1937

Pressey, S. L. & Kuhlen, R. G.: Psychological development through the life span. New York: Harper & Brothers 1957

Projektgruppe Vorschulische Erziehung im Ausland: Elemente vorschulischer Erziehung. München: Juventa 1975

Shields, J.: Monozygotic twins. London: Oxford University Press 1962

Tausch, R. & Tausch, A.: Erziehungspsychologie. Göttingen: Hogrefe, 7. Aufl. 1973

Uexküll, J. v.: Streifzüge durch die Umwelten von Tier und Mensch. Hamburg: rowohlts deutsche enzyklopädie, 1956 (Erstdr. 1934)

Vurpillot, E.: The development of scanning strategies and their relation to visual differentiation. Journal of experimental Child Psychology, 1968, 6, 622–650

Weber, E.: Erziehungsstile. Donauwörth: Auer 1973

Entwicklung und Sozialisation in einzelnen Altersstufen

Im folgenden sollen drei Altersstufen näher beschrieben werden. Das Kind der ersten sechs Lebensjahre, der Jugendliche und der alte Mensch. Dabei erfolgt zunächst ein Überblick über die wichtigsten Entwicklungstrends, sodann werden Aspekte der Anpassung und Selbstdurchsetzung an typischen Beispielen beschrieben. Schließlich kommen Probleme des betreffenden Altersabschnittes zur Sprache, wobei auch Möglichkeiten zur Verbesserung der Situation erwogen werden.

Frühe Kindheit

Überblick über die wichtigsten Entwicklungsleistungen

Vom asozialen zum sozialen Wesen

Die größte Veränderung, die der Mensch in seinem ganzen Leben erfährt, vollzieht sich in den ersten sechs Jahren. Der Unterschied zwischen einem Neugeborenen und einem Sechsjährigen ist größer als der Unterschied zwischen einem Sechsjährigen und allen übrigen Altersstufen. Zur Verdeutlichung dieses Sachverhalts setzen wir anstelle des Säuglings einen Erwachsenen, der sich wie ein Säugling verhält. Dieser Erwachsene würde einfach brüllen, wenn er ein Bedürfnis hätte, würde nach sofortiger Bedürfnisbefriedigung verlangen und sich um nichts anderes als sein eigenes Wohlergehen kümmen. Aus Unkenntnis über die Zusammenhänge und aus hemmungsloser Triebgier würde es ihn nicht bekümmern, daß andere nichts bekämen oder gar sterben müßten. Solche Erwachsene gibt es ganz selten, ansatzweise finden wir diese Verhaltensweisen bei absolutistischen Herrschern, die aus Mangel an sozialer Kontrolle jedes Augenmaß für ihr Handeln verloren haben. Erwachsene, die sich so verhalten, sind für eine Gesellschaft nicht tragbar, sie sind *asozial.*

Dem Säugling kann man dieses Verhalten nicht verübeln, es fehlen ihm jegliche Voraussetzungen für ein in der Gesellschaft angemesseneres Verhalten. Insbesondere sind es drei Leistungen, zu denen er noch nicht imstande ist:

– Er kann noch nicht seine Triebe und Bedürfnisse sowie die damit gekoppelte starke emotionale („Gefühls"-)Erregung kontrollieren und steuern,
– er kann noch nicht seinen Bewegungsapparat steuern, so daß er sich selbst Bedürfnisbefriedigung (Stillen des Hungers, Fliehen von Schmerzreizen) verschaffen könnte,
– er kann noch nicht erkennen, daß er nur ein Einzelwesen unter vielen ist und daß menschliches Leben nur durch gegenseitige Kooperation und Abstimmung der Bedürfnisse möglich ist.

Da diese Voraussetzungen fehlen, erweist sich das Verhalten des Säuglings als biologisch notwendig; es ist die einzige Möglichkeit zu überleben. Da die soziale Umwelt für die Pflege und Ernährung nötig ist, muß sich das Kind bemerkbar machen, wenn ihm etwas fehlt.

In den ersten sechs Lebensjahren verwandelt sich das Kind von dem asozialen egoistischen Wesen in einen weitgehend sozialisierten Menschen, bei dem alle wesentlichen Leistungen, die für die Eingliederung in die Gesellschaft nötig sind, in einfacher Form vorliegen. An einigen Beispielen sei dieser Prozeß näher erläutert.

Eß- und Schlafzeiten. Als wichtiges Sozialisationsmoment, das schon in den ersten Lebenstagen gravierend wirksam wird, erweist sich die Gewöhnung an bestimmte Fütterungs- und Schlafzeiten. Da die meisten Kinder unserer Kultur in der Klinik geboren werden, ist dieser Gewöhnungsprozeß viel massiver als in Kulturen, bei denen das Kind ständig bei der Mutter ist und jederzeit seinen Hunger stillen kann. Die rigorose Gewöhnung an bestimmte Eßzeiten und Schlafetappen geht häufig einher mit einer ziemlich raschen Entwöhnung von der Brust. In unserer Kultur regulieren Normen und Interessen der körperlichen Gesundheit den ersten Sozialisationsschritt. Die rein medizinische Orientierung ist heute schon fragwürdig geworden. An vielen Entbindungsstationen bemüht man sich darum, daß das Kind möglichst häufig mit der Mutter zusammen sein kann. Später allerdings werden solche Zeiteinteilungen immer vordringlicher. Wir haben uns an dreimalige Nahrungsaufnahme gewöhnt. Andere Kulturen kennen mehr oder weniger Eßzeiten (Indien: einmal pro Tag).

Regulierung der Ausscheidungen. In unserer Kultur bemühen sich die Mütter um eine relativ frühzeitige Erziehung zur Sauberkeit. Das Zurückhalten der Ausscheidungen über längere Zeit hinweg und deren Abgabe an bestimmten Orten (Töpfchen, Toilette) bilden im zweiten und dritten, oft auch im vierten Jahr eine entscheidende Aktivität im Sozialisationsprozeß. *Sigmund Freud* (1953) und im Gefolge von ihm eine große Anzahl von Forschern glauben, daß Nahrungs- und Ausscheidungsregulierung auf die Entstehung des Charakters einen tiefergreifenden Einfluß ausüben. Orale Befriedigung (Saugen, Trinken, Essen) soll bedingen, daß aus dem Säugling eine stabile, ausgeglichene Persönlichkeit wird, während orale Versagung Aggression, Mißtrauen und Unsicherheit im Gefolge haben soll. Rasche und strenge Erziehung zur Sauberhaltung soll Fehlentwicklungen des Charakters in Richtung auf Pedanterie, Halsstarrigkeit und Geiz bewirken. Heute weiß man, daß solche Charaktertypen oder Merkmalskombinationen nur durch das Zusammenwirken einer Vielzahl von Bedingungen erklärbar sind. Jedoch stellt die Kontrolle oraler und analer (Ausscheidungs-)Bedürfnisse eine zentrale Bedingung jeder menschlichen Sozialisation dar.

Die beiden genannten Hauptbeispiele der Regulierung von Nahrungsaufnahme und Ausscheidung bilden wohl einen Prototyp für die Sozialisierung von ursprünglichen Bedürfnissen überhaupt. Hier geht es, wie später in vielen anderen Bereichen, um Bedürfnisblockierung und Bedürfnisaufschub. Alle Menschen lernen während ihrer Sozialisation Bedürfnisse – welcher Art auch immer – aufzuschieben.

Soziales Verhalten. Der entscheidende Schritt zum Menschen darf aber wohl in der Kontaktaufnahme und in der Abstimmung eigener Wünsche auf die Belange anderer gesehen werden. Schon im ersten Le-

Die Regulierung der Ausscheidungen wird zur wichtigen
Entwicklungsaufgabe. Dieser Vater vertraut auf das Nachahmungslernen des Kindes.

bensjahr entsteht diese Bindung des kleinen Kindes an andere Menschen. Zur Mutter als erster Kontaktperson gesellen sich die vertrauten Personen der Familie und Bekanntschaft. Das Kind erfährt sich mehr und mehr als ein Mensch unter anderen Menschen, es erlebt auch seine Hilflosigkeit und Unterlegenheit gegenüber den „mächtigen" Erwachsenen. Wegen dieser Asymmetrie der Beziehungen wird der Gleichaltrige schon vor Schuleintritt wichtig. Er ist der eigentlich gleichberechtigte Partner, mit ihm lernt das Kind im Spiel wichtige Interaktionsregeln. So vermag es, wichtige Schritte der Anpassung und Selbstdurchsetzung zu üben. Es fügt sich beispielsweise in eine Spielgruppe ein (Anpassung, Einhalten von einfachen Regeln) oder es setzt eigene Spielvorschläge durch, die dann von den anderen Kindern aufgegriffen werden (Selbstdurchsetzung).

Zum sozialisierten Verhalten in bezug auf die Kontaktnahme mit anderen gehört auch das Rollenverhalten. Sowohl die Rolle als „Kind" als auch die Geschlechtsrolle werden in ihren Grundzügen gemäß der umgebenden Kultur erfaßt. Bei den Prozessen der Rollenübernahme, wie bei der Berücksichtigung des sozialen Partners im Verhalten überhaupt, hilft die Sprache in entscheidender Weise mit. Mit Hilfe der Sprache lernt das Kind besser die sozialen Normen verstehen, also das, was es tun soll, und mit Hilfe der Sprache vermag es auch besser den Kontakt (die Interaktion) mit anderen aufrecht zu erhalten.

Gewissen, Über-Ich. Gegen Ende des hier betrachteten Abschnittes (mit fünf bis sechs Jahren) finden wir beim Kind bereits eine Einrichtung vor, die für die Einhaltung sozialer Normen und Regeln unabhängig von ständiger äußerer Kontrolle sorgt. *Freud* nennt diese Instanz das Über-Ich oder das Gewissen. Kinder halten sich zu diesem Zeitpunkt an gewisse Vorschriften und Normen, auch wenn niemand zusieht und sie für ihr Verhalten zur Rechenschaft zieht. So vermeiden sie (häufig) das Naschen oder Umgehen mit verbotenen Dingen. Sie haben ein „schlechtes" Gewissen, wenn sie etwas verbrochen haben, und sind „stolz", wenn sie einer bestimmten Norm gerecht wurden.

Die strafende und belohnende Aktivität der Eltern wurde also in bestimmten Teilbereichen „internalisiert", vom Kind in eigener Regie übernommen. Die Übernahme von Persönlichkeitszügen und Verhaltensweisen der Eltern nennt man *Identifikation*. Entscheidend dabei ist, daß nach Vollendung dieses Vorgangs die Verhaltenszüge und -normen als die eigenen angesehen werden, die niemals außerhalb waren und einmal übernommen worden sind. Von diesem Zeitpunkt an ist es „natürlich" geworden, so zu handeln wie es die Gesellschaft vorschreibt. Die Normen der Gesellschaft sind für das Individuum zur zweiten Natur geworden. In wichtigen Teilbereichen ist diese zweite Natur bereits bei Schuleintritt aufgebaut.

Vom hilflosen Säugling zum sich selbst steuernden, planvoll handelnden Menschen

Das Neugeborene kann weder gezielt greifen* noch laufen, noch sich vom Platz bewegen. Es kann sich

---

* Der Greifreflex befähigt den Säugling, bei Berührung eines Gegenstandes mit der Hand, die Hand zum Griff zu schließen und sich festzuklammern. Dieses reflexhafte Greifen wird jedoch noch nicht vom Auge her gesteuert und kann nicht zweckgerichtet eingesetzt werden.

nicht von Schmerz befreien, sich nicht selbst mit Nahrung versorgen und ist vollkommen auf die Hilfe anderer angewiesen. Von dieser Ausgangssituation wird der gewaltige Forschritt deutlich, den das Kind in den ersten sechs Lebensjahren macht.

Selbständiges Erreichen eines Gegenstandes oder Platzes. Mehr und mehr gelingt es dem Kind, an die Stelle oder zu dem Gegenstand zu kommen, wo es hin will. Es vermag zunächst einen in Greifweite befindlichen Gegenstand zu sich heranzuholen. Sobald es kriechen kann, bemüht es sich darum, entferntere Objekte oder Plätze aufzusuchen. Sobald das Kind die ersten Gehversuche macht, vergrößert sich sein Radius gewaltig. Entscheidend für den Entwicklungsfortschritt ist nicht nur die Verbesserung motorischer Bewegungsleistungen, sondern vor allem die Erfahrung, daß man ein Ziel aus eigener Kraft erreichen, einen Wunsch sich selbst erfüllen kann.

Beherrschung und Koordination des motorischen Apparats. Nicht nur bei einfachen Aufgaben der Fortbewegung und des Greifens spielt die zunehmende Steuerung der Motorik eine Rolle, sie befähigt zu Leistungen, bei denen die einzelnen Muskeln genau aufeinander abgestimmt werden müssen. Kleine Kinder können bereits klettern, schaukeln, balancieren, durch eine Röhre kriechen usw. Besonders schwierig ist für Kinder das Treppensteigen, weil die Treppen nicht für so kleine Beine konstruiert werden. Früher galt sicheres Treppensteigen als Kriterium für Schulreife (manche Kinderärzte ziehen es auch heute noch mit heran). Noch wichtiger als solche eher *grobmotorischen* Leistungen sind die vor allem mit den Händen bewältigten *feinmotorischen* Leistungen, wie Kleben, Schneiden, Bauen, Schrauben, Stecken, Malen usw. Hier werden visuelle Informationen und motorische Steuerung zusammen verarbeitet, weshalb man von sensumotorischen Leistungen spricht. Diese Leistungen, die ohne äußere Anregungsbedingungen nicht erlernt werden, bilden für die menschliche Aktivität, nämlich für gesellschaftliche Arbeit, die Grundausstattung. Was der Mensch später einmal auch tun wird, immer muß er auf diese Grundausstattung motorischer Steuerung und Koordination zurückgreifen.

> **A**   Beobachten Sie Kinder im Alter von vier, fünf und sechs Jahren beim Ausschneiden und beschreiben Sie das Verhalten der Kinder! Achten Sie besonders auf das Zusammenspiel von Auge und Hand!

Planvolles Handeln. Die Beherrschung der Motorik erstreckt sich nicht nur auf eine augenblickliche Aktion, sondern auch auf die geplante Abfolge von Handlungen. Wenn das Kind ein Haus baut, so geht es dabei nicht ziellos vor, sondern muß Handlungsschritte planen. Die auszuführenden Aktionen müssen zuvor zumindest teilweise gespeichert (gemerkt) werden. Mit vier und fünf Jahren lassen sich im Regelfalle eine Fülle solcher strukturierter Handlungsabfolgen beobachten: Ausführen von Aufträgen, Herstellen von Werkstücken (Autos, Türme, Häuser, Möbel), Einhalten einer Spielfolge (z. B. eine fiktive Reise durchführen, bei der bestimmte Stationen eingehalten werden), Zeichnen oder Kneten eines nur in der Vorstellung vorhandenen Objekts.

Gemeinsames Handeln. Eine spezifische Form plan-
vollen Handelns wird wichtig, wenn das Kind mit
anderen Kindern oder mit Erwachsenen zusammen
agiert. Die gemeinsamen Spiele der Kinder erfordern
ein gegenseitiges Abstimmen der Vorhaben, ein Handeln, das zumindest ansatzweise planvoll abläuft. Man
kann beobachten, wie sich gemeinsames Handeln auf-
baut. Zunächst spielen Kinder für sich, auch wenn sie
räumlich nahe beieinander sind. Allmählich gibt es
einfache gemeinsame Aktionen, die aber bald wieder
auseinanderlaufen. Schließlich können die Kinder
lange Spielsequenzen gemeinsam durchhalten (Errichten eines gemeinsamen Bauwerkes, gemeinsames Rollenspiel, Einhalten von Regeln bei motorischen Spielen usw.).

Es muß aber hervorgehoben werden, daß diese gewaltige Verbesserung von Steuerungsleistungen stark von
Umweltbedingungen abhängt. Die Anregung motorischer Aktivität und die Schaffung von Freiräumen für
kindliches Spielverhalten sind ungeheuer wichtig. Zur
Förderung verbesserter sensumotorischer Leistungen,

vor allem aber gemeinsamer Handlungen sollten schon im Vorschulalter gezielte Maßnahmen einsetzen, wie dies heute auch vielfach der Fall ist.

Von primitiven Reizeindrücken zur Strukturiertheit der Reizvielfalt und zur Orientierung in der Welt

Die geistigen Leistungen (im folgenden als *kognitive* Leistungen und Prozesse bezeichnet) erfahren in den ersten sechs Lebensjahren ebenfalls eine Entwicklung wie niemals mehr später. Der Säugling, der bei der Geburt zwar Reize unterscheiden kann und auf Signale in deutlich differenzierter Weise zu reagieren vermag, hat noch keine „Erkenntnis" von Gegenständen, Personen und besitzt noch kein Orientierungssystem für räumliche Anordnung und zeitliche Abfolgen. All das aber baut sich in den ersten sechs bis sieben Lebensjahren nahezu in seiner endgültigen Form auf.

a) Orientierung und Ordnung nach Gegenstand, Raum und Zeit.

Schon im ersten Lebensjahr entwickelt das Kind ein Verständnis für Gegenstände. Durch das Hantieren mit Objekten (Spielgegenstände, Flasche) werden Schlüsselmerkmale der Gegenstände registriert und gemerkt (z. B. Farb- und Formmerkmale, taktile Reizqualitäten wie glatt, scharfkantig, rauh). Die sich ständig wandelnden Reizqualitäten der Größe, Form und Farbe werden allmählich in der Wahrnehmung zusammen mit den solche Veränderungen bedingenden Komponenten verrechnet. Die Größe des Gegenstandes wird zu seiner Entfernung, die Form zur Position (frontal, schräg), die Farbe zur Helligkeit in Beziehung gesetzt. So entsteht die Größen-, Form- und Farbkonstanz und mit ihr die Dingkonstanz selbst.

Während nämlich das Kind zunächst zu glauben scheint, daß der Gegenstand, sobald er verschwindet, nicht mehr existiert, sucht es später nach ihm, um ihn wieder sichtbar zu machen (z. B. unter der Hand des Erwachsenen, der ihn zudeckte, hinter einem Schirm im psychologischen Experiment, am Boden, wenn es den Gegenstand hat aufschlagen hören). Mit drei, vier und fünf Jahren wird mehr und mehr die Funktion (der Gebrauchswert) von Gegenständen begriffen. Außerdem können sie nach bestimmten Merkmalen geordnet werden (z. B. Unterscheidung von Tierarten, Bausteinen, Möbeln, Fahrzeugen). Die Klassifizierung und Unterscheidungsfähigkeit ist in Teilbereichen oft sehr differenziert. Mancher Fünfjährige unterscheidet Autotypen besser als der Erwachsene.

Abb. 2: Räume, die sich das Kind erobert

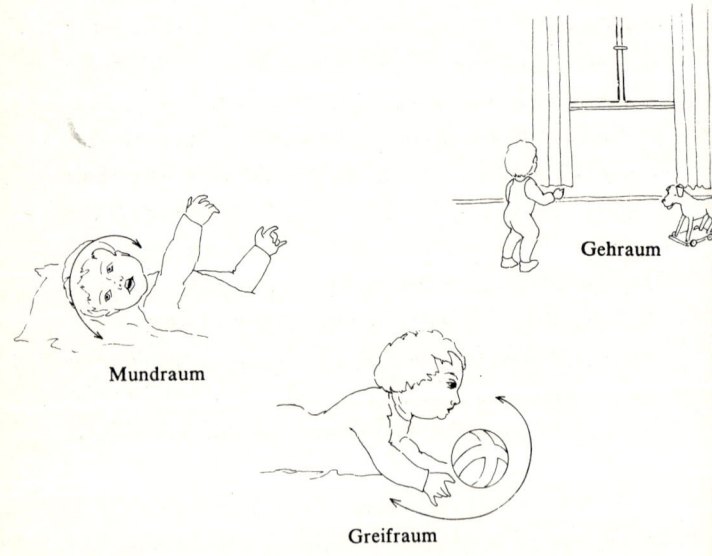

Gehraum

Mundraum

Greifraum

Die Strukturierung des Raumes, in dem sich die Gegenstände befinden, macht ebenfalls eine gewaltige Entwicklung durch. Gab es anfänglich getrennte „Räume" („Mundraum", „Greifraum", s. Abb. 2), so entsteht allmählich ein einheitlicher Raum, der aber lange Zeit nur Qualitäten der Nachbarschaft (nahe bei), des Eingeschlossenseins (in der Schublade, im Schrank, in der Tasche) und der Überschneidung (Schneiden von Brot oder Kuchen, Vermischen von Plastilin, Aufreihen von Perlen usw.) kennt. Dieser Raum wird in Anlehnung an den mathematischen Zweig der Topologie auch als topologischer Raum bezeichnet *(Piaget und Inhelder,* 1948). Mit sieben, acht Jahren erst scheint der uns selbstverständliche und „natürliche" euklidische Raum konstruiert zu werden[*].

Auch die Zeitdimension wird mehr und mehr strukturiert. Zunächst existiert Zeit nur in der Handlungsabfolge selbst. Eine Aktion (z. B. Wegschieben einer verdeckenden Hand) muß vor einer anderen (Ergreifen des Bonbons) erfolgen. Später gibt es bereits Zeitvorstellungen, aber sie orientieren sich rein an den sichtbaren Erscheinungen, wie dem Zurücklegen einer Strecke oder den Tageszeiten mit deren typischen Ereignissen. Relativ spät, nach Befunden von *Piaget* und *Szeminska* (1965) mit acht und neun Jahren, konstruiert das Kind die metrische und logische Zeit[*]. Dennoch läßt sich sagen, daß der Fünfjährige sein Verhalten und die in seiner Umwelt stattfindenden Prozesse in einer zeitlichen Ordnung wahrnimmt und ein Ver-

---

[*] Ausführliche Darstellungen siehe *Petter,* 1966 und *Oerter,* 1976

ständnis für die zeitliche Abhängigkeit von Ereignissen (A vor B) entwickelt.

b) Orientierung in der sozialen Welt
Gleichermaßen erfolgt in den ersten sechs Jahren die entscheidende Entwicklung der Orientierung in der sozialen Umgebung. Die wichtigste Erkenntnisleistung bezieht sich auf den menschlichen Partner selbst. Reagiert das Kind zunächst nur auf menschliche Gesichter (Reaktion der Zuwendung und des Lächelns), so vermag es allmählich andere Kriterien mitheranzuziehen (Kleidung, Stimme, Verhaltensmerkmale). Vater und Mutter als die im Normalfall entscheidenden Bezugspersonen werden keineswegs nur in ihren äußeren Erscheinungsmerkmalen erfaßt, sondern in wichtigen Charaktereigenschaften und Verhaltensgewohnheiten. Dies hat für die Übernahme der Normen und für soziales Lernen grundlegende Bedeutung. Auch Geschwister und Gleichaltrige werden über äußere Merkmale hinaus in ihren Verhaltensweisen, Ansichten und Motiven erfaßt. So kommt es, daß das Kind zwischen drei und sechs Jahren mehr und mehr ein Verständnis für soziale Rollen und für die Persönlichkeit anderer Menschen gewinnt. Es unterscheidet klar die Rolle des Vaters und der Mutter, die Rolle des Kindes, einzelne Berufsrollen (Polizist, Briefträger, Bauarbeiter oder Architekt usw.) und wird (sofern es den Kindergarten besucht) mit der Rolle der Erzieherin (Kindergärtnerin) vertraut.

> **A** Beobachten Sie, welche Rollen Kinder in Ihrer Umgebung spielen!

Dieses Rollenverständnis ist möglich, weil deutlich beobachtbare Rollenmerkmale erfaßt werden und mit ihnen auch bestimmte Rollenvorschriften und -normen. Der Verkehrsschutzmann hat den Verkehr zu regeln, andere müssen sich nach ihm richten. Der Vater muß Geld verdienen und arbeiten. Die Mutter hat für das Essen und die Betreuung der Kinder zu sorgen. Kinder wiederum spielen, bewegen sich viel und dürfen eine Reihe von Dingen noch nicht tun. Man ißt mit Messer und Gabel, morgens gibt es andere Speisen und Getränke als mittags oder abends, im Bett zieht man andere Sachen als auf die Straße an, Erwachsene dürfen sich nicht so benehmen wie Kinder usw.

A Nennen Sie ähnliche Beispiele für kindliches Normenverständnis!

Das sich zu dieser frühen Zeit anbahnende Normen- und Regelverständnis bildet die Grundlage für den Sozialisationsfortschritt, wie wir ihn im ersten Abschnitt geschildert haben.

c) Verständnis und Strukturierung der eigenen Persönlichkeit

Die uns allen selbstverständliche Selbsterfahrung, vor allem das Erleben unseres Ich als Zentrum des Planens und Handelns und als verantwortliche Instanz für unser Verhalten existierte beim Kind zunächst nicht. Es trennt noch nicht einmal zwischen sich selbst und der Umwelt. Eine erste Scheidung scheint zwischen Kind und Mutter (bzw. der Pflegeperson) zu erfolgen. Fortlaufende Erfahrungen und Wahrnehmungserlebnisse sorgen dafür, daß das Kind Ereignisse im eigenen Körper von Ereignissen in der Umwelt unterscheiden kann. Es erfährt, daß es mit dem eigenen Körper bestimmte Absichten verwirklichen kann, z. B. Ergreifen eines Gegenstandes, Fortbewegen im Raum. So entwickelt sich das „Körper-Ich".

Das Kind erlebt sich aber auch in seinen Spannungen, Schmerzen, Entspanntheitszuständen und bei der Gewinnung von Lust. So bildet sich das Selbst heraus als Kern aller Selbsterfahrung, und so erfährt sich das Kind allmählich als Lebewesen mit Kontinuität. Dieses Selbst wird auch als „privates Selbst" bezeichnet (*Goffmann*, 1961). Der soziale Kontakt bringt weitere Erfahrungen über die eigene Person ein. Das Kind erfährt, wie andere es sehen, vor allem wie die Eltern es ansprechen, ihm gute und schlechte Eigenschaften zuschreiben und ihm kundtun, ob es sich gemäß sozialer Vorschriften verhält oder nicht. Dieser Anteil von Selbsterfahrung wird als sog. „soziales Selbst" (*Goffmann*) organisiert. Beide Anteile, das private und soziale Selbst werden schon in dieser frühen Zeit als Einheit integriert, auch wenn es dabei oft Spannungen und „Ungereimtheiten" gibt. Durch diese kognitive Leistung des Organisierens von Selbsterfahrung kann sich das Kind als Persönlichkeit erleben, die zum einen ähnlich wie die Persönlichkeit anderer Menschen beschaffen, zum anderen auch einmalig und unverwechselbar mit anderen Personen ist. Die kognitive Ordnung der Selbsterfahrung bezeichnet man auch als Selbstkonzept. Es versteht sich, daß diese Organisation des Ich eng mit der Sozialisation in unserer Kultur zusammenhängt. Andere Kulturen entwickeln andere Persönlichkeitsorganisationen*.

d) Sprache

Eine Leistung, die in den ersten sechs Lebensjahren aufgebaut wird, verdient besondere Beachtung. Es ist die Fähigkeit zur Verwendung der Sprache. Alle Kinder, die sich „normal" entwickeln, die also den notwendigen sozialen Kontakt und die allgemein vorhandenen Anregungsbedingungen erfahren, erwerben die Sprache der umgebenden Kultur in ihren Grundzügen während der ersten sechs Lebensjahre. Dabei ist es gleichgültig, ob die Sprache kompliziert oder einfach gebaut ist. Das Kind lernt chinesisch und lateinisch (sofern es eine lebende Sprache wie im alten Rom ist) genauso wie die Sprache eines primitiven Stammes mit wenigen grammatikalischen Regeln. Diese Lernleistung, die später so viel schwieriger und anstrengender ist als beim Erwerb der Muttersprache, erfordert so differenzierte kognitive Leistungen, daß Forscher, die sich mit dem Lernprozeß des Spracherwerbs befassen, eine besondere anlagemäßig gegebene Artausstattung des Menschen für Sprache annehmen. Diese Ausstattung geht über die sonstige Lernfähigkeit des Menschen weit hinaus. Sie bildet, so meinen diese Forscher, ein kompliziertes Programm, nach dem alle menschlichen Sprachen gelernt werden können *(Chomsky,* 1957; *Lenneberg,* 1967; *Smith & Miller,* 1966).

Aus dem Tatbestand des raschen Spracherwerbs zu einem sehr frühen Zeitpunkt wird deutlich, wie wichtig für den Menschen die Sprache ist. Das Kind könnte

---

* In manchen afrikanischen Kulturen bildet sich eher ein Gruppenbewußtsein als ein Ichbewußtsein heraus *(Greenfield & Bruner,* 1971).

ohne das Mittel der Sprache nicht sozialisiert werden, es würde außerdem nicht die Umwelt gliedern und ordnen können, weil es keine Benennung für die Gegenstände und Sachverhalte besäße. Sprache ist mindestens zehn Jahre vor Vollendung des körperlichen Wachstums funktionsfähig erworben. Dies ist zugleich ein Hinweis darauf, daß wir menschliche Entwicklung vorwiegend als Sozialisation zu verstehen haben, die erst durch die sprachliche Kommunikation ermöglicht wird.

Zusammenfassung

Das bisher Gesagte läßt sich auf eine einfache Formel bringen. Der hier betrachtete Lebensabschnitt ist die Zeit, in der sich die eigentliche Menschwerdung vollzieht. Die entscheidenden Bedingungen für das Menschsein sind mit der biologischen Geburt noch nicht erfüllt, sondern erst mit etwa sechs Jahren gegeben: Das Kind hat die wichtigsten Ordnungen des Zusammenlebens übernommen, es bekleidet soziale Rollen, es tauscht über das Medium der Sprache Inhalte und Erfahrungen mit anderen Menschen aus, und es besitzt eine relativ fest organisierte Persönlrchkeitsstruktur. Kein Wunder, wenn immer wieder von Psychologen und Pädagogen die Behauptung aufgestellt wird, daß in den ersten sechs Lebensjahren die Würfel für das gesamte spätere Leben fallen. Wer gute Umwelt- und Entwicklungsbedingungen antrifft, hat alle Chancen, sich auch im weiteren Leben günstig zu entwickeln. Wer beeinträchtigende Bedingungen während der ersten sechs Lebensjahre erfahren hat, kann nur sehr schwer und unter beträchtlichem Aufwand

Versäumtes nachholen. Wenngleich wir ein solches Pauschalurteil nicht ohne weiteres akzeptieren können, so muß doch an der eminenten Bedeutung der ersten sechs Lebensjahre für die gesamte weitere Entwicklung festgehalten werden. „Schicksal" ist für den Menschen nicht so sehr sein Erbe, wie viele glauben, sondern die Sozialisation der ersten Jahre seines Lebens.

In den beiden folgenden Abschnitten wird der Vorgang der Anpassung und Selbstdurchsetzung an einigen typischen Beispielen erläutert. Da die Beispiele für Anpassung andere sind als die für Selbstdurchsetzung, ergibt sich zwangsläufig eine einseitige Darstellung. Sie setzt Schwerpunkte der Betrachtungsweise und liefert keine vollständige Beschreibung der beteiligten Prozesse.

Prozesse der Anpassung in der frühen Kindheit

Es kann hier nicht um eine vollständige Beschreibung von Anpassungsvorgängen gehen, eher um typische Mechanismen, die bei der Sozialisation unter dem Aspekt der Anpassung wirksam sind. Wir betrachten dabei zunächst Aktivitäten der Umwelt und deren Auswirkungen auf die Anpassung des Individuums, sodann kommen Prozesse beim Individuum, die den Anpassungsvorgang ermöglichen, zur Sprache.

Steuerung durch Verstärkung und Rückkoppelung

Die soziale Umgebung sucht das Verhalten des Kindes von Anfang an zu steuern, um es in gewünschte Bahnen zu lenken oder entsprechend den sozialen Normen umzuformen. Der Hauptmechanismus dieser

„Fremdsteuerung" kann als Verstärkung beschrieben werden[*].

a) Verstärkung

Das Kind produziert eine große Vielfalt von Verhaltensweisen, von denen bestimmte eine Verstärkung erfahren, andere wieder nicht. „Verstärkung" bedeutet zunächst, daß Verhaltensweisen einen Erfolg erbringen. Der Erfolg kann in unmittelbarer Verringerung eines Spannungszustandes oder in der Erreichung eines Ziels oder auch in einem unerwarteten Lustgewinn bestehen. Wenn der hungrige Säugling durch Saugen an der Brustwarze der Mutter Nahrung erhält, so erbringt dieses Verhalten unmittelbar eine Verringerung der Spannung des Hungerzustandes. Wenn ein Säugling, in seinem Bettchen liegend, nach einer über ihm hängenden Klapper greift und diese zum Klappern bringt, so hat die Reaktionsfolge einen Erfolg gebracht, der wiederholt werden kann. Das Kind lernt rascher und gezielter nach der Klapper greifen, wenn es sich den zuvor erlebten Effekt verschaffen will.

Der Erwachsene benutzt eine Fülle von Verstärkern, um das Kind zu sozialisieren. Zu ihnen gehören: Nahrungszufuhr, Liebkosen und Streicheln, Loben, Lächeln, Zuwendung (Kontaktaufnahme), materielle Belohnung (Bonbons, Schokolade, Geschenke). Mehr oder minder zufällig produziertes Verhalten wird so zum regelmäßigen Verhalten. Es werden aber auch negative Verstärker benutzt, um unerwünschtes Verhalten zu unterdrücken. Solche Verstärkungsformen

---

[*] *Herrmann, Stapf* und *Krohne* (1971), *Stapf* u. a. (1972).

sind beispielsweise: Zufügung von körperlichem Schmerz („einen Patsch geben"), Entzug von Zuwendung (Wegbleiben oder Nichtreagieren bei Schreien), Entzug von Nahrung oder Leckereien, Entzug von Spielzeug, soziale Isolation (Alleinlassen, Einsperren), Ausdruck der Ablehnung und des Verstimmtseins, negative sprachliche Äußerungen (Tadel, Verneinung, Verbot). Man kann über die Nützlichkeit negativer Verstärker geteilter Meinung sein, als pädagogisch sinnvoll werden sie gewöhnlich nicht angesehen. Jedoch muß man sich vor Augen halten, daß negative Verstärkung nach wie vor eine wichtige Methode der äußeren Steuerung des Sozialisationsvorgangs in Familie und Schule darstellt.

b) Erziehung als Verstärkung

Unter Zugrundelegung der Annahme, daß positive und negative Verstärkung zwei Hauptkomponenten des elterlichen Erziehungsstils während der Sozialisation sind, haben *Herrmann* und Mitarbeiter (1971) eine Reihe von Untersuchungen über das „zweidimensionale Konzept der elterlichen Bekräftigung" durchgeführt.

Positive Verstärkung (Unterstützung) führt nach Annahme der Autoren zu gebotsorientiertem Verhalten. Negative Verstärkung bewirkt verbotsorientiertes Verhalten. Der Gebotsorientierte neigt eher dazu, neue Reize und Situationen aufzusuchen, der Verbotsorientierte vermeidet demgegenüber jedes Risiko und ist eher ängstlich und pessimistisch. Der Gebotsorientierte ist somit aktiv-aufsuchend, während der Verbotsorientierte eher verhaltensgehemmt und aktivitätsärmer ist. Auf das Leistungsverhalten soll das Vorzeichen der Verstärkung ebenfalls gravierenden Einfluß haben: positiv Verstärkte sind nach Befunden der Autoren eher erfolgsorientiert und stärker leistungsmotiviert, negativ Verstärkte zeigen sich eher mißerfolgsorientiert und neigen zur Anstrengungsvermeidung. Daß die Verbotsorientierten in ihrer Meinungsbildung unsicherer als die Gebotsorientierten und sich an die Aussagen und Festlegungen von Autoritäten halten, ist ebenfalls unmittelbar verständlich.

Dieser Zusammenhang von Verstärkung und Persönlichkeitsentwicklung ist sicher zu einfach gesehen, doch zeigen die Befunde der Autoren, daß die zwei Grundformen der Verstärkung eine durchschlagende Wirkung trotz aller sonstigen Einflüsse zu besitzen scheinen.

A	Welche materiellen Verstärker benutzen Eltern aus Ihrem Bekanntenkreis? Welche haben Ihre eigenen Eltern bei Ihnen verwendet?

c) Die Mutter-Kind-Dyade
Zwischen Mutter bzw. konstanter Pflegeperson und Kind besteht keine einseitige Verbindung, die ausschließlich im Sinne der eben beschriebenen Verstärkung wirkt, sondern eine Wechselbeziehung. Das Kind reagiert auf das Erscheinen und die Verhaltensweisen der Mutter, die Mutter antwortet auf das Verhalten des Kindes. Es ist besser, bei der Beschreibung der Steuerung der kindlichen Sozialisation durch äußere Einwirkungen Mutter (bzw. eine andere Pflegeperson) und Kind als *ein* System zu betrachten, in dem jeder auf den anderen einwirkt und auf Einwir-

kung des anderen reagiert. Mutter und Kind sorgen so
für die Ausbildung eines Signalsystems, bei dem jeder
der beiden Teile mitwirkt. Je besser der eine Partner
auf die Signale des anderen Partners eingeht, desto
vorteilhafter vollzieht sich Sozialisation als Anpassung
an lebenswichtige Verhaltensnormen. Dies soll an einer typischen und zentralen Reaktion des Säuglings
verdeutlicht werden, dem kindlichen Weinen oder
Schreiweinen.

Eltern reagieren auf das Weinen ihrer Kinder unterschiedlich. Die einen meinen, daß sofortige Beruhigung des Weinens das Kind verwöhne und möglicherweise dazu führe, daß das Kind bei jeder Kleinigkeit
zu schreien anfange. Außerdem müßten die Kinder
Bedürfnisspannung oder unangenehme Gefühlszu-
stände ertragen lernen. Andere Eltern meinen dagegen, man solle das Kind sofort beruhigen und ihm
unnötige Schmerzen oder Ängste ersparen. Die amerikanischen Kinderpsychologinnen *Bell* und *Ainsworth*
(1972) haben 26 Mutter-Kind-Paare während des ersten Lebensjahres beobachtet und das Eingehen der
Mütter auf das Schreien ihrer Säuglinge registriert.
Dabei zeigte sich ein merkwürdiges Ergebnis. Das
Weinen der Kinder konnte durch engen körperlichen
Kontakt (Tragen, Streicheln) am leichtesten beruhigt
werden. Aber nur am Anfang scheinen die Säuglinge
durch Schreien körperliches Unbehagen (Wundliegen,
Hunger) auszudrücken. Später ist Weinen oder
Schreien neben dem Ausdrücken von unangenehmen
Körperzuständen auch eine Methode, mit der Mutter
Kontakt aufzunehmen. Das schreiende Kind will also
ein Signal aussenden, das den Wunsch nach Kontakt
und Interaktion mit der Mutter ausdrückt. Mütter, die

prompt auf dieses Signal durch Zuwendung antworteten, erreichten bald bei ihren Kindern, daß diese andere Formen der Kontaktaufnahme bevorzugten und weit weniger weinten. Mütter, die weniger oder verzögert auf das Weinen der Kinder antworteten, hatten Kinder, die länger und häufiger weinten. Die Autoren nehmen daher an, daß Weinen im Laufe des ersten Lebensjahres bald als Signal benutzt wird, mit dem Partner Kontakt aufzunehmen. Wenn dieses Signal von der Mutter richtig beantwortet wird, nämlich durch Zuwendung oder Körperkontakt, so benutzt das Kind bald andere Methoden der Kontaktnahme. Im anderen Fall scheint es auf dieser ersten Signalebene zu verharren und sogar das Weinen noch zu verstärken. So scheint sich zwischen Mutter und Kind im günstigen Falle ein Signalsystem aufzubauen, das allmählich differenzierter und „menschlicher" wird. Wesentlich bleibt, daß die Signale beider Seiten aufeinander abgestimmt sind.

Die Wechselseitigkeit der Beziehungen von Mutter und Kind erstreckt sich auch auf die Bedürfnisse, die beide Partner haben. Das kleine Kind hat ein starkes Bedürfnis nach Kontakt und Zärtlichkeit (attachment). Die Mutter ihrerseits erfüllt normalerweise dieses Bedürfnis, weil sie selbst auf die vom Kind ausgesandten Signale das Bedürfnis hat, mit Zärtlichkeit und Körperkontakt zu reagieren. *Lorenz* (1937) vermutet eine Instinktbasis für dieses Verhalten. Das „Kindchenschema", das aus einer Fülle von auslösenden Schlüsselreizen besteht (hohe, gewölbte Stirn, runde Wangen, Stupsnase, kindliche Mundpartie), aktiviert den „Pflegetrieb" der Mutter, es macht ihr Spaß, sich mit dem Kind zu beschäftigen. Trotzdem ist dieses Wechselverhältnis unsymmetrisch, denn die Mutter hat eine Menge anderer Dinge zu tun und ihre Bedürfnisse werden keineswegs durch das kleine Kind voll befriedigt. So muß das Kind sich immer von neuem die Zuwendung der Mutter oder der Pflegeperson erkämpfen. Das oben beschriebene Verhalten des Weinens als Mittel, die Kommunikation zu der Mutter herzustellen, wäre demnach auch unter dem Gesichtspunkt der Asymmetrie der Mutter-Kind-Beziehung zu sehen.

Rückkoppelung. Man kann die in früher Kindheit zu beobachtenden Phänomene der Verstärkung, Signalgebung und wechselseitigen Beeinflussung gewiß auf spätere Altersstufen ausdehnen. Nur wird dann das Zusammenwirken solcher Bedingungen äußerst kompliziert und unübersehbar. Betrachten wir das Kind als ein lebhaftes, aktives Wesen, das fortwährend in die Umwelt hinein agiert, so präsentieren sich die Einwirkungen der sozialen Umwelt als eine Art Rückkoppelung des eigenen Verhaltens. Das Kind erfährt durch die Reaktionen der sozialen Partner, ob sein Verhalten erwünscht oder unerwünscht ist, ob es richtig oder falsch ist und ob es somit Erfolg oder Mißerfolg einbringt. In Abb. 3 ist dieser Zusammenhang schematisch dargestellt.

Abb. 3: Schema der äußeren Steuerung durch Rückkoppelung und Verstärkung

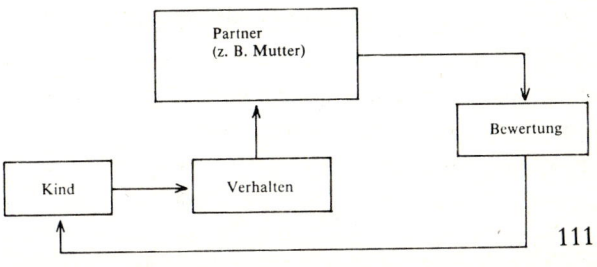

Das Verhalten des Kindes erfährt im Regelfalle eine Bewertung durch die sozialen Partner (Erwachsene und Kinder). Auf diese Weise wird es rückgekoppelt und in Beziehung gesetzt zu früheren Erfahrungen. Würde der Anpassungsprozeß vollkommen sein (maximiert werden), dann würde dieser Kreisprozeß schließlich in die Produktion von ausschließlich sozial erwünschten und somit perfekt angepaßten Verhaltens- und Denkweisen einmünden. Dies ereignet sich in unserer Kultur nicht, da zum einen die Rückmeldung der sozialen Partner widerspruchsvoll ist (Kinder wollen etwas anderes von ihrem Spielkameraden als Eltern von ihrem Kind, ein und derselbe Partner ist widerspruchsvoll in seiner Rückmeldung bei gleichem Verhalten), zum anderen das Kind (später auch der Erwachsene) spezifische Bedürfnisse und Eigenheiten hat, die sich gegen totale Uniformität durchsetzen. Freilich darf man die Gefahr einer falschen Sozialisation und Erziehung nicht unterschätzen: Allzu starke äußere Steuerung des Verhaltens verhindert auf die Dauer, daß der Gesteuerte – in unserem Fall das Kleinkind – neue Initiativen, neue Möglichkeiten des Handelns und vielleicht überhaupt noch Aktivität entwickelt.

Anpassung durch Nachahmung und Identifikation

Die externe Steuerung durch Verstärkung und feedback allein reicht nicht aus, daß das Kind in verhältnismäßig rascher Zeit all das lernt, was die soziale Umgebung wünscht. Der Anpassungsprozeß an die vielen komplizierten Verhaltensweisen und -folgen würde äußerst mühsam und zeitraubend sein, wenn nur die vom Kind als Testballons ausgesandten Reaktionen nach ihrer Richtigkeit und Erwünschtheit bewertet würden.

Das Kind selbst ist es, das durch eine besondere Leistung eine bessere Anpassung fertigbringt. Diese Leistung ist die *Nachahmung*.

a) Nachahmung

Nachahmungsverhalten gehört zur Grundausstattung des Menschen. Es tritt frühzeitig auf und folgt oft „automatisch", d. h. ohne bewußte Kontrolle auf die Bewegungen des Modells (Vorbildes). Der Automatismus der Nachahmung funktioniert gelegentlich noch bei den Erwachsenen, wie beim ansteckenden Lachen und Weinen oder beim Gähnen. Das Einklinken in ein beobachtetes Verhalten tritt besonders bei rhythmischen, sich wiederholenden Bewegungen wie Klatschen, Winken, Wiederholen des Lallwortes (Papa, ada) und in der Gruppe auf. Später, wenn sich das Kind in einer Gruppe Gleichaltriger befindet, wie beispielsweise im Kindergarten, kommt es zu lawinenartig wachsender Nachahmung, bei der einer den anderen „ansteckt", z. B. beim Schreien, Lachen, Trampeln usw. Auch in der Schule sind solche Vorgänge noch recht häufig und werden vom Lehrer gefürchtet.

Das Wichtigste am Nachahmungslernen ist aber nicht sein Automatismus, sondern daß ohne Übung und Ausführung gelernt wird. Der Erwerb von Verhaltensweisen geschieht durch Beobachtung. Nachahmungslernen wird daher auch als Beobachtungslernen bezeichnet. Das Kind kann dabei die beobachteten Reaktionen anderer Personen speichern, intern festhalten und zu einem späteren Zeitpunkt reproduzieren. Das bekannteste Beispiel im Vorschulalter für diesen Sachverhalt ist das kindliche Rollenspiel. Die Kinder übernehmen im Rollenspiel offenkundig früher beobachtete Verhaltensweisen der Erwachsenen, z. B. des Vaters und der Mutter. Auch sprachliche Äußerungen und Argumente sowie erzieliche Maßnahmen werden nachgeahmt.

Auch Experimente von *Bandura* (1965) und anderen haben gezeigt, daß das Kind beobachtetes Verhalten erlernen kann, ohne es unmittelbar zu zeigen. Diese Fähigkeit hat erhebliche Konsequenzen. Man kann nämlich nicht sofort abschätzen, welche guten und schlechten Einflüsse das Kind von anderen Personen übernimmt, und kann im Gegensatz zu den früher beschriebenen Aktivitäten des Kindes das durch Beobachtung gelernte Verhaltensrepertoire nicht durch Verstärkung und Rückkoppelung kontrollieren. Aggressionen, die der Vater oder der Lehrer dem Kind gegenüber zeigen, werden keineswegs immer mit ähnlichen Aggressionen beantwortet. Vielmehr verhält sich das Kind möglicherweise in anderen Lebensbereichen aggressiv, z. B. gegenüber Gleichaltrigen oder Schwächeren.

Nachahmungsverhalten muß also nicht automatisch auf ein beobachtetes Verhalten einklinken. Beim Erwerb der sozial erwünschten Verhaltensweisen kommt es vielmehr zur Speicherung einer Vielzahl von Verhaltensweisen und komplexer Verhaltensmuster, die zur gegebenen Zeit produziert werden. Fragt sich, warum lernt das Kind solche Reaktionen und unter welchen Bedingungen werden sie aktiviert?

Allgemein läßt sich sagen: Das Kind übernimmt beobachtetes Verhalten, wenn es sich damit gewissermaßen

Mutter und Kind haben ein gemeinsames Signalsystem aufgebaut, durch das sie wechselweise miteinander in Kontakt treten.

selbst belohnen kann, also selbst verstärkt. Die belohnende Wirkung und Macht von Erwachsenen beispielsweise verschafft sich das Kind „stellvertretend", indem es selbst den Erwachsenen spielt oder bestimmte Verhaltensweisen von ihm übernimmt. Eine wichtige Komponente bei der Übernahme von Verhalten ist daher die sog. stellvertretende Verstärkung (vicarious reinforcement). Experimente haben gezeigt, daß bei den vielen Arten von Belohnung oder Verstärkung die Gewinnung von Macht eine hervorstechende Rolle spielt.

Untersuchungsbeispiel

In einem Experiment von *Bandura, Ross* und *Ross* (1963) wurden verschiedenen vergleichbaren Kindergruppen drei Modelle vorgestellt:

(1) Erwachsene, die ihren Partnern begehrte Gegenstände (Spielsachen) wegnahmen und für sich behielten.
(2) Erwachsene mit sozialer Macht, z. B. Schlüssel- und Verteilungsgewalt über Spielsachen.
(3) Erwachsene ohne besonders auffällige Merkmale. Belohnt wurde das beobachtende Kind.

Die Ergebnisse zeigen, daß am stärksten der Erwachsene nachgeahmt wird, der soziale Macht ausübt (Fall 2). Die Übernahme von Rollen mit sozialer Macht (Vater, Polizist, Flugkapitän) im Spiel ist für das Kind wohl vor allem deshalb attraktiv, weil es sich fiktiv vom schwachen, hilfsbedürftigen Wesen in einen starken, über soziale Macht verfügenden Partner verwandelt.

b) Identifikation

Das zuletzt genannte Beispiel zeigt, daß keineswegs nur äußere Verhaltensweisen übernommen werden, sondern auch tieferliegende Persönlichkeitszüge und

116

ganze Rollenstrukturen, einschließlich der zu ihnen gehörigen sozialen Normen. Auch hierbei muß das Kind nicht den Umweg über das praktische Ausführen und Probieren von Handlungsweisen gehen, sondern es übernimmt solche Inhalte unmittelbar und direkt. Gewöhnlich nennt man die Übernahme von Rollenstrukturen, sozialen Normen und Persönlichkeitszügen nicht mehr Nachahmung, sondern Identifikation.

Allgemein bekannt ist, wie sich Kinder mit ihren Eltern „identifizieren". Der Junge will gerne wie sein Vater sein, das Mädchen möchte wie die Mutter werden. *Freud* (1953) führt den Vorgang der Identifikation auf die Angst vor Liebesverlust zurück. Das Kind, das zu den Erwachsenen eine starke Bindung aufgenommen, sie gewissermaßen in seinen Besitz genommen hat[*], erfährt die Androhung von Liebesentzug. Nach gravierendem Fehlverhalten zeigen die Eltern dem Kind, daß sie „traurig" sind, daß sie es nicht mögen. In der *Freud*schen Sichtweise nimmt das Kind die Eltern in sich auf, macht sie gewissermaßen zum unverlierbaren eigenen Besitz. Da es dies aber nicht leibhaftig kann, übernimmt es Persönlichkeitszüge und Werteinstellungen. Fortan wirken die Normen der Eltern – und damit der Gesellschaft – im Kind selbst als Kontrolle des Verhaltens und Denkens, unabhängig von äußerer Steuerung. Nach der Identifikation steuert das Kind sich selbst. Die so erreichte Anpassung geschieht „von selbst", d. h. ohne permanente äußere Aktivität der Erwachsenen.

---

[*] *Freud* spricht von libidinöser Objektbesetzung. Die Libido ist die Triebenergie des Eros (bzw. des Sexualtriebes).

Freud spricht dabei vom Aufbau des Über-Ich oder des Gewissens. Für ihn ist der zentrale Konflikt zwischen Eltern und Kind allerdings nicht ein beliebiges Fehlverhalten oder -begehren des Kindes, sondern die sexuellen Triebwünsche des Knaben nach Besitz der Mutter und des Mädchens nach Besitz des Vaters. Dieser Triebwunsch ist nach der Theorie *Freuds* gekoppelt mit dem Wunsch nach Tötung des Rivalen, für den Knaben des Vaters, für das Mädchen der Mutter. Da für *Freud* Sexualität viel umfassender als im Alltagssprachgebrauch ist, läßt sich die *Freud*sche Denkweise heute allgemeiner als Verbot von tabuisierten Verhaltensweisen und Triebwünschen unter Androhung des Liebes- und Zuwendungsentzuges erfassen. Gegenwärtig scheint allerdings die Tabuisierung von Triebwünschen im vorschulischen Alter weniger eindeutig von den Eltern vorgenommen zu werden, sie nehmen die Äußerungen und Verhaltensweisen, die aus der Reihe fallen noch nicht so ernst. Nach Ansicht mancher Autoren (z. B. *Horn*, 1972) führt dies zu Identifikationsschwierigkeiten und zu Störungen bei der Übernahme (Internalisierung) sozialer Normen.

Auch ohne die *Freud*sche Theorie läßt sich der Identifikationsvorgang beschreiben. So kann man durch unabhängige Beobachter beurteilen lassen, wie sehr sich Eltern und Kinder in ihren Persönlichkeitsmerkmalen ähnlich sind. Diese Methode hat beispielsweise *Hetherington* (1965) benutzt.

Er ließ Kinder durch ihre Erzieherinnen und Lehrer beurteilen und die Eltern der Kinder durch deren Bekannte. Dabei verglich er drei Altersstufen: 4- bis 5jährige, 6- bis 8jährige und 9- bis 12jährige. Die jüngste Gruppe zeigte geringere Identifikation mit den Eltern, gemessen an der Ähnlichkeit der Beurteilung durch Lehrer und Bekannte. Die beiden älteren Gruppen waren ihren Eltern ähnlicher, wobei keine Altersunterschiede mehr auftraten.

Vor allem identifizierten sich die Kinder mit dem dominanten Elternteil, also mit der Person, die in der Familie den Ton angibt. Bei dieser Untersuchung zeigte sich, daß dominante Mütter die Identifikation mit dem Vater hemmen, während dominante Väter weit weniger die Identifikation mit der Mutter beeinträchtigen.

c) Erwerb der Geschlechtsrolle

Große Bedeutung hat die Identifikation im Kleinkindalter bei der Übernahme der Geschlechtsrolle. Gelingt sie nicht in Form der eigenen Zuordnung zu einem der beiden Geschlechter bis drei, vier Jahren, so kommt es später leicht zu sexuellem Fehlverhalten und zu schweren Anpassungsstörungen (*Money*, u. a. 1957[*]; *Kohlberg*, 1974).

Wie wird die Geschlechtsrolle erlernt? Es gibt in der Hauptsache drei Erklärungsmöglichkeiten, eine psychoanalytische, eine sozialpsychologische und eine kognitive. In Abb. 4 sind die drei Auffassungen über die „psychosexuelle Identifikation", d. h. über den

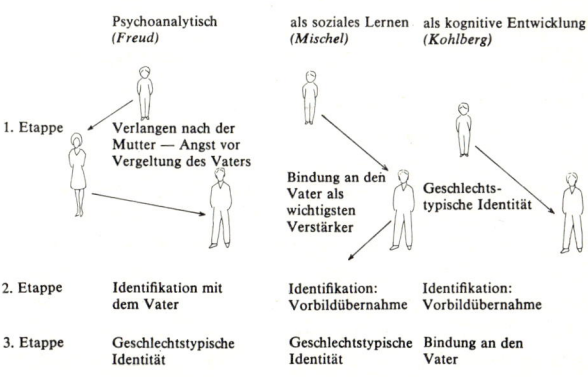

Abb. 4: Reihenfolge der psychosexuellen Identifikation unter verschiedenen theoretischen Annahmen (nach Kohlberg, 1974, S. 405)

[*] zitiert nach *Kohlberg* (1974)

Prozeß der Zuordnung zu einem Geschlecht durch die Identifikation mit einem Partner (oder einer Gruppe von Partnern) des gleichen Geschlechts dargestellt. Bei allen dreien ist die Identifikation mit dem Vater oder der Mutter bedeutsam.

Nach Auffassung *Freuds* sind die sexuellen Triebwünsche des Kindes für die Geschlechtsrolle von entscheidender Bedeutung. Mit drei Jahren befindet sich das Kind, das zuvor die orale und anal-sadistische Phase durchlaufen hat, bereits in der sogenannten phallischen Phase. Sein Interesse wendet sich den eigenen Genitalien zu. In Abb. 4 ist die Geschlechtsfindung für den Knaben unter drei verschiedenen Annahmen dargestellt. Der Knabe, dessen sexuelle Triebwünsche sich auf die Mutter richten, erfährt und fürchtet die Vergeltung des Vaters. Aus Angst vor Liebesverlust und vor der Strafenergie des Vaters nimmt er dessen Persönlichkeitszüge in sich auf (Introjektion), er identifiziert sich mit ihm. Durch diese gleichgeschlechtliche Identifikation übernimmt er zugleich die Geschlechtsrolle einschließlich des für den Mann typischen Sexualverhaltens. Die endgültige Organisation des Geschlechtes vollzieht sich aber erst in den Jahren der Reife (Pubertät).

Der Erklärung der Übernahme des Geschlechts als soziales Lernen, wie sie etwa *Mischel* (1971) vertritt, verzichtet gänzlich auf psychoanalytische Beschreibungsweisen, sondern geht von der verstärkenden Funktion des Vaters aus. Der Vater besitzt sowohl Macht als auch unmittelbare Verstärkerwirkung, wenn er das Kind belohnt und bestraft. Das Kind ahmt ihn nach, um sich auf diese Weise selbst zu belohnen (stellvertretende Verstärkung). Durch diese Übernahme des väterlichen Verhaltens erwirbt der Knabe zugleich die Geschlechtsrolle.

Beim Mädchen liegen die Dinge anders. In psychoanalytischer Sichtweise vollzieht sich hier die Geschlechtsidentifikation komplizierter, im sozialpsychologischen Denken eher analog zur Geschlechtsidentifikation des Jungen: Das Mädchen übernimmt die Geschlechtsrolle durch Identifikation mit der Mutter. Es gibt übrigens Hypothesen, die von letzterem Ansatz her erwarten, daß das Mädchen leichter die Geschlechtsrolle lernt als der Junge, weil die Person, die es

Die Geschlechtsrollen-Identifikation beim Mädchen verläuft zum Teil über die Nachahmung der mütterlichen Pflegetätigkeit.

am besten kennt, nämlich die Mutter, das gleiche Geschlecht hat. Der Junge hingegen muß erst von der Mutter weg sich zum Vater ausrichten, um seine Geschlechtsrolle begreifen zu können. *Lynn* (1969) legt Befunde vor, die diese Annahme zunächst bestätigen. Die größere Schwierigkeit bei der Identifikation mit dem Vater zeigen seiner Ansicht nach vier Resultate:

(1) Jungen haben größere Schwierigkeiten bei der Identifikation mit dem gleichen Geschlecht als Mädchen.

(2) Mehr Männer als Frauen erreichen die volle Identifikation mit ihrem Geschlecht nicht und nehmen eine Identifikation mit dem weiblichen Geschlecht vor.

(3) Jungen haben mehr Angst als Mädchen bezüglich ihrer Geschlechtsrollen-Identifikation. Sie werden auch mehr als Mädchen für unangemessenes Geschlechtsrollenverhalten (z. B. schwächlich, ängstlich) bestraft.

(4) Angehörige des männlichen Geschlechts sind feindseliger zum weiblichen Geschlecht eingestellt als Angehörige des weiblichen Geschlechts gegenüber dem männlichen.

Daß Väter für die Geschlechtsrollenübernahme bedeutsam sind, zeigen auch Befunde von *Barclay* u. a. (1967), *Biller* (1968) und *Walters & Stinnett* (1971), wonach vaterlos aufwachsende Jungen fast durchgehend größere Schwierigkeiten bei der Geschlechtsrollenidentifikation als Jungen in normalen Familien haben.

Nun gibt es aber Befunde und Sachverhalte, die nicht zum bisherigen Bild passen. Betrachtet man nämlich nur den Entwicklungsabschnitt der ersten sechs Lebensjahre – der ja in diesem Kapitel vorwiegend zur Diskussion steht –, so zeigen Kinder sehr frühzeitig ein Verständnis für die Geschlechtsrolle und Einsicht in das eigene Geschlecht. In Untersuchungen von *Rabban* (1950) und von *Kohlberg & Zigler* (1966) zeigen Drei- und Vierjährige bereits einen sehr starken Trend zur Bevorzugung des eigenen Geschlechts. Zur

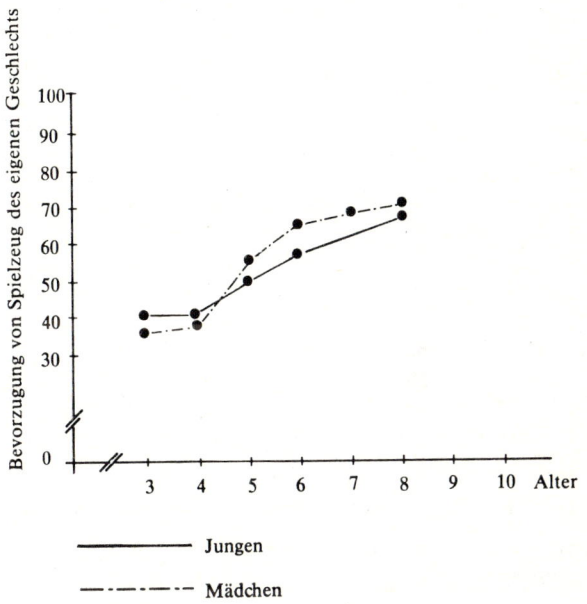

Jungen

————————— Mädchen

Illustration sind die Ergebnisse von *Rabban* (1950) in Abb. 5 bei der Bevorzugung von Spielzeug dargestellt. Schon 65% der dreijährigen Knaben und ca. 60% der dreijährigen Mädchen bevorzugen geschlechtsspezifische Spielsachen. Dieser Trend verstärkt sich mit zunehmendem Alter deutlich.

Insgesamt zeigt sich als Tendenz, daß Knaben früher und stärker ihr eigenes Geschlecht bevorzugen, während Mädchen in der Wahl des Geschlechts stärker zu schwanken scheinen. Sie bevorzugen weniger deutlich weibliche Tätigkeiten und Spiele und wählen häufiger als Jungen einen andersgeschlechtlichen Partner zum

Freund (*Kohlberg* & *Zigler,* 1966, zit. nach *Kohlberg,* 1974)*.

Fügen wir zu diesen Befunden noch eine weitere Überlegung. Die beiden bisher genannten Erklärungsmöglichkeiten für die Übernahme der Geschlechtsrolle (psychoanalytisch und sozialpsychologisch) legen zugrunde, daß sich – aus welchem Grund auch immer – Mädchen mit der Mutter und Jungen mit dem Vater identifizieren. Eine Leistung aber, die dabei kaum Beachtung fand, ist Voraussetzung für diese Zuordnung: die Erkenntnis des Kindes, daß es das gleiche Geschlecht hat wie der Vater bzw. die Mutter. Es handelt sich dabei also um eine kognitive Leistung. Sie beinhaltet (a) die eigene Zuordnung zu einem bestimmten Geschlecht, (b) die Zuordnung des Partners (des Vaters oder der Mutter) zum gleichen Geschlecht und (c) die Erfassung geschlechtsspezifischer Merkmale bzw. einer einfachen Auffassung von der Geschlechtsrolle. *Kohlberg* (1974) kommt aufgrund dieser Überlegungen zu einer einfachen und recht überzeugenden Erklärung der Übernahme der Geschlechtsrolle. Sie ist in der letzten Spalte der Abbildung 4 schematisch dargestellt. Die fundamentale Leistung besteht darin, daß das Kind sich selbst zu einem Geschlecht rechnet, sich als männlich oder weiblich, Junge oder Mädchen einstuft. Die Geschlechtsbezeichnung wird von der Mehrzahl der Kinder schon mit drei Jahren für die eigene Person richtig gewählt. Die Geschlechtsmerkmale hingegen werden noch recht unklar erfaßt und

---

* Diese Befunde stehen nur scheinbar im Widerspruch zu denen von *Lynn.* Auf S. 208 wird auf dieses Problem noch näher eingegangen.

schwankend zugeordnet. Geschlechtsunterschiede nimmt das Kind zunächst eher an Äußerlichkeiten, vor allem an der Haartracht und der Kleidung wahr. Anatomische Kenntnisse über Geschlechtsorgane folgen deutlich später, bei Kindern der gehobenen Mittelschicht meist eher als bei anderen Kindern. Aber selbst dann verwenden die Kinder zur Kennzeichnung der Geschlechter noch kaum anatomische Merkmale (*Kohlberg*, 1974). Diese Befunde stehen deutlich im Widerspruch zu *Freuds* Ansatz, der von der Beschäftigung mit den Genitalien und dem Wunsch nach Besitz der Mutter die Geschlechtsidentifikation ableitet.

Die eigentliche Schwierigkeit bei der kognitiven Erfassung des eigenen Geschlechts liegt, wie *Kohlberg* wohl zu Recht meint, in der Erkenntnis der Unveränderbarkeit des Geschlechts. Ähnlich wie Kinder Gegenstände noch nicht als konstante dauerhafte Einheiten ansehen, ist auch das Geschlecht für sie noch variabel. So sagt beispielsweise ein vierjähriger Junge: „Wenn ich erwachsen bin, werde ich eine Mutti." Sein etwas älterer Bruder meint, das sei nicht möglich, weil er kein Mädchen sei. Doch er beharrt auf seiner Meinung.

De Vries (1966) und *Kohlberg* (1974) haben im Anschluß an *Piaget* (1947) die Instabilität auch bei der Meinung von Kindern über Tiere beobachtet. Die Mehrheit der Vierjährigen meint beispielsweise, daß eine Katze auch ein Hund sein könne, wenn sie dies wollte oder wenn man ihr den Schnurrbart abschneiden würde. Ältere Kinder dagegen wissen, daß Tiere ihre Identität behalten. Die Geschlechtsidentität ist daher eine ausgesprochen kognitive Leistung, die erst ab einem gewissen Intelligenzniveau, das *Piaget* als

Niveau der konkret-logischen Operationen bezeichnet, möglich wird.

Aber schon vor der Erfassung dieser unveränderbaren Geschlechtsidentität baut sich das Kind sein Bild von der Geschlechtsrolle auf. Dabei sind die physikalischen Merkmale wie Größe und physische Merkmale wie Stärke sowie einfache psychologische Kriterien wie soziale Macht im Vordergrund. Das Männliche wird mit Größe, Kraft und Macht verbunden, das Weibliche mit Güte und Freundlichkeit, aber auch mit (geringerer) Größe und Macht, da auch die weiblichen Personen für das Kind groß und mächtig sind.

Da nun das Kind schon sehr früh sich dem richtigen Geschlecht zuordnet, erhält alles, was es von seinem Geschlecht erfährt, eine positive Bewertung. Für den Knaben ist das Männliche gut und deshalb erstrebenswert, für das Mädchen ist das Weibliche gut und erstrebenswert, allein aus dem Grund, weil es selbst weiblich ist. Erst durch diese anfängliche positive Grundeinstellung wird das Kind, so meint *Kohlberg,* dazu motiviert, sich nach passenden Vorbildern umzusehen. Unter diesen Vorbildern spielen natürlich die Eltern eine besondere Rolle. Es konnte aber gezeigt werden, daß sich Kinder genauso frühzeitig auch an anderen außerfamiliären gleichgeschlechtlichen Vorbildern orientieren (*Kohlberg, 1974*). So stellt sich von dieser Sichtweise die Identifikation mit dem Vater beim Jungen erst nach der Gewinnung einer geschlechtstypischen Identität her, und die positive Bindung zum Vater vollends ist erst die Folge der Identifikationsbemühungen. Weil man so sein möchte wie der Vater und dessen Züge übernimmt, gewinnt man ihn lieb.

Rollenübernahme (role-taking)

Nicht nur die Übernahme der Geschlechtsrolle ist in
der menschlichen Entwicklung bedeutsam, sondern
– wie bereits früher ausgeführt – der Erwerb einer
Vielzahl von Rollen. Man könnte sich den Aufbau
sozialer Rollen als das Erlernen fester Verhaltensvorschriften und Verhaltensweisen selbst vorstellen, die,
gewissermaßen losgelöst von Menschen, zusammen-
getragen werden. Im vorherigen Abschnitt haben wir
bereits festgestellt, daß dies nicht der Fall ist (zumindest nicht in der frühen Kindheit). Das Kind übernimmt Rollen und Rollenerwartungen von konkreten
Modellen, indem es diese nachahmt oder sich mit ihnen identifiziert. Daß dabei trotzdem aktiv organisie-
rende Intelligenzleistungen des Kindes miteingehen,
wurde ausdrücklich hervorgehoben.
Sozialisation als Anpassung wie als Selbstdurchsetzung erfordert über mehr oder minder festgelegte soziale Rollen hinaus, daß das Kind fähig wird, sich ad
hoc in die Rolle des anderen zu versetzen, seine
„Rolle" in einer bestimmten konkreten Situation mit
ihren Erwartungen und Voraussetzungen zu übernehmen. Diese Rollenübernahme – in der Fachsprache
auch role-taking genannt – bezieht sich also auf die
Fähigkeit, sich in den anderen zu versetzen und die
Dinge von seiner Warte aus zu sehen. *Flavell* (1975)

hat sich mit dieser Frage ausführlich befaßt und auf verschiedenen Altersstufen hierzu Untersuchungen durchgeführt. Im folgenden soll eines dieser Experimente beschrieben werden.

Versuch

Der Versuchsleiter legte in einem Spiel dem Kind von folgenden Gegenständen je ein Exemplar vor: Perlonstrümpfe, Krawatte, Spielzeug-Lastauto, Puppe, ein Buch für Erwachsene. Nachdem die Kinder die Gegenstände benannt hatten, wählten sie ein Geschenk für den Vater, die Mutter, den Lehrer (bzw. die Erzieherin), die Geschwister und für sich aus. Nach jeder einzelnen Wahl mußten die Kinder erklären, warum sie den betreffenden Gegenstand ausgesucht hatten. Wenn wir eine Entwicklung von anfänglich geringer Fähigkeit zum role-taking bis zur angemessenen Rollenübernahme erwarten, so müßten die Jüngeren die Geschenke für die anderen Personen so auswählen wie für sich selbst, d. h. Spielzeug-Lastauto und Puppe als Geschenke auswählen. Die Älteren sollten demgegenüber die Geschenke wählen, die sich normalerweise Erwachsene wünschen. Die Ergebnisse in Tab. 4 bestätigen diese Erwartung[*].

Tab. 4: Altersunterschiede bei der Auswahl von Geschenken für andere Personen (Flavell, 1975, S. 213).

Ebene	3 Jahre	4 Jahre	5 Jahre	6 Jahre
A	6	0	0	0
B	2	1	4	0
C	1	6	1	0
D	1	3	5	10
Gesamtzahl der Kinder	10	10	10	10

[*] Untersucht wurden drei- bis sechsjährige Kinder.

Erläuterungen:

Ebene A: Kind sucht einen Lastwagen oder eine Puppe für Vater und Mutter aus.

Ebene B: Kind sucht Spielzeug für Eltern aus, trifft aber schon die richtige Geschlechtszuordnung. Es wählt also für den Vater das Lastauto und für die Mutter die Puppe.

Ebene C: Kind wählt für Eltern Erwachsenen-Geschenke aus, für die Geschwister und den Lehrer dagegen Spielzeug (letzteres häufig mit der Begründung, der Lehrer (bzw. Erzieher) brauche die Spielsachen für seine Klasse (Gruppe).

Ebene D: Alle Geschenke passen eindeutig zum Alter und Geschlecht des Beschenkten.

Wie man aus der Tabelle erkennen kann, ist nur ein einziges Kind von zehn Dreijährigen zur hier verlangten Rollenübernahme fähig, während alle Sechsjährigen diese Leistung vollbringen. Jüngere Kinder schließen gewissermaßen von sich auf andere. Das, was sie selbst gerne mögen, schenken sie auch anderen Personen. Interessant ist die erwähnte Begründung des Spielzeuggeschenks für den Lehrer. Der Lehrer erhält nur etwas, das er innerhalb seiner Rolle brauchen kann. Seine persönlichen Bedürfnisse unabhängig von einer Berufsrolle werden noch nicht gesehen.

Zusammenfassung

Die Anpassung in früher Kindheit erfolgt einerseits durch Steuerungsmaßnahmen von außen, andererseits durch die Bemühungen (Eigenaktivität) des Kindes selbst.

Wenn die Eltern erwünschtes Verhalten positiv verstärken, orientieren sich Kinder eher an den Geboten

(Aufforderungen, Wünschen), wenn die Eltern unerwünschtes Verhalten negativ verstärken, entsteht eher eine Orientierung an Verboten. Für Anpassungsleistungen in früher Kindheit liefert vor allem die Mutter laufend die erforderliche Rückmeldung. Sie (bzw. eine konstante Pflegeperson) steht in einem wechselseitigen (reziproken) Kontaktverhältnis zum Kind.

Die rasche Übernahme einer Vielzahl von erwünschten Verhaltensweisen ist aber nur möglich, weil das Kind eine besondere Leistung des Lernens einsetzt: die Nachahmung und Identifikation. Durch Nachahmung erwirbt es vor allem die Verhaltensweisen des Alltags (Eßgewohnheiten, Grußverhalten usw.), durch Identifikation übernimmt es die Wertüberzeugungen der Eltern (und damit die Normen der Gesellschaft) und Persönlichkeitsmerkmale des Vaters oder der Mutter.

Auf dem Weg über Nachahmung und Identifikation bildet sich auch die Geschlechtsrolle des Kindes heraus. Dabei wählt es aber selbst aktiv die zum Geschlecht passenden Eigenarten und Verhaltensweisen aus.

Für die Übernahme von sozialen Rollen ist die Leistung des role-taking (das Sich-Hineinversetzen in eine fremde Rolle) besonders wichtig.

Selbstdurchsetzung in der frühen Kindheit

Nun soll die zweite Seite des Entwicklungsgeschehens, die Selbstdurchsetzung des Individuums gegenüber seiner Umwelt, am Beispiel der frühen Kindheit erläutert werden. Wir beschreiben sie zunächst als Eroberung und geistige Bewältigung der Umwelt, sodann als Gewinnung von Selbstbewußtheit.

Erforschung und Bewältigung der Umwelt

Die anfängliche totale Abhängigkeit von der Mutter oder einer anderen Pflegeperson würde vermutlich ewig bestehen bleiben, wenn nicht das Kind von sich aus aktiv werden und seine Selbständigkeit Schritt für Schritt erweitern würde. Sobald der Erwachsene merkt, daß das Kind erkennbare neue Aktivitäten und Leistungen zeigt, unterstützt er gewöhnlich diese Entwicklung und sorgt nur dafür, daß sich das Kind keinen Schaden zufügen kann. So darf es etwa auf dem Boden herumkriechen, ohne daß es versehentlich zur Treppe gelangen und hinunterfallen könnte. Allzu vorsorgliche Eltern verhindern allerdings gerne neue Aktivitäten ihres Kindes und verzögern dadurch möglicherweise eine optimale Entwicklung.

Von drei verschiedenen Zugängen aus beobachten wir nun wachsende Selbstdurchsetzung: am äußeren Verhalten, am inneren „Motor" der Neugier und an der wachsenden Selbstkontrolle.

a) Handeln und Erforschen

Manipulieren (Hantieren). Die Bewegungen des Säuglings sind zunächst noch ziemlich regellos (unkoordiniert). Taucht beispielsweise ein neues Objekt in seinem Gesichtskreis auf, so setzt ein „Bewegungssturm" ein, alle Gliedmaßen werden betätigt, ohne daß eine gezielte Bewegung möglich ist. Es gibt nur eine Körperregion, die motorisch von Anfang an gut funktioniert, nämlich die Mundpartie. Die Saugbewegung sowie das Tasten und Suchen mit dem Mund ermöglichen dem Säugling die Nahrungsaufnahme. Zwischen dem dritten und sechsten Lebensmonat vermag das Kind bereits zu greifen. Uns interessiert dabei weniger die allmähliche Verbesserung des Greifvorgangs (s. etwa *Nickel*, 1972) als vielmehr die Anzeichen, die auf ein gewisses System beim Erforschen hinweisen. Ein erstes Anzeichen für systematisches Vorgehen können wir mit *Piaget* (1947) in der *aktiven Wiederholung* erblicken. Das Kind versucht, einen Effekt, den es zuvor durch eigenes Handeln herbeigeführt hat, zu wiederholen. Es klappert mit der Rassel, die im Bettchen hängt, und wirft immer wieder die Puppe, die man ihm reicht, zu Boden.

Vom achten bis zwölften Monat gibt es neben der laufenden Verbesserung motorischer Leistungen erneut einen Fortschritt im „System", die *Verknüpfung von Mittel und Zweck (Piaget,* 1947). Um zu einem Ziel zu gelangen, vermag das Kind nun Mittel einzusetzen. Es schiebt z. B. die Hand weg, die man zwischen einen Ball und das Kind schiebt, und es macht einen Umweg, wenn der begehrte Gegenstand nicht direkt erreichbar ist.

Gegen Ende des ersten und Anfang des zweiten Lebensjahres beobachtet man ein *aktives Experimentieren (Piaget,* 1947). Ein Effekt wird variiert und die Wirkung der Variation studiert. Wenn das Kind mit Wasser spielt, erprobt es beispielsweise, wann ein Gegenstand (Sandförmchen) schwimmt und wann nicht (Eintauchen des Sandförmchens). Es geht mit einfachen Werkzeugen um (z. B. Stock) und probiert, was man mit ihnen machen kann. Dies ist bereits die Zeit, wo Kinder in den Augen Erwachsener immerzu etwas anstellen und wo man Kinder in der Wohnung kaum allein lassen kann. Die für den Erwachsenen oft unerwünschte Aktivität des Kindes ist für das Kind selbst bitter notwendig, denn nur durch eigenes, mehr und mehr planvolles Handeln vermag es seiner selbst und der Umgebung Herr zu werden.

Schon mit achtzehn bis zwanzig Monaten ist beim Handeln des Kindes ein erster Höhepunkt erreicht, das *Erfinden (Piaget,* 1947). Das Kind kann ein neues Verfahren erfinden, um sein Ziel zu erreichen. Es zieht beispielsweise ein Auto, das es nicht mit der Hand selbst erreichen kann, an der Schnur, die an dem Spielzeug festgebunden ist, zu sich her. Wichtig ist, daß diese Leistung auch gelingt, wenn das Kind die Methode vorher noch nie ausprobiert hat. Für *Piaget* ist mit diesem Handlungsstadium die Endstufe der *sensumotorischen Intelligenz* erreicht. Es ist dies eine Intelligenzform, bei der die Wahrnehmung und die Motorik noch ganz im Vordergrund stehen, während Denkleistungen und Leistungen der Vorstellung noch nicht oder kaum vorhanden sind. Diese Intelligenzform beobachten wir auch bei den höchstentwickelten Tieren, den Primaten (*Köhler,* 1963).

Im Vorschulalter entwickeln sich Motorik und Handeln in vielen Teilbereichen weiter. Im Bereich des Umgangs mit Gegenständen (Spieldingen, Gebrauchsdingen) vollzieht sich allmählich ein interessanter Leistungsfortschritt. Während das Handeln des Kindes anfangs nur auf den Gegenstand selbst bezogen ist, läßt sich später ein neuer Handlungstyp beobachten, das Umgehen mit Werkzeugen und Geräten (*Lisina* und *Nevorovich,* 1971). Das Kind geht mit Löffel und Gabel um, benutzt den Hammer, schließt die Schränke auf und zu, u. a. m.

Werkzeuggebrauch (instrumentelles Handeln). Galperin, Ginewskaja (zit. nach *Lisina* & *Nevorovich,* 1971) und zuvor schon *Hetzer* (1931) beobachteten übereinstimmend verschiedene Etappen beim Aufbau des instrumentellen Handelns. Erst gehen Kinder mit Werkzeugen unspezifisch und indadäquat um. Dann zeigt ihr Handeln schon äußerlich das Bild des Werkzeuggebrauchs, aber der eigentliche Vorteil des Werkzeugs (z. B. Kraftverstärkung beim Hammer) wird noch nicht richtig genutzt. Erst in einem weiteren Stadium hantiert das Kind angemessener mit dem Werkzeug.

A Beobachten Sie Kinder im Alter zwischen 2 und 4 Jahren beim Gebrauch der Schaufel (z. B. beim Einschaufeln von Sand). Versuchen Sie, den Werkzeuggebrauch einem der drei genannten Etappen zuzuordnen.

Das instrumentelle Hantieren als Werkzeug- und Gerätebenutzung wird erleichtert, wenn das Handlungsziel und die Bewegungsabfolge getrennt werden.

Versuch

Nevorovich (in *Lisina* & *Nevorovich*) beobachtete Kinder beim Einschlagen von Nägeln mit einem Hammer unter zwei verschiedenen Versuchsbedingungen. Einmal trainierte er das Einschlagen von Nägeln, wobei die Kinder nur auf das Ergebnis (Nägel drinnen) achteten. In der zweiten Versuchsbedingung übte er das Hämmern getrennt (simuliertes Nageleinschlagen), indem er die Kinder auf das Brett schlagen ließ. Kinder der zweiten Versuchsgruppe benötigten sehr viel weniger Training, bis sie das Ziel des Nageleinschlagens erreichten.

Dieser Befund erklärte ein allgemein bekanntes Verhalten des kleinen Kindes. Es kann sich außergewöhn-

Das Erlernen des Werkzeuggebrauchs ist ein wichtiger Schritt bei der Begriffsbildung. Auf dem Bild nutzen die Kinder noch nicht die Wirkung des verlängerten Hebelarmes beim Hämmern.

lich lange bei einer stereotypen Beschäftigung aufhalten und bestimmte Reaktionen, sei es im Umgang mit Werkzeugen (Kritzeln, Klopfen, Reiben), sei es ohne Objekte, ständig wiederholen. Dieses Verhalten dient offenkundig dem Training einzelner motorischer und geistiger Funktionen und wird daher auch als Funktionsspiel bezeichnet (*Hetzer*, 1931).

Exploratives Verhalten. Ein anderer Teilbereich des Handelns hängt unmittelbar mit der Erforschung der Umwelt, dem sog. explorativen Verhalten zusammen. Schon frühzeitig findet das Kind durch Hantieren und gleichzeitiges Beobachten heraus, welche Eigenschaften ein Gegenstand hat. Seine Rundheit oder Kantigkeit ertastet es mit dem Mund, später mit den Händen, um sie schließlich nur noch visuell zu erfassen. Durch das Klopfen mit dem Gegenstand erfährt es etwas über seine Festigkeit, das Heben liefert Information über das Gewicht, die Fläche des verdeckten Raumes und das Ausmaß der Augenbewegung vermitteln dem Kind die Größe des Gegenstandes.

Exploratives Verhalten ist auch bei der Durchführung von Handlungen selbst notwendig. Um beispielsweise einen Turm bauen zu können, bedarf es nach *Galperin** in dreierlei Hinsicht solcher orientierender Reaktionen: a) Entwurf eines Planes für Reihenfolge und Ziel der (Spiel-)Handlung (Turmgröße richtet sich nach Anzahl und Größe der Einzelbausteine, Planung des Gebäudes: beispielsweise unten viereckiger Rahmen, oben nur noch senkrecht aufeinanderliegende Steine), b) Registrierung der augenblicklichen Handlungsbedingungen (welcher Stein paßt als nächster?)

---

* zit. nach *Lisina* & *Nevorovich* (1971)

und c) Erfassung sowie Korrektur der vom Plan und Ziel abweichenden Ergebnisse des Handelns (Steine liegen nicht gerade, an einer Seite fehlt ein Baustein).

> **A** Lassen Sie ein fünfjähriges Kind einen Turm bauen und versuchen Sie, die orientierenden Reaktionen des Kindes, wie sie unter a), b) und c) genannt wurden, zu identifizieren.

Boguslawskaja* untersuchte die Entwicklung des explorativen bzw. orientierenden Verhaltens im Vorschulalter und fand, daß sich dieses Verhalten von der motorisch-taktilen Tätigkeit zur visuellen Aktivität verlagert. Das Auge ersetzt mehr und mehr die Hand bei der Erkundung von Gegenständen. Mit fünf bis sechs Jahren drückt das Kind das Ergebnis seiner (visuellen) Erkundung mit Worten aus. Zugleich kann man das explorative Verhalten von außen durch Worte auslösen. Sprachliche Steuerung, einesteils von außen, anderenteils als selbstgegebene Instruktion, verhilft dem Kind, rasch und griffig die wichtigen Aspekte des Gegenstandes zu erfassen (Merkmale erhalten ihren Namen, die Namen lenken die Aufmerksamkeit zugleich auf die Merkmale).

> **A** Beobachten Sie ein Kind beim Malen und halten Sie alle sprachlichen Äußerungen fest. Beurteilen Sie, welche Äußerungen deutlich das Verhalten beim Malen steuern!

Spiel. Das meist in der Entwicklung zunehmend selbständiger werdende Handeln und Erkunden präsen-

tiert sich für den außenstehenden Erwachsenen als
Spiel. Damit zeigt sich, daß das Kind sein Handeln in
einen für es selbst sinnvollen Rahmen einbettet.
Selbstdurchsetzung vollzieht sich auch auf einem so
abgegrenzten Bereich wie Motorik und Aktion in bedeutsamen Lebenssituationen. *Elkonin* (1948)[*]
konnte in Experimenten zeigen, daß Kinder im Vorschulalter besser und angemessener Werkzeuge bedienen konnten, wenn sie eine sinnvolle Aufgabe gestellt
bekamen. Wer selbst ein Spielzeug basteln durfte oder
wenigstens Bretter zusammennageln durfte, werkelte
sachgerechter als jemand, der nur zu hämmern oder
Nägel einzuschlagen hatte. Das widerspricht nicht
dem zuvor genannten Befund von *Nevorovich*, da
auch dort die getrennte Einübung des Hämmerns als
sinnvoll empfunden wurde. Die Kinder hatten nämlich den Auftrag, so wie der Erwachsene zu hämmern.
Spiel ist die dem kleinen Kind angemessene Tätigkeits-
form. Sie wird erst allmählich durch die Tätigkeits-
form der Arbeit abgelöst. Wie ohne Arbeit für den
Erwachsenen Selbstdurchsetzung (im Normalfall)
nicht möglich ist, so ist ohne Spiel für das Kind Selbstdurchsetzung kaum realisierbar. Vor allem soziale
Spiele wie *Rollenspiel* und Spiele nach festgelegten
Regeln *(Regelspiele)* sind in diesem Zusammenhang
von großer Bedeutung.

Fortbewegung (Lokomotion). Bis jetzt war nur von
der Handgeschicklichkeit und ihrer Rolle bei der Erforschung und Bewältigung der Welt die Rede. Für die
Eroberung des Umweltraumes ist natürlich die Fortbewegung (Lokomotion) von größter Bedeutung. In-

---

[*] zit. nach *Lisina* & *Nevorovich* (1971)

Das Treppensteigen gibt Auskunft über den Stand der motorischen Geschicklichkeit. Freies Steigen wird gewöhnlich erst am Ende der Vorschulzeit erreicht.

teressanterweise lernt das Kind die Beherrschung der Motorik für die Fortbewegung des Körpers langsamer als die Beherrschung manueller Fertigkeiten. Der Gang des kleinen Kindes ist noch lange nach der Phase des Laufenlernens ungeschickt und tapsig. Rennen kann das Kind erst so richtig am Ende der Vorschulzeit. Vorher befindet sich der Körper während des Schrittwechsels nicht in der Luft, die Schrittlänge ist klein und die Arme bewegen sich nicht gegenläufig. Mit sechs bis sieben Jahren ist nach Erhebungen von *Levi-Gorinewskaja*[*] die Gegenbewegung der Arme beim Gehen und Laufen für 92 bis 93% der Kinder erreicht, 84% zeigen einen fliegenden Körper beim Laufen. Mehr und mehr erhöht sich die Laufgeschwindigkeit und vergrößert sich die Schrittlänge beim Laufen.

A Beobachten Sie fünf-, sechs- und siebenjährige Kinder beim Laufen und stellen Sie das Bewegungsniveau fest!

Auch das Springen ist im Vorschulalter noch wenig ausgebildet. Hindernisse sind für die Kinder daher oft unüberwindliche Schranken für die Eroberung und Erforschung ihrer Welt. Erst allmählich vermögen sie über Distanz zu springen und von Erhöhungen herunterzuhüpfen. Bis zum Ende der Vorschulzeit (6–7 Jahre) erreichen sie im Durchschnitt 97 cm beim Weitsprung und 52 cm beim Hochsprung[**].

---

[*] zit. nach *Lisina* & *Nevorovich* (1971)

[**] Die hier angegebenen Zahlen beziehen sich auf russische Kinder (erfaßt von *Levi-Gorinewskaja*, 1955; entnommen aus *Lisina* & *Nevorovich*, 1971)

Die Überlegenheit der Hand gegenüber den Beinen und Füßen ist kein Zufall. Wahrscheinlich muß das Kind die Gegenstände, mit denen es in Berührung kommt, möglichst genau kennenlernen, bevor es Neues in einem größeren Aktionsradius erfaßt. Im Gegensatz zu den meisten Tieren, die sich möglichst bald in ihrer Umgebung bewegen müssen, erfolgt beim Menschen die Lokomotion zeitlich erst nach der Aktivität an einem bestimmten Platz.

b) Neugierverhalten und Erkennen

So verworren und zufällig die Aktivität kleiner Kinder oft erscheinen mag, sie dient doch bestimmten Zwekken und ist auf Ziele hin ausgerichtet. Die Hauptrichtung kindlicher Aktivität dient dem Kennenlernen neuer Sachverhalte und Beziehungen. So ist das kindliche Verhalten während der ersten sechs Lebensjahre mehr als jemals später durch das Bedürfnis nach Neuem gekennzeichnet, kurz: durch seine Neugierde.

Man hat untersucht, wie sich das Neugierverhalten in früher Kindheit entwickelt und dabei verschiedene Etappen beobachtet (*Hunt*, 1965):

1. Etappe. Der Säugling reagiert auf Reizwechsel. Wenn sich in seiner Umgebung nichts verändert, scheint er überhaupt nichts wahrzunehmen. Die Basis für die erste Umweltzuwendung und Reizverarbeitung bildet offenbar die Reizveränderung. Solche Veränderungen können sein: das Auftauchen der Mutter, eine Fliege, einsetzendes Glockengeläute usw.

2. Etappe. Allmählich erkennt das Kind (spätestens ab dem dritten Lebensmonat) Reizmuster. Sie werden ihm vertraut. Von nun an sucht es in seiner Umgebung nach Vertrautem. Es freut sich, wenn die Mutter erscheint, es führt aktiv das Vertraute herbei, indem es sich ein Spielobjekt heranholt oder schreit, bis die Mutter kommt. Schon so frühzeitig kann es vertraute Reizmuster vorwegnehmen (antizipieren).

3. Etappe. Wenn die nächste Umgebung hinreichend in vertraute Objekte und Bereiche gegliedert ist, sucht das Kind nach neuen Aspekten dieser vertrauten Umgebung. Es probiert aus (spätestens gegen Ende des 1. Lebensjahres), was man mit einem Gegenstand machen kann (Klopfen, Hinunterwerfen, Bewegen). Die unermüdliche Aktivität kleiner Kinder erklärt sich so aus dem Bedürfnis, der vertrauten Welt neue Seiten abzugewinnen.

4. Etappe. Das Prinzip, Neues zu entdecken setzt sich im zweiten Lebensjahr vollkommen durch. Das Kind wendet sich nun Ausschnitten der Umwelt zu, die für es völlig neu sind. Freilich entsteht bei dieser Zuwendung zu Neuem und Fremdem immer ein Konflikt. Einerseits ist das Fremde „interessant", andererseits auch furchteinflößend, weil es unbekannt ist. So ist die Eroberung der Umwelt immer gekennzeichnet durch den Widerstreit, zu neuen Objekten hinzugelangen und ihnen fernzubleiben. Das Kind muß daher immer von neuem *Mut* aufbringen für sein Handeln. Je nachdem, ob es von seiner sozialen Umgebung *Ermutigung* erfährt oder nicht, wird die Komponente der Selbstdurchsetzung im Sozialisationsprozeß stärker oder geringer gefördert werden. Freilich darf man nicht vergessen, daß es große individuelle Unterschiede zwischen den Kindern in ihrer Zuwendung zu Neuem gibt, die nicht auf Ermutigung allein zurückgehen und schon in den ersten Lebenswochen auftreten *(Meili,* 1957; *Kagan* & *Moss,* 1962).

Bei der Eroberung der Umwelt und der wachsenden Selbständigkeit des Kindes bildet der vertraute Erwachsene, in der Regel die Mutter, den zentralen Orientierungspunkt. Von der Mutter aus wird die Umwelt erkundet. Erst vermittelt die Mutter selbst die Umwelterfahrung, sie reicht dem Kind etwa einen Spielgegenstand oder trägt das Kind zu einem Gegenstand hin. Sobald das Kind selbst „Erkundungsausflüge" unternehmen kann, entfernt es sich von der Mutter, wird aber unsicher und ängstlich, sobald sich die Mutter nicht mehr in Reichweite oder Sichtweite befindet. Sobald neue Reize allzu bedrohlich werden, kehrt das Kind in den sicheren Schoß der vertrauten Bezugsperson zurück. Auch später spielt die Erwachsenen-Bezugsperson (oder ein wesentlich älteres Geschwister) eine wichtige Rolle für die explorative Aktivität.

Was ist nun das Ergebnis dieser Orientierungs- und Eroberungsversuche am Ende des hier betrachteten Abschnittes? Mit sechs bis sieben Jahren beginnt das Kind Erklärungsbegriffe für die Welt aufzubauen, die bereits endgültig sind. Es entwickelt ein Konzept von Gegenstand, Raum und Zeit, und es baut sich einen Begriff von sich selbst und anderen Menschen auf. Der Kernpunkt dieser Intelligenzleistung ist der sog. Invarianzbegriff (*Piaget,* 1947). Sobald Kinder diesen Begriff besitzen, begreifen sie den Gegenstand als eine Substanz mit Bestand, deren Masse, Gewicht und Volumen auch bei Verformung, ja selbst nach ihrem Verschwinden (z. B. beim Auflösen eines Zuckerstückchens) unverändert erhalten bleibt.

Bezogen auf den Menschen und speziell auf die eigene Person gewinnt die Identität feste Züge, sie wird unverwechselbar und unvertauschbar. Die Geschlechtsrolle wird invariant und die Aufeinanderfolge von Altersrollen erhält eine feste Struktur, die nicht mehr beliebig (spielerisch) umgeändert werden kann.

Versuche zum Invarianzbegriff

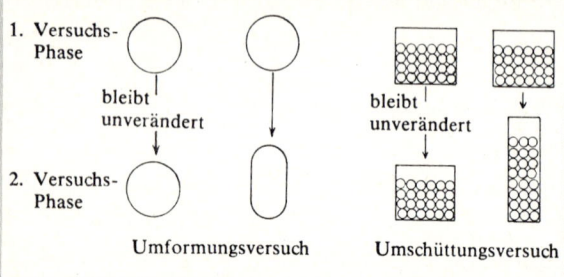

Abb. 6: Veranschaulichung von Invarianzversuchen

1. Versuchs-Phase

bleibt unverändert

bleibt unverändert

2. Versuchs-Phase

Umformungsversuch

Umschüttungsversuch

Legt man zwei gleichgroße Knetkugeln vor das Kind hin, so erkennt es sofort die gleiche Substanz der Knetmenge. Verformt man aber eine der beiden Kugeln zu einer Walze, so behaupten jüngere Kinder, das sei mehr (oder auch weniger) Knet. Mit sechs bis sieben Jahren erkennen die Kinder aber, daß die Substanz auch bei äußerer Umformung des Gegenstandes erhalten geblieben ist.

Schüttet man Perlen von einem breiten Gefäß in ein hohes um, so meinen jüngere Kinder wiederum, daß es nun mehr Perlen seien. Mit sechs bis sieben Jahren erkennen sie aber die Invarianz der Menge.

A Führen Sie beide Versuche jüngeren und älteren Kindern vor und fragen Sie nach der Umformung (bzw. dem Umschütten): „Hat die Walze noch genausoviel Knet wie die Kugel?" („Sind es jetzt noch genausoviel Perlen?"

---

c) Wachsende Selbststeuerung

Sowohl die Bewegungs- und Handlungsentwicklung wie die Veränderung des Motivationshintergrundes (Zuwendung zur Umwelt und ihre Erforschung) zeigen, daß das Kind im Laufe der ersten sechs Jahre zunehmend selbständiger wird. Diese Selbständigkeit läßt sich genauer beschreiben, wenn man die Steuerungsleistungen, zu denen das Kind fähig wird, genauer betrachtet. Beginnen wir mit der

Bewegungssteuerung. Hier zeigt sich die Verbesserung der Steuerung unter anderem in folgenden Leistungen:

- Herauslösen von Einzelbewegungen aus den „Massen"-Bewegungen des gesamten Körpers. Mehr und mehr werden Bewegungen zu gezielten Einzelbewegungen. Beim Greifen z. B. wird aus der anfänglich globalen Zuwendung zum Gegenstand die Bewegung beider Arme, sodann der Zugriff mit nur einer Hand, schließlich die gezielte Greifbewegung mit den Fingern. Der gezielte Einsatz von Einzelbewegungen ist insgesamt ein wichtiger Fortschritt in der Selbststeuerung.
- Gleichzeitiges Ausführen verschiedener Bewegungen. Eine komplizierte Steuerungsleistung stellt die gleichzeitige Ausführung unterschiedlicher Hand-, Arm- und Beinbewegungen dar. Das Kind hantiert beispielsweise allmählich während der Fortbewegung im Raum, es macht mit der linken Hand etwas anderes als mit der rechten (beim Ausschneiden führt z. B. die linke Hand das Papier, während die rechte gleichzeitig schneidet).
- Dominanz der visuellen Steuerung. Mit etwa fünf Jahren führt das Auge deutlich stärker die Hand (*Oerter,* 1972), während zuvor die visuelle Wahrnehmung noch wenig zur gezielten Bewegung beitragen kann. Das Nachmalen eines Buchstabens oder einer Gegenstandsform gelingt daher jüngeren

Kindern weniger gut als älteren. Auch bei der Fortbewegung des Körpers erfolgt eine deutliche Führung durch das Auge. Kinder im Vorschulalter können weiter springen, wenn man ihnen das Ziel visuell zeigt, z. B. einen Kreidestrich auf den Boden zieht (*Ginewskaja*, 1949)*.

– Steuerung durch Sprache. Über das visuelle System lagert sich nochmals eine Steuerungsebene: die Sprache. Kommandos, die andere dem Kind geben oder die sich das Kind selbst gibt, steuern schon vorher die Handlung. Mehr und mehr benutzt das Kind aber seine Sprache auch dazu, die Handlung vorweg zu planen und deren Durchführung unter Kontrolle zu halten (*Zaporozhets* u. a., 1971). Sprache wird so zum wichtigsten Steuerungsinstrument überhaupt. Sie übt diese Funktion auch noch später aus, „verstummt" aber allmählich, weil sie verinnerlicht wird, man spricht dann gewissermaßen nur noch in Gedanken (*Wygotski*, 1964).

Besonders eindrucksvoll zeigt sich die Entwicklung der Selbststeuerung bei der *Setzung und Verwirklichung von Leistungszielen*. Zwischen drei und sechs Jahren erkennt das Kind einerseits bereits den Zusammenhang zwischen einem Erfolg und der eigenen Person als Ursache dieser Leistung, andererseits vermag es allmählich, sich Ziele zu setzen und diese Ziele immer höher zu stecken. Wir wollen dieses Verhalten an einem bekannt gewordenen Experiment von *Heckhausen* und *Wagner* (1965) darstellen.

---

* zit. nach *Lisina* & *Nevorovich* (1971)

A   Stellen Sie drei-, vier- und fünfjährigen Kindern folgende Aufgabe: Es gilt, ohne Anlauf über verschieden lange und farblich unterschiedene Platten zu springen. Die Längen der Platten betragen für die kleineren und ungeschickteren Kinder 15, 30, 45, 60 und 75 cm; für die größeren 30, 45, 60, 75 und 90 cm (Wortlaut nach *Heckhausen & Wagner*, 1965).

Versuchen Sie den Kindern die Aufgabe möglichst einfach zu erklären und beobachten Sie ihr Verhalten!

Versuch

Kinder im Alter von zwei Jahren sieben Monaten bis sechs Jahren drei Monaten hatten unter anderem verschieden schwere Gewichte hochzuziehen. Die Gewichte waren in aufsteigender Reihe an Stricken befestigt, die über hoch angebrachte Rollen liefen und vom Kind erfaßt werden konnten. An der höchsten Stelle rastete das Gewicht ein, so daß die Kinder das erreichte Ziel sichtbar vor Augen hatten. Die Kinder konnten frei wählen, welches der Gewichte sie hochziehen wollten.

Abb. 7 Schematische Darstellung der Versuchsanordnung zur Setzung von Leistungszielen (nach Heckhausen & Wagner, 1965)

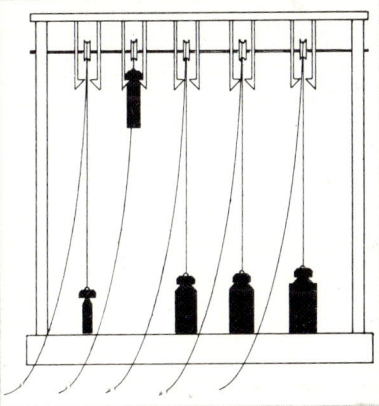

Die allerjüngsten Kinder zeigten noch ein spielerisch-unbekümmertes Verhalten. Ein Erfolg löst bei ihnen Freude über eine Wirkung aus, deren Zustandekommen sie noch nicht klar sich selbst zuschreiben. Ebenso wird der Mißerfolg noch nicht negativ erlebt, er löst Verwunderung aus und wird als „lästig" und „hinderlich" empfunden. Mit dreieinhalb Jahren aber ändert sich das Bild spätestens. Alle untersuchten Kinder erkennen den Erfolg als Wirkung ihrer eigenen Anstrengung und nehmen Mißerfolge als Wirkung ihres eigenen Unvermögens wahr. Von nun an wird für sie die ansteigende Schwierigkeitsreihe wichtiger als die abfallende. Zwischen dreieinhalb und viereinhalb Jahren werden die Kinder mit einem Mißerfolg noch nicht fertig, sie zeigen, daß die Wahl des nächsten Gewichts und der anschließend unternommene Versuch für sie sehr konfliktträchtig ist. Mit viereinhalb Jahren beobachteten die Autoren eine erneute Veränderung des Verhaltens. Von nun an spätestens rechnet das Kind in der obigen Aufgabe mit Mißerfolg und sucht ihn durch vermehrte Anstrengung wettzumachen.

Nun setzt sich das Kind auch seine Ziele gemäß dem eigenen Erfolg und Mißerfolg. Es versucht, den Schwierigkeitsgrad gemäß seinem Leistungsvermögen zu steigern, indem es Gewichte an der oberen Grenze seines Erfolgs wählt, aber auch nicht unrealistisch hohe Ziele anvisiert (z. B. das schwerste Gewicht, wenn es das zweitschwerste noch nicht geschafft hat). Selbststeuerung zeigt sich auch darin, daß ein zunächst nicht erreichtes Ziel erneut angegangen wird. Die Zielsetzung orientiert sich am eigenen Leistungsvermögen, das vom Kind durch Erfolg und Mißerfolg erfahren wird. Diese Zielsetzung nennt man auch Anspruchsniveau.

Selbstdurchsetzung in der sozialen Umwelt

Bis jetzt haben wir die Komponente der Selbstdurchsetzung im Sozialisationsprozeß ohne Berücksichtigung des sozialen Partners betrachtet. Selbstredend spielt sich aber der entscheidende Prozeß dabei in der Auseinandersetzung mit der Umwelt ab. Wir wollen aus dem Bemühen des Kindes um Selbstdurchsetzung beispielhaft vier Aspekte herausgreifen: a) Das Ausdrucksverhalten, b) das Trotzverhalten, c) die Selbstdarstellung im Rollenspiel und im eigenen Schaffen, d) die Selbstdarstellung durch die Sprache.

a) Ausdrucksverhalten

Mit Hilfe des Ausdrucks vermag sich das Kind auf einfacher und auf höherer Ebene darzustellen und seine Bedürfnisse mitzuteilen. Im ersten Lebensjahr drückt das Kind sein Unbehagen durch Schreien bzw. Weinen aus. Es weint aber auch, wenn es Kontakt mit der Mutter haben will und erkämpft sich buchstäblich die Anwesenheit der Mutter. Wie schon früher bemerkt wurde, ersetzt das Kind das Schreien durch andere Signale, wenn sein Kontaktbedürfnis hinreichend befriedigt wurde (*Bell* & *Ainsworth*, 1972). Weinen als Mittel zur Durchsetzung eigener Ziele finden wir noch weit ins Schulalter hinein. Ja, manche Erwachsene (in unserer Kultur fast nur Frauen) greifen zu diesem Ausdrucksmittel, wenn andere Versuche gescheitert sind. So ist Weinen keineswegs nur Ausdruck des Schmerzes über ein vorausgegangenes Ereignis, sondern auch ein Mittel, Mitgefühl und Hilfe vom Partner zu gewinnen.

Bei der eigenständigen Erreichung von Zielen spielt das Ausdrucksverhalten ebenfalls eine wichtige Rolle (s. hierzu *Heckhausen* und *Roelofsen*, 1962; *Heckhausen* und *Wagner*, 1965). Erfolg, den sich das Kind selbst zuschreibt, hat nicht nur Ausdruck der Freude im Gefolge, sondern bringt auch Ich-Erweiterung mit sich. In Abb. 8a ist ein Beispiel für den Triumph und die Vergrößerung der eigenen Person durch Ausstrecken der Arme abgebildet. Das Mädchen hat im Wett-

 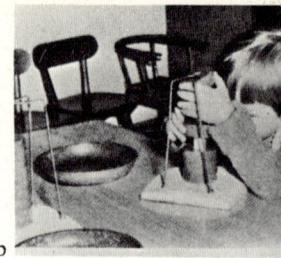

a · b

Abb. 8: Ausdrucksverhalten als Ich-Erweiterung (bei Er-
folg) und Ich-Verkleinerung (bei Mißerfolg). Aus:
Heckhausen (1974, S. 157 und 129).

bewerb mit dem Versuchsleiter gewonnen und zuerst
seinen Turm fertiggebaut. In Abb. 8b hingegen ver-
steckt sich das Kind nach dem Mißerfolg hinter seinem Turm und macht sich möglichst klein.

A   Beobachten Sie kindliches Ausdrucksverhalten bei
Erfolg und Mißerfolg! Vielleicht gelingen Ihnen
einige schöne Aufnahmen.

---

b) Selbstdarstellung im eigenen Werk
Wichtiges Mittel für die Selbstdarstellung und Selbstdurchsetzung werden schon im Vorschulalter die eigenen Werke. Das Kind malt, baut, knetet, konstruiert.
Es blickt voller Stolz auf seine Werke, die gewissermaßen ein Teil von ihm selbst sind. Zunächst ist der
Herstellungsprozeß selbst wichtig. Vom Ergebnis hat
das jüngere Kind oft nicht einmal eine Vorstellung
vorneweg. Es gewinnt erst einmal im Umgang mit
Werkzeugen (Malstift, Knetmaterial, Schaufel) und im
Schaffen von irgend etwas Selbsterfahrung. Dann erkennt es aber, daß aus seinen Händen ein Werk her-

Die Erstellung eines Werkes, das durch planvolles Vorgehen zustandekommt, ist eine wichtige Möglichkeit der Selbstdarstellung: Das Kind drückt aus, was es von seiner Umwelt weiß und was es in ihr zuwege bringt.

vorgeht und ist entzückt über dieses Ergebnis. Freudestrahlend wird die soziale Umgebung benachrichtigt. Die Erwachsenenpartner oder ältere Geschwister loben gewöhnlich die Leistung des Kindes. So erfährt es eine Steigerung seines Selbstwertes. Die Ich-Erweiterung dehnt sich über den eigenen Körper auf die Gegenstände aus, die man selbst zuwege gebracht, also gewissermaßen erschaffen hat.

Die werkschaffende und gestaltende Tätigkeit des Kindes ist daher keinesfalls nur ein Zeitvertreib, sondern ein wichtiges Mittel zur Selbstdarstellung und Selbstdurchsetzung. Die Benutzung von Malstift, Bauklötzen und Knet oder von Schere und Hammer ist nicht bei allen Kindern gleich. Zum einen gibt es individuelle Vorlieben für einen Werkstoff oder für ein Werkzeug, zum anderen bieten Eltern unterschiedlich solches Gestaltungsmaterial an. Viele Eltern behindern die Gestaltungstätigkeit der Kinder immer noch sehr stark, weil sie Lärm, Unordnung und Schmutz fürchten. Sie wissen nicht, daß sie dadurch die Gesamtentwicklung ihres Kindes beeinträchtigen, vor allem seine Intelligenzentwicklung.

c) Selbstdurchsetzung mittels der Sprache

Sobald das Kind die Sprache benutzen kann, steht ihm ein ausgezeichnetes Mittel zur Selbstdurchsetzung zur Verfügung. Es muß nicht mehr schreien und weinen, sondern kann seine Wünsche sprachlich formulieren, seine Fragen über die Umwelt stellen und zugleich sich selbst darstellen. Uns interessiert vor allem letzterer Aspekt.

Hier wird schon der Name bedeutsam, durch den sich das Kind von anderen unterscheidet. Wenn es von sich spricht, verwendet es zunächst nur den Namen, nicht das persönliche Fürwort „Ich". Später (gewöhnlich ab etwa drei Jahren) begreift es die Funktion der Fürwörter. Von nun an gewinnen sie eine wichtige Aufgabe in der Selbstdarstellung und -durchsetzung. Man hat beobachtet, daß der prozentuale Anteil der Fürwörter (ich, du, mein, dein) stark anwächst, besonders in der Unterhaltung mit Gleichaltrigen (*Goodenough*, 1938; *McCarthy*, 1930; *Young*, 1942). Man kann vermuten, daß sich mit der Verwendung persönlicher Fürwörter das Verständnis von sich und anderen wandelt. Das Bewußtsein vom Ich als Initiator des Handelns ist sicherlich mit der Verwendung des Fürwortes „Ich" gekoppelt. Das Bewußtsein vom Du als Gegenüber bedient sich ebenfalls der Fürwörter „du" und „dein".

A	Halten Sie kindliche Gespräche (vor allem unter Gleichaltrigen) mit dem Tonband fest und zählen Sie die persönlichen und besitzanzeigenden Fürwörter aus!

Konflikte zwischen Gleichaltrigen können mit Hilfe der Sprache besser als durch Handgreiflichkeiten ausgetragen werden. Je besser Kinder bereits im Vorschulalter lernen, sich der Sprache in der Auseinandersetzung mit anderen zu bedienen, desto mehr wachsen die Chancen zur Selbstdurchsetzung. Auf dem Kinderspielplatz kann man beobachten, daß eine Reihe von Kindern sich mit Hilfe der handgreiflichen Gewalt durchsetzen. Sie sind auf dieser Szene dann wohl im Vorteil, für ihre Gesamtentwicklung jedoch im Nachteil, weil sie später diese Strategie der körperlichen Gewalt nicht mehr verwenden können. Übrigens zeigt sich, daß Kinder aus der Unterschicht eher zu nonverbaler Auseinandersetzung auf dem Spielplatz neigen, während Kinder der Mittelschicht schon frühzeitig auch verbale Möglichkeiten nutzen.

d) Trotzverhalten

Bei Kleinkindern beobachtet man häufig Zornes- und Wutausbrüche, wenn Erwachsene auf sie Einfluß ausüben wollen. Sie weigern sich schreiend, einer Aufforderung nachzukommen, stampfen auf den Boden oder wälzen sich gar auf dem Boden herum. Nicht selten geraten sie auch in Zorn, wenn ihre augenblickliche Tätigkeit vom Erwachsenen unterbrochen wird.

Goodenough (1945) hat bereits systematisch solche „Trotz"-Reaktionen beobachtet. Sie fand einen Höhepunkt schon zwischen dem ersten und zweiten Lebensjahr, aber auch mit drei, vier und fünf Jahren traten solche Verhaltensweisen noch auf. *Kemmler* (1957) beobachtete ebenfalls „Trotzverhalten". Auch sie fand es in allen Altersstufen bis sechs und noch darüber hinaus, eine Häufung beobachtete sie zwischen Mitte des zweiten Lebensjahres bis zum Ende des dritten Lebensjahres.

Früher glaubte man, daß solche Trotzreaktionen notwendig zur menschlichen Entwicklung gehörten und mit der Ausbildung des Ichbewußtseins sowie des eigenen Willens zusammenhingen. Sicherlich haben sie etwas mit der Selbstdurchsetzung des Kindes in seiner Welt zu tun, doch müssen sie nicht naturnotwendig auftreten und hängen deutlich mit dem Erziehungsverhalten zusammen. Wenn die Eltern verbotsorientiert erziehen und die kindliche Aktivität stark einengen, so kann es gehäuft zu Trotzreaktionen kommen. Die gar nicht so selten vorkommenden Kindesmißhandlungen gehen wohl zum Teil auf einen gefährlichen Kreisprozeß zurück: Die Eltern verbieten und engen ein – das Kind reagiert „trotzig" und wütend, die Eltern werden noch strenger und erteilen körperliche Strafen, daraufhin wird das Kind noch extremer in seinem Verhalten usw. *Nickel* (1972) vermutet, daß früher Trotzverhalten viel häufiger aufgetreten ist, weil die elterliche Erziehung autoritärer und einengender war als heute.

Andererseits mag so etwas wie Trotzverhalten auch auftreten, wenn die Eltern zu wenig an steuernden Hilfen geben und das Kind in seiner Gesamtorientierung unsicher wird. So kann man schon im Alltag beobachten, wie Kinder wütend und desorientiert werden, wenn sie nicht wissen, welche Möglichkeit sie ergreifen, was sie nun tun sollen.

Vielen Eltern ist es sehr peinlich, wenn Trotzreaktionen ihrer Kinder in der Öffentlichkeit (im Warenhaus, auf dem Spaziergang) auftreten. Sie verhalten sich dann anders, als wenn niemand zusieht, und erfüllen oft alle Wünsche des Kindes. In diesem Fall wird das Kind leicht eine Strategie (den „Dreh") entwickeln, Theater zu vollführen, wenn die Mutter Theater scheut.

Ruft man sich noch einmal in Erinnerung, wie ungeheuer groß die Anforderung der Gesellschaft (vertreten durch die Eltern) an die Anpassung des Kindes ist, so sind negativistische Reaktionen, wie man das oben beschriebene Verhalten auch bezeichnet, eine Art Notwehr oder ein Ventil zum Ausgleich übergroßer Forderungen nach Anpassung.

A Beobachten Sie „Trotz"-Reaktionen kleiner Kinder von ihrer Entstehung (Verbot oder Gebot Erwachsener) bis zum Abklingen und versuchen Sie Ursache-Wirkungs-Zusammenhänge zu finden! Beachten Sie aber, daß Ursachen häufig in früheren Ereignissen liegen, so daß die aktuelle „Trotz"-Reaktion unverständlich ist.

e) Selbstdurchsetzung bei Gleichaltrigen

Gegenüber Erwachsenen kann sich das Kind auf die Dauer niemals durchsetzen, sie sind zu mächtig und auch in ihrem Wissen zu sehr überlegen. Daher wird schon im Vorschulalter der *Gleichaltrige* für eine günstige Entwicklung wichtig. Im Umgang mit ihm erfährt das Kind, wie es vom andern gesehen und akzeptiert wird, wie es ihm gegenüber seine Wünsche darstellen kann und umgekehrt, wie sich der andere ihm gegenüber darstellt.Die Hauptform der Interaktion (der Begegnung) zwischen Gleichaltrigen ist im Vorschulalter zweifelsohne das Spiel.

Wenn Kinder zusammen spielen, so können daran wenige und primitive Formen sozialen Kontakts, aber auch schon recht verwickelte und differenzierte soziale Verhaltensweisen beteiligt sein.

Im zweiten und dritten Lebensjahr spielen die Kinder noch meistens allein oder nebeneinander her (Parallelspiel). Im vierten und fünften Lebensjahr spielen dann Kinder mehr und mehr zusammen. Im Anschluß an *Parten* und *Newhall* (1943) könnte man zunächst von einem assoziierten Spielen sprechen.

Die Kinder haben ihr Zusammenspiel noch nicht organisiert und wechselseitig aufeinander abgestimmt, aber ihr Spiel bringt sie bereits in engeren Kontakt

Im Spiel übernimmt das Kind andere attraktive Rollen und wird vorübergehend zu einer beliebten oder angesehenen Persönlichkeit.

miteinander. Ein Beispiel für assoziiertes Spielen wäre Ballspiel zu zweit (sich wechselseitig den Ball zurollen) oder miteinander (auch um die Wette) Dreirad fahren. Bei diesem Spiel geht es noch nicht um ein gemeinsames Ziel, und es gibt noch keine Rollenverteilung. Diese Kennzeichen beschreiben das kooperative Spiel, bei dem Kinder zusammen eine Spielhandlung organisieren und unterschiedliche Rollen einnehmen. Bekannte kooperative Spiele sind: Gemeinsam ein Bauwerk errichten, Familie spielen (Vater, Mutter, Kind), Nachlauf- oder Abschlagspiel. Besonders bedeutsam ist in diesem Zusammenhang das Rollenspiel, ein Spiel, bei dem Kinder verschiedene Rollen übernehmen und in diesen Rollen einen Geschehnisablauf organisieren.

In der Rolle vermag sich das Kind besonders akzentuiert darzustellen, es wird zu einer großen mächtigen Person (Vater, Polizist) oder zu einem begehrten Partner (Mutter, Braut). In der Rolle kann es oft besser seine Ansprüche durchsetzen als in der direkten Kontaktnahme, weil ihm die Rolle ein Recht verleiht. Es gehört eben zur Rolle, mächtig zu sein und zu kommandieren, wie es zu ihr gehören mag, bewundert und begehrt zu werden. Im Rollenspiel vermag das Kind soziales Verhalten einzuüben und risikofrei bestimmte Sozialformen zu erproben. Zudem drückt es im Rollenspiel auch seine eigenen Probleme aus und befreit sich von manchen emotionalen Konflikten.

In der Kontaktnahme mit Gleichaltrigen zeigt sich sehr auffällig, daß Selbstdurchsetzung immer mit Konflikten verbunden ist. Wenn zwei oder mehrere Partner alle eigene Wünsche und Ansprüche haben, so kann es nicht ausbleiben, daß Meinungsverschiedenheiten und Streit entstehen. Im zweiten Lebensjahr dreht sich der Streit häufig um ein Spielobjekt, das ein Kind dem anderen wegnimmt. Allmählich klingt diese Konfliktform ab, weil die Kinder stärker an einem Zusammenspiel interessiert sind (*Haas* & *Harms,* 1963). Insgesamt verringern sich aber in den kommenden Jahren wohl die Konflikte nicht. Im freien Spiel mit Gleichaltrigen hat man bei Fünfjährigen noch durchschnittlich etwa zwanzig Konfliktsituationen pro Tag beobachtet (*Johnson* & *Medinnus,* 1965).

Konflikte zwischen Kindern lassen sich nicht vermeiden, aber es kommt sehr darauf an, wie sie ausgetragen werden. Die Bereinigung von Konflikten durch das wechselseitige Vortragen von Argumenten, durch Verhandeln und Finden einer Lösung bildet eine der wichtigsten Möglichkeiten zum Aufbau eines starken Ich überhaupt. Da Kinder alleine nicht zu einer adäquaten Konfliktbereinigung fähig werden, sondern in psychisch und physisch schmerzvollen Auseinandersetzungen verhaftet bleiben, kommt dem Erwachsenenpartner als Vermittler und Arrangeur eine bedeutende Aufgabe zu. Diese Aufgabe ist vor allem in der vorschulischen Erziehung (Kindergarten) anzusiedeln.

A Beobachten Sie Kinder in einer Spielgruppe und halten Sie fest, wie sich Kinder durchzusetzen versuchen! Bestimmen Sie, welche Kinder bei der Selbstdurchsetzung und -darstellung zu kurz kommen!

Zusammenfassung

Die Selbstdurchsetzung in früher Kindheit wird nur auf dem Weg über die Eroberung der Umwelt möglich. Durch eigenes Handeln erforscht das Kind seine Umgebung, lernt Werkzeuge benutzen und selbst neue Gegenstände herstellen. Die Leistungen der Hände, die mehr und mehr visuell gesteuert werden, entwickeln sich früher als Leistungen der Fortbewegung und Beherrschung des übrigen Körpers.

Das Neugierverhalten garantiert die permanente geistige Auseinandersetzung mit der Welt und sich selbst. Am Ende der frühen Kindheit werden so Erklärungs- und Ordnungsbegriffe aufgebaut, die künftig durchs ganze Leben hindurch brauchbar sind (Raum, Gegenstand, Zahl, Zeit).

Die Selbststeuerung als wichtige Komponente von Selbstdurchsetzung gelingt allmählich auch beim Setzen und Verwirklichen von Leistungszielen.

Für die Selbstdurchsetzung (-darstellung) in der sozialen Welt benutzt das Kind die ihm zur Verfügung stehenden Möglichkeiten des Ausdrucks: mimisch-gestisch, gestalterisch-sprachlich und zuweilen Negation („Trotz"). Gegenüber den Gleichaltrigen wird Selbstdurchsetzung (und -darstellung) am ehesten realisierbar, weshalb der Gleichaltrige schon zu diesem frühen Zeitpunkt eine wichtige Sozialisationsfunktion innehat.

Aufgaben

(1) Beim Säugling beginnt die Sozialisierung bei der Nahrungsaufnahme. Worin besteht hier der entscheidende Lernvorgang?

a) In der Unterdrückung der Bedürfnisse (z. B. bei Hunger)
b) Im Erlernen der Zeiteinteilung und im Bedürfnisaufschub
c) Darin, die angebotene Nahrung (z. B. Alete) zu mögen und aufzunehmen
d) Im Erlernen des Eßvorganges, vor allem des Saugens und Schluckens

(2) Nennen Sie jeweils ein Beispiel für planvolles Handeln im Vorschulalter!
a) beim Alleinspielen
b) beim gemeinsamen Spiel mit anderen Kindern

(3) Bevor das Kind den Raum als „leeres", dreidimensionales Gebilde erfaßt, orientiert es sich an Merkmalen der Nachbarschaft, des Eingeschlossenseins und der Überschneidung. Die Merkmale erfährt es durch sein eigenes Handeln (Spielen). Nennen Sie Handlungsbeispiele für die drei Merkmale!

(4) Die Zeit wird ebenfalls durch Handeln und Beobachten erfahren. Nennen Sie zwei Beispiele für Aufeinanderfolge von Ereignissen im kindlichen Spiel!

(5) Nennen Sie einige Rollen, die ein Kind schon im Vorschulalter erfaßt!
Welche Merkmale erkennt es dabei am häufigsten?
a) Auffällige äußere Merkmale (Kleidung, augenfällige Handlung des Rollenträgers)
b) Die wichtigsten Leistungen der Rolle (z. B. bei Mutterrolle hausfrauliche Funktionen)
c) Wichtige seelische Merkmale (Autorität, Stolz, Machtgefühl)
d) Merkmale, die ihm die Eltern oder die Erzieherin im Kindergarten nennt

(6) Beim Aufbau des Selbstkonzeptes (Verständnis der eigenen Persönlichkeit) bilden sich verschiedene Anteile (Komponenten) heraus. Welche sind es?

(7) Welche Gesamtwirkung hat nach bisherigen Befunden ein Erziehungsstil mit vorwiegend negativer Verstärkung bzw. vorwiegend positiver Verstärkung?

(8) Das Baby kann durch sein Schreien zweierlei ausdrücken:

(1) seinen Schmerz und sein Wohlbehagen

(2)   ?

9) Das Nachahmungslernen erleichtert die Sozialisation gewaltig. Welche Vorteile ergeben sich für das Kind (Sozialisand) und den Erwachsenen (Sozialisator)?

(10) Nachahmungslernen enthält zwei wichtige kognitive Leistungen, die beim motorischen Lernen und beim Reiz-Reaktionslernen nicht benötigt werden.

    a) Die am Partner wahrgenommene Bewegung muß in eigene Körperbewegung „übersetzt" werden.

    b) Bei der Ausführung der Handlung muß die richtige Reihenfolge eingehalten werden.

    c) Die wahrgenommenen Handlungen und Reaktionen können gemerkt und erst später zum ersten Mal ausgeführt werden.

    d) Bei der Wahrnehmung der Handlung des Partners muß das Kind zwischen wichtigen und unwichtigen Verhaltensanteilen trennen.

(11) Was versteht man unter Identifikation?

    a) Jemanden wieder erkennen (identifizieren)

    b) Jemanden nachahmen

    c) Ich-Bewußtsein gewinnen

    d) So sein wollen wie eine andere Person und deren Eigenschaften übernehmen.

(12) Welche Personen werden nach Befunden von *Bandura* und Mitarbeitern bevorzugt nachgeahmt?

    a) Personen, die häufig den Nachahmenden belohnen

    b) Personen mit sozialer Macht

    c) Personen, die in Rivalität zum Nachahmenden stehen

    d) Personen, die der Nachahmende gut kennt.

(13) Kohlberg hat eine neue Erklärung für die Übernahme der Geschlechtsrolle angeboten. Bringen Sie die folgenden Vorgänge in die Reihenfolge, wie sie *Kohlbergs* Ansicht entspricht!

    a) Das Kind identifiziert sich mit dem Vater und übernimmt männliche Verhaltenszüge

    b) Das Kind erkennt, zu welchem Geschlecht es gehört

    c) Das Kind entwickelt eine Bindung zum Vater

(14) Ein kleiner Junge sagt, daß er später einmal eine Mutti werden will. Ihm fehlt zum Verständnis der Ge-

schlechtsrolle eine wichtige geistige Leistung. Welche?

(15) Schon in den ersten beiden Lebensjahren erkennt das Kind durch eigenes Handeln wesentliche Züge und Gesetzmäßigkeiten der Umwelt. In welcher Reihenfolge treten nach Beobachtungen von *Piaget* folgende Leistungen in der Entwicklung auf?
a) Erfinden
b) Aktives Wiederholen
c) Verknüpfen von Mittel und Zweck
d) Aktives Experimentieren

(16) Kleine Kinder lernen allmählich, mit Werkzeugen umzugehen. Dabei kann man im allgemeinen drei Etappen des Werkzeuggebrauchs unterscheiden. Beschreiben Sie kurz (jeweils mit einem Satz) diese Etappen.

(17) Bei der Erforschung der Umwelt benützt das Kind einerseits kinästhetische (von der Bewegung rückgemeldete) und taktile (Tast-)Information, andererseits visuelle Information. In welcher Reihenfolge tritt die optimale Nutzung beider Informationsquellen während der Entwicklung auf?

(18) Es gibt einen wesentlichen Unterschied im Laufen des kleinen Kindes gegenüber dem Laufen des älteren Kindes.
a) Das kleine Kind ist langsamer
b) Seine Schritte sind ungezielter
c) Der Körper „fliegt" nicht beim Schrittwechsel
d) Das kleine Kind ermüdet rascher

(19) Das Neugierverhalten weist am Anfang vier Etappen auf. Bringen Sie die nachfolgenden Kurzkennzeichnungen der Etappen in die richtige Reihenfolge!
a) Reagieren auf Reizwechsel
b) Wiedererkennen vertrauter Reizmuster
c) Suche nach Neuem in neuer Umgebung oder bei neuen Objekten
d) Suche nach Neuem in vertrauter Umgebung oder bei vertrauten Objekten

(20) Nennen Sie für die nachfolgenden Leistungen der Selbststeuerung je ein Beispiel eines frühen und eines späteren Entwicklungsniveaus im Vorschulalter!
a) Herauslösen von Einzelbewegungen aus unkoordinierten „Massenbewegungen"

b) Gleichzeitig verschiedene Bewegungen ausführen
c) Dominanz (Führung) der visuellen Steuerung
d) Steuerung durch Sprache
e) Eigenständiges Setzen und Realisieren von Zielen

(21) Im vorliegenden Kapitel wurde Trotz gekennzeichnet als besondere Form
a) der Aggression
b) der Angst
c) der Wut oder des Zorns
d) der Selbstdurchsetzung

(22) Der Gleichaltrige ist schon für die Sozialisation des Vorschulkindes wichtig. Welcher der nachfolgenden Gründe scheint Ihnen am stichhaltigsten?
a) Das Kind lernt sich in einer Kindergruppe leichter anpassen
b) Das Kind vermag sich unter Kindern leichter als gegenüber Erwachsenen durchzusetzen
c) Das Kind lernt frühzeitig auf andere Rücksicht zu nehmen
d) Das Kind ist glücklicher, wenn es mit anderen Kindern zusammen ist.

Literatur

Bandura, A.: Influences of model's reinforcement contingencies on the acquisition of initiative responses. Journal of Personality and Soc. Psychology, Washington 1965, 1, 589–595

Bandura, A., Ross, D. & Ross, S. A.: Vicarious reinforcement and imitation. Journal of Abnormal and Soc. Psychol., 1963, 67, 601–607

Barclay, A. G. & Cusumano, D.: Father-Absence, Cross-Sex Identity, and Field-Dependent Behavior in Male Adolescents. Child Development, 1967, 38, 243–250

Bell, S. M. & Ainsworth, M. D. S.: Infant crying and maternal responsiveness. Child Development, 1972, 43, 1171–1190

Biller, H. B.: A Note on Father-Absence and Masculine Development in Young Lower-Class Negro and White Boys. Child Development, 1968, 39, 1003–1006

Chomsky, N.: Syntactic structures. Mouton: The Hague, 1957

DeVries, Rh.: The Devolopment on constancy of object identity. Unpublished doctoral dissertation. University of Chicago 1966

Elkonin, D. B.: Development of Speech. In: Zaporozhets, A. V. & Elkonin, D. B. (Hrsg.), The Psychology of Preschool Children. Cambridge (Mas.)/London: MIT Press 1971

Flavell, J. H.: Rollenübernahme und Kommunikation bei Kindern. Beltz Studienbuch. Weinheim: Beltz 1975

Freud, S.: Abriß der Psychoanalyse. Das Unbehagen in der Kultur. Frankfurt/Hamburg: Fischer-Bücherei, 1953 (Neuaufl.)

Galperin, P. Ya: Dependence of the motor habit on the type of orientiation toward a task. Presentations of APN RSFSR, 1957 Nr. 2

Goffman, E.: Role-Distance. Encounters. Indianapolis: Bobby-Merrill 1961

Goodenough, F. L.: Developmental psychology. New York: Appleton-Century-Crofts, 1945

Greenfield, P. M. & Bruner, J. S.: Culture and Cognitive Growth. In: Goslin, D. A. (Eds.), Handbook of Sozialization Theory and Research. Chicago: Rand McNally and Company 1971

Haas, M. B. & Harms, I. E.: Social interactions between infants. Child Development, 1963, 34, 79–98

Heckhausen, H.: Motivationsanalysen. Berlin/Heidelberg: Springer 1974

Heckhausen, H. & Roelofsen, I.: Anfänge und Entwicklung der Leistungsmotivation: (I) im Wetteifer des Kleinkindes. Psychologische Forschung, 1962, 26, 313–397

Heckhausen, H. & Wagner, I.: Anfänge und Entwicklung der Leistungsmotivation: (II) in der Zielsetzung des Kleinkindes. Psychologische Forschung, 1965, 28, 179–245

Herrmann, Th., Stapf, A. & Krohne, H. W.: Die Marburger Skalen zur Erfassung des elterlichen Erziehungsstils. Diagnostica, 1971, 17, 118–131

Hetherington, E. M.: A developmental study of the effects of sex of the dominant parent on sex-role preference, identification, and imitation in children. Journal of Personality and Soc. Psych., 1965, 2, 188–194

Hetzer, H.: Kind und Schaffen. Jena: Fischer 1931

Horn, K. (Hrsg.): Gruppendynamik und der ‚subjektive Faktor'. Repressive Entsublimierung oder politisierende Praxis. Frankfurt: Suhrkamp 1972

Hunt, J. McV.: Intrinsic motivation and its role in psychological development. In: Levine, D. (ed.), Nebraska Symposium on Motivation. Lincoln: University of Nebrasca Press, 1965

Johnson, R. C. & Medinnus, G. R.: Child Psychology. Behavior and development. New York/London: McGraw Hill 1965

Kagan, J. & Moss, H. A.: Birth to maturity. New York: Wiley 1962

Kemmler, L.: Untersuchungen über den frühkindlichen Trotz. Psychologische Forschung, 1957, 25, 279–338

Köhler, W.: Intelligenzprüfung an Menschenaffen. Berlin: Springer 1963 (unverändert n. d. 2. Aufl.)

Kohlberg, L.: Zur kognitiven Entwicklung des Kindes. Frankfurt: Suhrkamp 1974

Kohlberg, L. & Zigler, E.: The impact of cognitive maturity upon the development of sex-role attitudes in the years four to eight. Genetic Psychol. Monographs, 1966

Lenneberg, E. H.: Biological foundation of language. New York: Wiley, 1967

Lisina, M. I. & Neverovich Ya. Z.: Development of Movements and Formation of Motor Habits. In: Zaporozhets, A. V. & Elkonin, D. B. (Hrsg.), The Psychology of Preschool Children. Cambridge (Mas.)/London: MIT Press 1971.

Lorenz, K.: Über den Begriff der Instinkthandlung. Fol. Biotheoretica, 1937, 2

Lynn, D. B.: Parental and Sex-Role Identification: A Theoretical Formulation. Berkeley: Mc. Cutchan 1969

McCarthy, D.: Language development in the preschool child. Minneapolis, Minn.: Courtesy Univ. of Minnesota Press 1930

Meili, R.: Anfänge der Charakterentwicklung. Bern: Huber 1957

Mischel, W.: Introduction to personality. New York: Holt, Rinehart & Winston 1971

Mischel, W.: Toward a cognitive social learning reconceptualization of Personality. Psychological Review, 1973, 80, 252–283

Nickel, H.: Entwicklungspsychologie des Kindes- und Jugendalters. Bern/Stuttgart: Hans Huber 1972, Band I

Oerter, R.: Zum Einfluß der visuellen Kodierung auf die Steuerung des Verhaltens. Festschrift Prof. Dr. W. Arnold zum 60. Geburtstag. Frankfurt/Bern: Lang 1972

Oerter, R.: Moderne Entwicklungspsychologie. Donauwörth: Auer, 17. Aufl. 1977

Parten, M. B. & Newhall, S. M.: Social behavior in preschool children. In: Barker, R. G., Kounin, J. S. & Wright, H. F. (Eds.), Child behavior and development. New York/London: McGraw Hill 1943

Petter, G.: Die geistige Entwicklung des Kindes im Werk von Jean Piaget. Bern/Stuttgart: Hans Huber 1966

Piaget, J.: Psychologie der Intelligenz. Zürich, Rascher 1947

Piaget, J. & Inhelder, B.: La représentation de l'espace chez l'enfant. Paris: P. U. F. 1948

Piaget, J. & Szeminska, A.: Die Entwicklung des Zahlbegriffs beim Kind. Übersetzt von Weinert, H. K., Stuttgart: Klett 1965

Rabban, M.: Sex-role identification in young children in two diverse social groups. Genetic Psychol. Monograph, 1950, 42, 81–158

Smith, F. und Miller, G. A. (Eds.): The genesis of language. Cambridge (Mass.): M. I. T. Press, 1966

Stapf, K. H.; Herrmann, Th.; Stapf, A. & Stäcker, K. H.: Psychologie des elterlichen Erziehungsstils. Stuttgart: Klett 1972

Walter, J. & Stinnett, N.: Parent-Child Relationships: A Decade Review of Research. Jorunal of Marriage and the Family, 1971, 33, 81–82

Wygotski, L. S.: Denken und Sprechen. (Übers. v. G. Sewekow, Originalausg. Moskau, 1934). Stuttgart: Fischer 1964

Young, F. M.: Development as indicated by a study of pronouns. Journal of Genetic Psychology 1942, 61, 125–134

Zaporozhets, A. V., Zinchenko, V. P. & Elkonin, D. B.: Development of Thinking. In: Zaporozhets, A. V. & Elkonin, D. B. (Hrsg.), The Psychology of Preschool Children. Cambridge (Mas.)/London/MIT Press 1971

Jugend

Überblick

Wiederum sollen einige Hauptkennzeichen beschrieben werden, die das Besondere dieses Altersabschnittes ausmachen. Viel stärker als in der frühen Kindheit wird deutlich, daß sich im Jugendalter Entwicklungsveränderungen nicht einem bestimmten Lebensalter präzis zuordnen lassen. Wir finden große Unterschiede im allgemeinen Entwicklungsverlauf hinsichtlich des altersmäßigen Auftretens eines bestimmten Entwicklungszuges vor. Außerdem aber unterscheiden sich die Jugendlichen in ihrem gesamten Entwicklungsgang so deutlich voneinander, daß es oft schwerfällt, noch gemeinsame Züge zu entdecken. Dies ist nicht verwunderlich, wenn wir uns vergegenwärtigen, daß Entwicklung ein Sozialisationsvorgang ist, der in diesem Alter natürlich je nach Umweltbedingungen und Vorgeschichte verschieden ausfallen muß.

Der im folgenden zu beschreibende Altersabschnitt „Jugend" erstreckt sich zwischen zehn und zwanzig Jahren. Das Hauptgewicht liegt aber auf dem Alter ab 13, 14 Jahren bis zum Erwachsenenalter.

Körperliche Entwicklung
Körpergröße

Was dem Laien am Jugendalter besonders auffällt, sind die körperlichen Veränderungen, die sich während dieser Zeit abspielen. Der Mensch erreicht in diesem Altersabschnitt seine endgültige Körpergröße und reift körperlich zur Erwachsenenform der Spezies

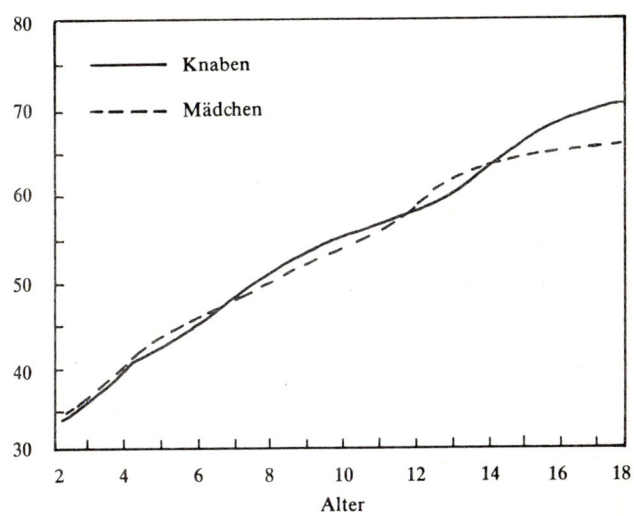

homo sapiens heran. Im Vergleich zum Tier vollzieht sich die körperliche Reife außerordentlich spät. Der Menschenaffe, der sich im Vergleich zu anderen Tieren sehr langsam entwickelt, erreicht die sexuelle Reife bereits mit sechs Jahren.

In Abb. 9 ist die Entwicklung der Körpergröße beim Menschen dargestellt. Man sieht, daß Mädchen früher ihre endgültige Größe erreichen als Jungen und daß letztere im Durchschnitt größer werden.

Die augenfällige körperliche Veränderung hängt zunächst mit dem Wachstumsschub zusammen, der sich im Jugendalter ereignet. Wie man aus Abb. 10 ersehen kann, liegt der höchste Zuwachs bei den Mädchen im Alter von etwa zwölf Jahren, bei den Jungen im Alter von fünfzehn Jahren. Es ist dies die Zeit, in der Kleidungsstücke und Schuhe zum Entsetzen der Eltern oft nur ein halbes Jahr passen.

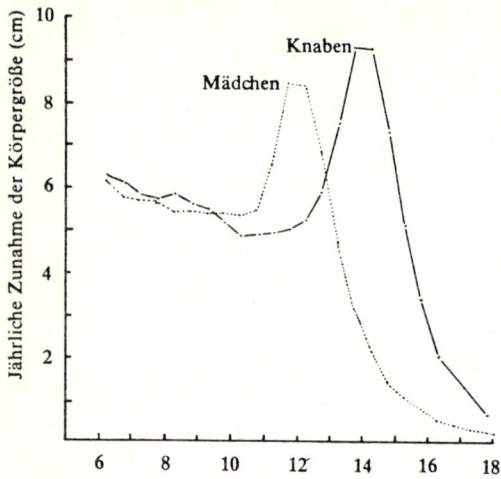

Muskelkraft

Auch hinsichtlich der Körperkraft ist eine mächtige Veränderung zu verzeichnen. Aus Abb. 11 sind drei Beispiele für das Anwachsen der Körperkraft im zweiten Lebensjahrzehnt zusammengestellt: der Griff der rechten Hand, ausgedrückt in kg, und der Zug, ebenfalls in kg gemessen. Hier zeigen sich mehr noch als im Körperwachstum die Geschlechtsunterschiede. Mädchen sind männlichen Jugendlichen mehr und mehr unterlegen, während sie im ersten Lebensjahrzehnt nahezu gleich stark, zum Teil sogar stärker als Knaben waren.

A Besorgen Sie sich vom Sportlehrer aus Jahresberichten oder (überregional) in der Presse veröffentlichten Angaben die Leistungsdurchschnitte verschiedener Klassen im Weitsprung, Hochsprung und Weitwurf! Vergleichen Sie verschiedene Altersklassen und stellen Sie den Leistungsanstieg im Jugendalter anhand einer Grafik dar!

Abb. 11: Veränderung in der Muskelkraft (nach Jones, 1949)

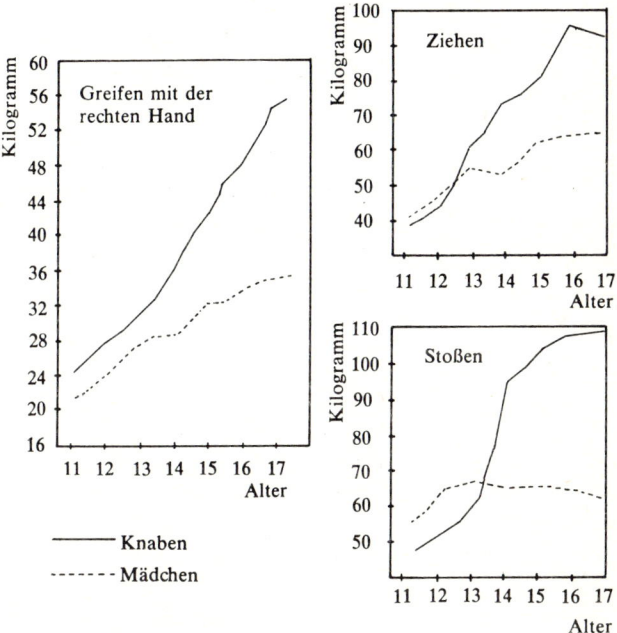

Entwicklungsstörungen

Falsche oder mangelnde Ernährung hat infolge der starken körperlichen Veränderungen im Jugendalter oft sehr ungünstige Folgen. *Read* (1965) beobachtete bei weiblichen Jugendlichen häufiger Mangelerscheinungen als bei männlichen Jugendlichen. Dies liegt zum Teil an der Sorge der Mädchen, sie könnten dick werden. Nach *Spindler* (1963) und *Warnick* & *Zachringer* (1963) sind in den USA die häufigsten Mangelerscheinungen bei Jugendlichen: zu wenig Kalzium, zu wenig Eisen (besonders bei Mädchen), Eiweißmangel (besonders bei Mädchen), zu wenig Vitamin A und C, B_1 (Thiamin) und B_2 (Riboflavin).

Eine andere bekannte Störung der körperlichen Entwicklung ist Übergewicht bzw. Fettsucht. In den USA schätzt man, daß 10 bis 15% der Jugendlichen an Fettsucht leiden. Die Ursachen für Übergewicht liegen wohl manchmal in zu reichlicher und auch falscher Ernährung. In Griechenland ist beispielsweise die Mehrzahl aller Kinder fettleibig, wird aber im frühen Erwachsenenalter normalgewichtig. Fettleibigkeit hängt aber wohl meist nicht mit Überernährung zusammen, dicke Mädchen nehmen im Durchschnitt sogar weniger Kalorien und Nährstoffe zu sich als normalgewichtige (*Hampton* u. a., 1961).

Insgesamt zeigt sich aber, daß übergewichtige Jugendliche gewöhnlich wenig aktiv sind und sich kaum Bewegung verschaffen (*Clark,* 1966; *Read,* 1965; *Lopez,* 1968). Größere motorische Aktivität mag somit vieles an Problemen beseitigen, die man durch Einnahme von Medikamenten eher vergrößert als verringert.

Sicherlich hängt Fettleibigkeit auch mit der hormonalen Umstellung zusammen, die während der Jugendzeit stattfindet.

Veränderungen im Hormonhaushalt

Hormone sind biochemische Substanzen, die von den endokrinen Drüsen produziert und unmittelbar in den Blutkreislauf geleitet werden. Die Hormone kommen mit jeder Körperzelle in Berührung, aber jedes Hormon hat auch Zielorgane, auf die es speziell einwirkt. In bezug auf die Körperzellen arbeiten die Hormone als internes Kommunikationssystem (vergleichbar einem Telefonnetz). Sie teilen den einzelnen Zellen mit, was sie tun und wann sie aktiv werden sollen.

Die Hormonausschüttung wird durch die sogenannte negative Rückkoppelung reguliert. Wenn die endokrine Drüse zuwenig Hormon ausschüttet, verringert sich die negative Rückkoppelung und die Drüse kann mehr Hormone in den Blutkreislauf befördern. Wenn sich genügend Hormon im Blutkreislauf befindet, erhält die endokrine Drüse den „Auftrag", die Produktion zu stoppen. In jedem Falle handelt es sich bei Hormonen um außerordentlich geringe Mengen, sie werden ausgedrückt in tausendstel und hunderttausendstel Milligramm!

Das Zusammenwirken und die Steuerungsfunktion der Hormone ist sehr kompliziert und längst nicht erforscht. Die Darstellung der Wirkung von Hormonen in den Abbildungen 12 und 13 greift nur einige hormonale Wirkungen, die für das Wachstum und die geschlechtliche Reife besonders wichtig sind, heraus. Aus Abb. 12 ist zunächst einiges über die Hormonwirkung im Kindesalter veranschaulicht. Zwei Hormone beeinflussen das Wachstum des Körpers und einzelner Körperteile: das Wachstumshormon (Somatotropin) der Hypophyse* und ein Hormon der Schilddrüse** (Thyroxin).

Das Somatotropin der Hypophyse beeinflußt das Gesamtwachstum des Körpers unmittelbar (in Abb. 12 durch Punkte nach oben veranschaulicht). Das Schilddrüsenhormon wird nur auf „Anweisung" der Hypophyse erzeugt. Informationsträger ist ein bestimmtes Hormon (thyreotropes Hormon) der Hypophyse, das diese an die Schilddrüse sendet. Das Schilddrüsenhormon fördert insbesondere das Wachstum des Gehirns, der Zähne und der Knochen (unterer Teil der Abb. 12).

In der Pubertät, wie die Zeit der sexuellen Reifung genannt wird, verändert sich die Wirkung der Hormone (s. Abb. 13). Wieder ist es die winzige Hypophyse, die durch ihre Hormone das Signal zur Veränderung setzt. Sie erhält allerdings den Auftrag, neue Hormone zu produzieren, vom Hypothalamus, einem Unterabschnitt des Zwischenhirns, mit dem diese endokrine Drüse verbunden ist. Die neuen Hormone regen die Keimdrüsen (gonadotrope Hormone) und die Nebennierenrinde (adrenocorticotropes Hormon: ACTH) an. Nun müssen die beiden Geschlechter getrennt betrachtet werden.

Bei Jungen lösen etwa mit elf Jahren die gonadotropen Hormone das Wachstum von Zellen aus, die ihrerseits Samenzellen (Spermatozoen) herstellen. Ein Hormon der Hypophyse regelt die Produktion des männlichen Geschlechtshormons Testosteron in den Keimdrüsen (Testes). Das Testosteron bewirkt nun hauptsächlich die sexuelle Entwicklung zum Mann. Der starke Wachstumsschub während der Pubertät geht vor allem auf die Wirkung des Androgens der Nebennierenrinde wie auf das Testosteron der Hoden zurück.

---

* Zu deutsch: Hirnanhangdrüse, am Boden des Zwischenhirns in einer Grube in der Mitte der knöchernen Schädelbasis liegend. Die Hypophyse ist etwas größer als ein Kirschkern und wiegt nur 0,6 g.

** Ein hufeisenförmiges Organ, das mit seinen beiden Seitenlappen am Schildknorpel des Kehlkopfes anliegt.

Beim Mädchen beginnt der Prozeß der sexuellen Reifung früher, die neuen Hormone der Hypophyse wirken hier schon mit etwa neun Jahren auf Eierstöcke und Nebenniere. Die Eierstöcke beginnen – im Gegensatz zu den männlichen Keimdrüsen – zwei Hormone zu produzieren: das Östrogen, das die Entwicklung der Brüste, die Schambehaarung und die Fettbildung steuert, und das Progesteron, das den Menstruationszyklus von dem Eisprung bis zur nächsten Menstruation und die Empfängnisbereitschaft steuert.

Abb. 12: Veranschaulichung der Hormonwirkung im Kindesalter

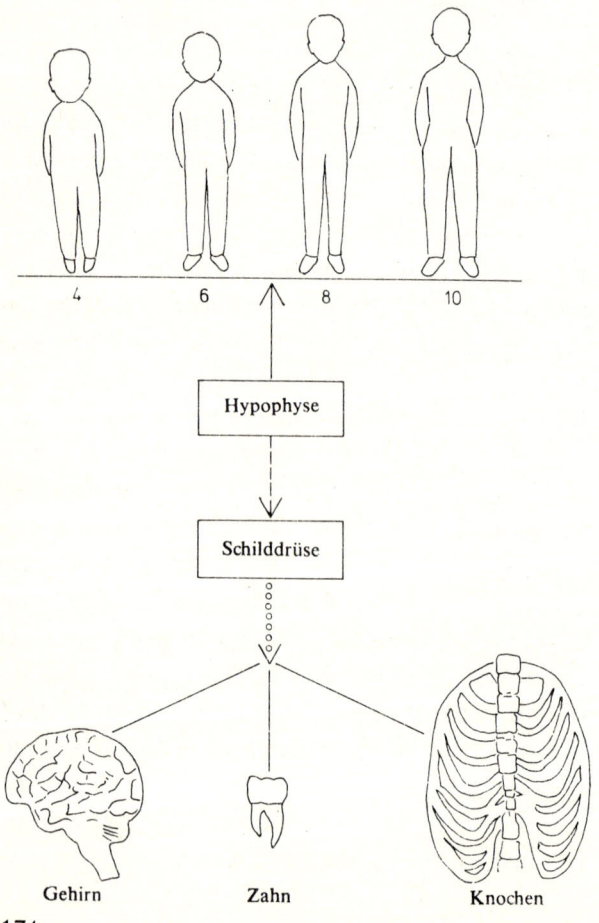

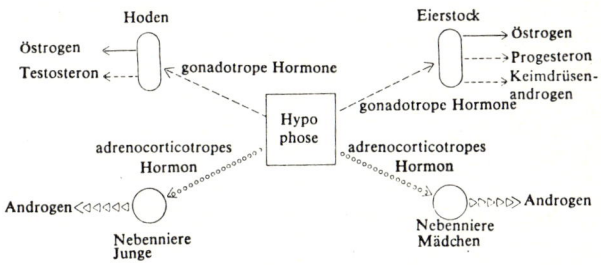

Geschlechtliche Reifung (Pubertät)

Wie wir sahen, bewirkt die hormonale Umstellung vor allem die geschlechtliche Reifung des Körpers. Worin zeigt sie sich nun?

Sie besteht in der Reifung der primären Geschlechtsmerkmale, die zur Fortpflanzung befähigen, und der sekundären Geschlechtsmerkmale, die schon äußerlich den Unterschied von Mann und Frau erkennen lassen.

Die primären Geschlechtsmerkmale beziehen sich auf das männliche und weibliche Sexualorgan, auf deren Beschreibung hier verzichtet werden kann. Auf zwei Erscheinungen muß jedoch näher eingegangen werden. Die eine ist die nächtliche Ejakulation, also der Samenerguß während des Schlafes beim männlichen Jugendlichen, die andere ist die Menstruation und die mit ihrem Eintreten verbundenen Schwierigkeiten. Die nächtliche Ejakulation ist eine normale Erscheinung bei Jugendlichen. Nach *Kinsey* (1966) haben ca. 83% der Jugendlichen sexuelle Träume, die in einem Samenerguß gipfeln. Viele Jugendliche und noch mehr deren Eltern sind verwirrt und beschämt darüber. Die

Eltern tadeln möglicherweise ihren Sohn, die Jugendlichen selbst entwickeln Schuldgefühle. Faktisch sind solche Ereignisse bzw. Erlebnisse harmlos und als normal zu bezeichnen.

Die Menstruation setzt mit zwölf bis dreizehn Jahren ein (mit einer entsprechenden Streuungsbreite nach unten und oben). Während der ersten Hälfte des Zyklus regt das follikelstimulierende Hormon der Hypophyse (FSH) das Wachsen eines Eies in den Eierstökken an. Nach der Reifung löst sich das Ei aus dem Eierstock (Ovulation) und gelangt in den Eileiter. Nach der Ovulation scheidet die Hypophyse ein Hormon aus, das die Bildung und Tätigkeit des Gelbkörpers steuert (luteinisierendes Hormon: LH). Der Gelbkörper entsteht durch Wachstum der Zellen, von denen sich das Ei gelöst hat. Der Gelbkörper wird selbst zur endokrinen Drüse und produziert Progesteron. Dieses beeinflußt die Veränderung der Gebärmutter (Uterus) für die Aufnahme des befruchteten Eis. Wird das Ei nicht befruchtet, so stirbt der Gelbkörper und die Erzeugung von Progesteron klingt ab. Daraufhin wird die Menstruation eingeleitet und die Gebärmutterschleimhaut abgestoßen. Die damit verbundenen Blutungen sind unterschiedlich stark. Zu geringe Blutung ist entgegen der Volksmeinung nicht als schädlich anzusehen.

In Abb. 14 ist die Veränderung des Hormonspiegels im Blut im Zusammenhang mit dem Menstruationszyklus dargestellt. Die Östrogenproduktion steigt bis zum Follikelsprung (Eisprung) an und hemmt zugleich die Sekretion von FSH in der Hypophyse. Erfolgt keine Befruchtung des Eis, sinkt der Östrogenspiegel wieder ab. In der zweiten Hälfte des Zyklus steigt der Anteil von Progesteron im Blut stark an und sinkt bei Eintreten der Menstruation wieder stark ab.

Abb. 14: Veränderung des Hormonspiegels im Blut während des Menstruationszyklus (Rice, 1975, S. 62)

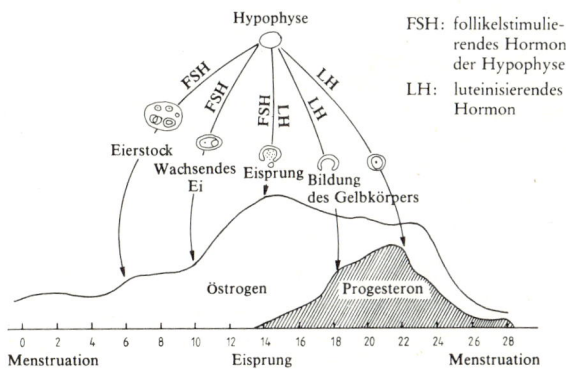

Pfeile von der Hypophyse ausgehend zeigen die hormonale Steuerung durch die Hypophyse.
Pfeile unterhalb zeigen die Ausschüttung von Östrogen und Progesteron während der einzelnen Entwicklungsabschnitte an.

Die Menstruation, die in der Regel vier bis sechs Tage dauert, ist nicht selten mit körperlichem Unwohlsein und mit Schmerzen verbunden. Sportliche Betätigung und Schwimmen (sofern ein zureichender Infektionsschutz gegeben ist) während der Menstruation sind aber nicht schädlich, und es besteht kein statistischer Zusammenhang zwischen angestrengter sportlicher Aktivität und körperlichem Unwohlsein während der Menstruation. *Anderson* (1965) konnte sogar nachweisen, daß Sport, wenn er während des gesamten Menstruationszyklus betrieben wird, die negativen Begleiterscheinungen mildert.

Die sexuelle Reife umschließt nicht nur die Entwicklung der primären Geschlechtsmerkmale bis hin zur Fortpflanzungsfähigkeit, sondern die Reifung sekundärer Geschlechtsmerkmale, die zum Teil später erfolgt als die eigentliche sexuelle Reife. In Tabelle 5 ist die Reihenfolge der Reifung primärer und sekundärer Geschlechtsmerkmale bei Jungen und Mädchen gegenübergestellt. Wie man sieht, reifen Mädchen im Durchschnitt hinsichtlich der korrespondierenden Merkmale zwei Jahre früher. Die Altersangaben sind Durchschnittswerte aus den USA. Im Einzelfall ist eine Schwankung von zwei Jahren nach oben und unten möglich.

Tab. 5 Reifung der primären und sekundären Geschlechtsmerkmale (Rice, 1975, S. 64)

Jungen	Altersspanne		Mädchen
Beginnendes Wachstum der Hoden, des Skrotums und des Penis	12–13 J.	10–11 J.	Beginn der Rundung der Hüften, Fettablagerung
Pigmentierung, Veränderung der Brüste (verschwindet später)			Brüste und Warzen wachsen
Schamhaare (gerade) früher Stimmbruch	13–16 J.	11–14 J.	Schamhaare (gerade) Stimme wird etwas tiefer
Rasches Wachstum des Penis, der Hoden, des Skrotums, der Vorsteherdrüse (Prostata) und der Samenblasen			Rasches Wachstum der Eierstöcke, der Vagina, der Gebärmutter und der Schamlippen
Erster Samenerguß (Ejakulation)			
Schamhaare werden gelockt			Schamhaare werden gelockt
Alter des größten Körperwachstums			Alter des größten Körperwachstums,

Jungen	Altersspanne	Mädchen
		Aufrichtung der Brustwarzen, Formung des „primären" Bruststadiums Menarche (Eireifung und Menstruation)
Wachsen der Achselhaare, Bartwuchs, Einbuchtung des Haaransatzes Markanter Stimmwechsel	16–18 J. 14–16 J.	Wachsen der Achselhaare Brüste erhalten ihre Erwachsenenform (sekundäres Bruststadium)

A Versuchen Sie vom äußeren Erscheinungsbild her zu beurteilen, ob Jugendliche aus Ihrem Bekanntenkreis in die Pubertät eingetreten sind bzw. ob die Pubertät bereits abgeschlossen ist.

Die Geschlechtsreife hat sich in den letzten Jahrzehnten ständig nach vorne verlagert. Diese „Entwicklungsbeschleunigung" wird als säkulare Akzeleration bezeichnet. In Abb. 15 wird die Entwicklungsbeschleunigung am Eintreten der Menarche (tritt äußerlich durch die Menstruation in Erscheinung) dargestellt.

Die Zwischenstellung des Jugendlichen

Im Gegensatz zur körperlichen Entwicklung ist es schwer, gemeinsame charakteristische Züge des Jugendlichen im Laufe des zweiten Lebensjahrzehnts herauszuarbeiten. Man unterscheidet häufig zwischen Vorpubertät (Alter bis zum Eintritt der eigentlichen

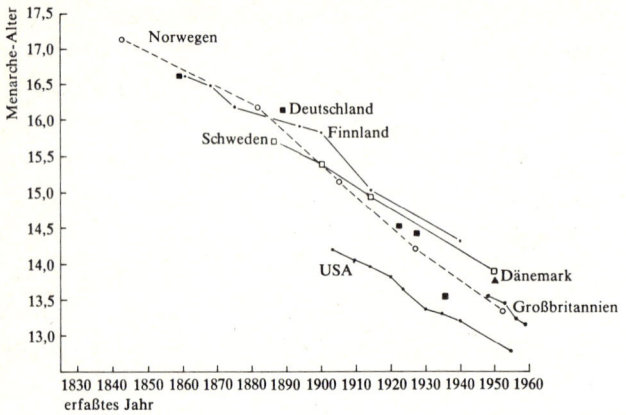

Geschlechtsreifung), Pubertät (Reifung der Geschlechtsorgane) und Adoleszenz (spätes Jugendalter bis zum Erwachsenen). Für den Zeitraum der Vorpubertät bescheinigt man dem Jugendlichen ein deutlich anderes Verhalten als später (*Schenk-Danzinger,* 1972; *Spranger,* 1925; *Remplein,* 1964). *Muchow* (1963) beschreibt diesen Abschnitt regelrecht als „Flegeljahre", in denen überschüssige Kräfte und die mit den Erwachsenen (vor allem Lehrer) geführte Auseinandersetzung Verhaltensweisen zeitigt, die aus der Sicht des Erwachsenen als flegelhaft oder ruppig angesehen werden.

So berechtigt im Einzelfall eine solche Kennzeichnung sein mag, sie eignet sich wenig zur Beschreibung der Entwicklung, weil sie nichts erklärt und nicht weiterführt als die Alltagserfahrung.

Für die Zeit der Pubertät vermutet man beim Jugendlichen Krisen und innere Probleme. Diese Schwierigkeiten bringt man gerne mit den körperlichen Veränderungen während der Pubertät zusammen. Die hormonale Umstellung, das rasche Wachstum und die körperlichen Spannungen werden als Ursachen für seelische Schwierigkeiten in diesem Alter herangezogen. Wenn auch Wechselbeziehungen zwischen körperlicher und psycho-sozialer Entwicklung bestehen, so ist eine direkte Ursachen-Wirkung des Körpers auf die Probleme des Jugendalters im allgemeinen auszuschließen (*Degenhart,* 1971).

Die Adoleszenz betrachtet man demgegenüber wieder als einen Abschnitt der Beruhigung und Festigung (*Spranger,* 1925; *Remplein,* 1964). Bedenkt man aber, daß heute Jugendliche dieses Alters (17-, 18jährige) meist mitten in einem Abschnitt starker Umstellung und Veränderung stehen, sei es durch Eintritt ins Berufsleben oder durch erste Abschlüsse in Beruf und weiterführenden Schulen usw., so kann man von einer Beruhigung und Festigung wohl kaum sprechen. Unruhiger war Ende der sechziger Jahre auf alle Fälle die Gruppe der frühen Zwanziger, die als Studenten an den Universitäten weilten.

Was bleibt bei allen drei Altersabschnitten auch für die heutige Jugend als auffälliges Kennzeichen erhalten? Wenn wir einmal von den gewaltigen individuellen Unterschieden zwischen den Jugendlichen absehen, so sind es zum einen Anzeichen von Unsicherheit, Spannungen und Schwierigkeiten, die manchmal ein krisenhaftes Ausmaß annehmen. Zum andern beobachtet man Verhaltensweisen und Einflüsse des Jugendlichen auf seine Umwelt, die ihn deutlich gegenüber den Erwachsenen und den Kindern abgrenzen. Er spricht anders, hat andere Interessen, besondere Kleidung und liebt es, unter seinesgleichen zu weilen.

Die Abgrenzung des Jugendlichen und seine besonderen Schwierigkeiten in unserer Gesellschaft sollen im Folgenden zum Ausgangspunkt für das Verständnis der Entwicklung des Jugendlichen gewählt werden. Diese Hauptmerkmale lassen sich nämlich aus der Zwischenstellung erklären, die der Jugendliche einnimmt. Einerseits ist er kein Kind mehr, andererseits wird er aber auch noch nicht als Erwachsener akzeptiert. Der Übergang vom unbeschwerten, von äußeren Sorgen meist freien Kindsein zum Erwachsenen mit seinen Vorrechten und Verantwortungen vollzieht sich bei uns über viele Jahre hinweg. Für akademische Berufe verlängert sich die Ausbildung und damit die Zwischenspanne zwischen Kindheit und Verantwortung tragendem Erwachsenen noch mehr. In diesem langen Zeitabschnitt muß der Jugendliche immer wieder neu seinen Standort bestimmen. Zunächst ändert sich das Verhältnis zu seinen Eltern, der Jugendliche entwächst mehr oder weniger vollständig dem Elternhaus. Sodann ändert sich die Beziehung des Jugendlichen zum schulischen Lernen, zu beruflichen Möglichkeiten und zu der sozialen Umgebung. Schließlich kommt es zu einer recht einschneidenden Veränderung durch die Aufnahme sexueller Kontakte. Auch hierbei ändert sich die Haltung und das Verhalten des Jugendlichen im Laufe des zweiten Lebensjahrzehnts.

Entwicklungsaufgaben

In unserer Kultur lassen sich Entwicklungsaufgaben formulieren, die der Jugendliche bewältigen muß. Damit ist gesagt, daß solche Aufgaben nicht in allen Kulturen gleich sind, und daß ihre Bewältigung das aktive Bemühen des Jugendlichen verlangt, denn eine

Entwicklung von selbst und ohne eigenes Zutun gibt es nicht. So stellt sich die Jugendzeit als Epoche dar, in der das Individuum besonders intensiv um die Ausformung seiner Persönlichkeit und die Standortbestimmung innerhalb der Gesellschaft ringen sollte.

Mit *Havighurst* (1972) kann man folgende Entwicklungsaufgaben im Jugendalter festhalten:

(1) Akzeptieren der eigenen körperlichen Erscheinung und effektive Nutzung des Körpers

(2) Erwerb neuer und reiferer Beziehungen zu Altersgenossen beiderlei Geschlechts

(3) Erwerb der männlichen bzw. weiblichen sozialen Rolle

(4) Gewinnung emotionaler Unabhängigkeit von Eltern und anderen Erwachsenen

(5) Vorbereitung auf eine berufliche Karriere

(6) Vorbereitung auf Heirat und Familienleben

(7) Bemühung um Gewinnung eines sozial verantwortungsvollen Verhaltens

(8) Entwicklung eines Wertsystems und eines ethischen Bewußtseins als Richtschnur für das eigene Verhalten – Entwicklung einer Weltanschauung

Zu diesen acht Aufgaben wäre im einzelnen vieles zu sagen. Es erscheint aber sinnvoll, sie dem Leser zur eigenen Diskussion anheimzustellen.

A Versuchen Sie, den Sinn und Inhalt der oben genannten Entwicklungsaufgaben näher zu beschreiben und nehmen Sie zu einzelnen Punkten Stellung.

Jede der genannten Aufgaben enthält Probleme. Wie weit soll beispielsweise die emotionale Unabhängigkeit von Eltern und anderen Erwachsenen gehen? Bei völliger „Neutralisierung" wäre ein vollkommener Abbruch der Beziehungen das Nächstliegende, da nun alle Menschen das gleiche Anrecht auf Kontakt und Zuwendung besäßen. Analog: Ist die Vorbereitung auf Heirat und Familie als allgemeines Ziel haltbar? Widerspricht dies nicht der für viele gegebenen Situation einer langen beruflichen Ausbildung, während der Eheschließung und Familienleben häufig Konflikte heraufbeschwören. Andererseits ist die Zeitspanne zwischen sexueller Reife und Ehe ohnedies sehr lang, die Fähigkeit, dauerhafte Bindungen einzugehen, mag durch häufigen vorehelichen Partnerwechsel verloren gehen usw.

Probleme des Jugendlichen

In vielen Ländern hat man den Jugendlichen selbst nach seinen Problemen gefragt. Dabei stellte sich heraus, daß in hochzivilisierten Kulturen die Problemlage der Jugendlichen recht ähnlich ist. *Remmers* (1962) befragte insgesamt 5000 Jugendliche in der Bundesrepublik Deutschland, in Indien, in Puerto Rico, in Spanien und den USA. Er fand, daß die Rangreihe von Problemen bei Jugendlichen überall recht ähnlich war.

(1) Am gravierendsten sind Schulprobleme und die Entscheidung über die Zukunft hinsichtlich der Eingliederung ins Berufsleben. In der Bundesrepublik erbrachte eine Untersuchung von *Berg* (1969) mit männlichen Berufsschülern ebenfalls als zentrales Problem die schulische und berufliche Ausbildung.

(2) Ein zweites Hauptproblem für den Jugendlichen liegt nach den Ergebnissen von *Remmers* (1962) in der Beunruhigung über sich selbst. Die Jugendlichen hatten emotionale Schwierigkeiten, Ängste

und Schuldgefühle geäußert. Auch bei älteren Jugendlichen, die bereits berufstätig sind, finden sich noch diese „persönlichen" Schwierigkeiten in Verbindung mit Affektlabilität (Gefühlsschwankungen) und Impulsivität (z. B. unüberlegtes Handeln in einer Situation), wie *Chresta* (1970) in der Schweiz (Region Zürich) beobachtete.

Freilich gibt es bei allen Untersuchungen große Unterschiede hinsichtlich der Ausprägung solcher Schwierigkeiten. Viele Jugendliche gleiten relativ leicht ins Erwachsenenalter hinüber. In der jetzigen bundesrepublikanischen Situation erweist sich das Schul- und Berufsproblem angesichts der gegenwärtigen Lage als besonders gravierend. Die Berufsfindung von Hauptschulabgängern ist erschwert (Unterangebot an Lehrstellen), die Anforderungen und die Konkurrenz in den Schulen steigen ständig an, und das Numerus-Clausus-Problem schließlich macht die Wahl eines Berufes aus Neigung unmöglich. Ohne Übertreibung läßt sich sagen, daß der Start ins Erwachsenenleben nicht mehr von einer optimistischen Zukunftserwartung geprägt sein dürfte, sondern eher getragen wird von Resignation, Befürchtung und Angst. Damit hat sich die Zwischenstellung des Jugendlichen noch mehr problematisiert.

(3) Gemeinhin glaubt man, daß ein großes Problem des Jugendlichen die Auseinandersetzung mit der älteren Generation sei, vor allem Konflikte mit den eigenen Eltern. Dieser sogenannte Generationskonflikt wurde ebenfalls als zentrale Thematik des Jugendalters angesehen. Die Analyse von Lebensläufen, wie die Befragung von Jugendlichen und Erwachsenen zeigen aber, daß dies höchstens teilweise der Fall ist (*Mönks & Heusinkveld,* 1973; *Abel & Gingles,* 1965). Bei den Problemen, die der Jugendliche nennt, stehen die Familie und die Schwierigkeiten mit den Eltern erst an recht später Stelle. Auch die betroffenen

Erwachsenen, nämlich die Eltern, haben ganz andere Probleme im Vordergrund als die Konflikte mit den eigenen Kindern. Diese stehen in einer Untersuchung von *Lehr* (1972) erst an zwölfter Stelle! Freilich darf man nun nicht in den umgekehrten Schluß verfallen, daß der Generationenkonflikt nicht existiere. Für seine Einschätzung ist nicht allein die absolute Zahl der Jugendlichen, die ihn erleben, maßgebend, sondern die gravierenden Folgen für die Betroffenen. Ernsthafte Auseinandersetzungen zwischen Eltern und Jugendlichen führen zum vorzeitigen Auszug der Jugendlichen aus dem Elternhaus. Solche Zerwürfnisse können über viele Jahre hinweg anhalten und eine Verständigung sogar für das gesamte restliche Leben verhindern.

(4) Weitere Probleme des Jugendlichen sind dem Außenstehenden hingegen weniger bekannt. So haben sich die Jugendlichen in Befragungen immer wieder über finanzielle Probleme geäußert. Der Jugendliche, der sich noch in der Ausbildung befindet, besitzt kein eigenes oder nur ein sehr bescheidenes Einkommen, benötigt aber gleichwohl viel mehr Geld als das Kind. Der Konflikt zwischen der für die Ausrichtung auf das Erwachsenenleben sehr wichtigen Gewinnung einer gewissen ökonomischen Unabhängigkeit und der fehlenden materiellen Voraussetzung für diese Unabhängigkeit bestimmt häufig stärker die Problemlage des Jugendlichen als man annimmt.

(5) Den finanziellen Problemen ebenbürtig zur Seite stehen die sozialen Beziehungen zu Gleichaltri-

gen. Mit den Gleichaltrigen in Kontakt zu kommen, sich bei ihnen darstellen zu können, neue soziale Erfahrungen mit andersgeschlechtlichen Partnern zu sammeln, ist dem Jugendlichen oft ein wichtiges Anliegen (unter anderem durch eine Untersuchung von *Schwartz*, 1970, belegt). Auf die Schwierigkeiten im Bereich der Sexualität und auf das Sexualverhalten des Jugendlichen wird später noch eingegangen werden.

Welche Bereiche stehen beim Jugendlichen als Probleme im Hintergrund? Zum einen sind es gesundheitliche Probleme, sie interessieren begreiflicherweise in einem Alter der raschen Ausbildung von Körperkraft und -geschicklichkeit wenig. Zum anderen aber handelt es sich zum Teil auch um Gebiete, die den Jugendlichen eigentlich interessieren sollten, wie vor allem *politische* und *gesellschaftliche Probleme.* In einer großangelegten Untersuchung von *Jaide* (1970) an 15- bis 19jährigen Jugendlichen aller Schichten und Ausbildungsgrade zeigt sich, daß eine große Gruppe von Jugendlichen geringes politisches Wissen besitzt und eine politisch eher unreife Haltung zeigt. Viele Jugendliche waren überangepaßt und politisch wenig interessiert. Engagement, Wissen und „progressiv-demokratische Einstellung" fand *Jaide* fast ausschließlich bei Jugendlichen mit höherem Bildungsstand. Die Untersuchung wurde im Jahr 1968 durchgeführt, und es ist kaum zu erwarten, daß sich an den Befunden in der Zwischenzeit viel geändert haben wird. Andererseits hängen solche Befunde stark vom Fragebogen und Fragegegenstand ab.
Hille (1974) verglich die Interessen von Jugendlichen

zwischen 15 und 18 Jahren aus der DDR mit denen aus der BRD. Um Vergleichbarkeit zu erhalten, verwendete die Autorin einen in Leipzig entwickelten Fragebogen, der u. a. auch Fragen zur Politik, vor allem außenpolitische Inhalte enthielt. Bemerkenswerterweise stand der Bereich „Politik" bei den Jugendlichen der BRD unter 17 Interessenbereichen an erster Stelle, während er bei den DDR-Jugendlichen auf den 9. Platz kam (bei weiblichen Jugendlichen der BRD auf den Rangplatz 3,5, aus der DDR auf Rangplatz 11,5).

A   Sammeln Sie weitere Probleme Jugendlicher aus Ihrem Erfahrungsbereich (Ihre eigenen Probleme oder Probleme Ihnen bekannter Jugendlicher). Versuchen Sie, individuelle und spezifische Probleme ausfindig zu machen und zu beschreiben!

In allen Untersuchungen über Probleme und Interessen Jugendlicher werden deutliche *Geschlechtsunterschiede* berichtet. *Adams* (1966) fand bei männlichen Jugendlichen der USA neben schulischen Problemen vor allem die Nennung finanzieller Probleme, während die Mädchen zwar auch die Schule als Problem Nr. 1 nannten, aber dann familiäre und zwischenmenschliche Beziehungen vordringlich anführten. In einer deutschen Untersuchung (*Coppes,* 1971) an 14- bis 18jährigen Mädchen trat unter anderem besonders ein geringes Engagement an ethischen und gesellschaftlichen Fragen zutage. Mädchen scheinen auch häufiger als Jungen Tagträume zu haben und so eine andere (vielleicht wenig sinnvolle) Strategie der Problembewältigung zu verwenden (*Fürntratt,* 1969). Im

Tagtraum kann man sich eine Situation schaffen, in der Wünsche erfüllt werden und die sonst bestehenden Probleme wegfallen.

Identität und Selbstverwirklichung

Versucht man, die Problemlage des Jugendlichen zusammenfassend aus psychologischer Sicht zu kennzeichnen, so kann man dies wohl am besten mit dem Begriff der Identitätsgewinnung leisten.

Bevor wir uns dem Begriff der Identität zuwenden, müssen wir uns vergegenwärtigen, daß jede Person eigentlich ein Selbst auf sechs verschiedene Arten ist:

(1) die Person, die man wirklich ist
(2) die Person, für die man sich hält
(3) die Person, für die andere einen halten
(4) die Person, wofür man glaubt, daß die anderen einen halten
(5) die Person, zu der man werden möchte oder zu werden glaubt
(6) die Person, die man für das zukünftige Wunsch- oder Vorstellungsbild hält, das sich andere von einem machen.

Identität kann zunächst als das Bild des Menschen von sich selbst, als sein *Selbst-Konzept* verstanden werden. Vier der obigen Bestimmungsstücke bleiben erhalten. Wie man „wirklich" ist, weiß man nicht*, ebensowenig, wie die anderen einen „wirklich" sehen.

Die Person, für die man sich hält, wird auch als *per-*

---

* Es ist heute noch ein Streitpunkt in der Psychologie, ob es überhaupt sinnvoll erscheint, nach der Persönlichkeit, wie sie wirklich ist, zu fragen, denn sie ist immer nur in ihrer Beziehung zur Umwelt faßbar und nicht als einzeln für sich existierende Einheit.

sönliche oder *private* Identität* bezeichnet, sie bleibt den anderen weitgehend verborgen. Die Person, die man nach eigener Meinung in den Augen anderer ist, wird auch als *soziale* Identiät bezeichnet. Die private oder persönliche Identität bildet zugleich den roten Faden, der sich durch die individuelle Lebensgeschichte zieht, sie sorgt dafür, daß man sich an ganz verschiedenen Orten, unter ganz verschiedenen Menschen und zu ganz verschiedenen Zeiten als der gleiche fühlt, eben „identisch" mit sich selbst ist.

Die soziale Identität** umfaßt vor allem die Rollen, die man zu bekleiden hat, von der Alters- und Geschlechtsrolle bis zur Berufs- und Familienrolle. *Cooley* (1970) nennt das soziale Selbst „looking-glass-self", weil sich der Mensch in diesem Selbst durch die Brille der anderen sieht, sich so zu sehen versucht, wie die anderen ihn sehen. Dieses soziale Selbst entsteht seiner Ansicht nach in drei Schritten:

- Vergegenwärtigung (Bewußtmachung), daß wir anderen erscheinen, von ihnen wahrgenommen werden
- Vergegenwärtigung der Urteile anderer über unsere Erscheinung,
- eine Art Selbstgefühl als Reaktion auf dieses Urteil, das als „Selbstbewußtsein" gegenüber anderen oder in Beziehung zu anderen zu verstehen ist.

Die soziale Identität spiegelt die Zugehörigkeit des Menschen zu verschiedenen Bezugsgruppen wider.

---

* auch „privates Selbst" (s. S. 102)

** auch „soziales Selbst" (s. S. 102)

Literarisches Beispiel

In der Erzählung „Der Fünfzigmeterlauf" berichtet *William Saroyan* (1954) von einem Wettrennen aus seiner Jugendzeit, auf das er sich durch Wunschvorstellungen, der Schnellste und Beste zu sein, nicht aber durch Training vorbereitet.

Noch zu Beginn des Wettlaufs hält er sich für unschlagbar: „Ich stürzte mich in einem blinden Schnellauf vorwärts, . . . Nie zuvor, so schien es mir, hatte sich ein lebender Mensch mit solcher Geschwindigkeit vorwärts bewegt wie ich" (S. 71). Als er aber um sich blickt, bemerkt er bestürzt, daß er der letzte und nicht der erste ist.

A In obigem Beispiel bestand ein Widerspruch zwischen dem privaten (der privaten Meinung über die eigene Leistung) und dem sozialen Selbst (tatsächliche beobachtbare Leistung).

Suchen Sie und beschreiben Sie ähnliche Beispiele des Auseinanderfallens von privatem und sozialem Selbst aus der Selbsterfahrung oder aus Beobachtungen an Ihnen bekannten Personen!

Sowohl in der privaten (persönlichen) wie in der sozialen (öffentlichen) Identität gibt es eine Zukunfts- und Wunschperspektive. Der Mensch ist nicht nur auf die Gegenwart und deren Belange ausgerichtet, sondern immer auf die nahe oder entferntere Zukunft, auf das, was er morgen sein wird, was er morgen sein könnte und sein sollte. Sofern er Wunsch und Zielvorstellungen über sich selbst in der Zukunft hat, aber auch sofern er Befürchtungen oder gar Hoffnungslosigkeit über seine Zukunft an den Tag legt, besitzt er ein fiktives (geplantes, ersonnenes) Selbst-Konzept. Der Jugendliche, der uns hier allein zu beschäftigen hat, besitzt in der Regel ein positiv überhöhtes Selbst-konzept für die Zukunft. Man spricht auch vom Ideal-Selbst (z. B. *Strang*, 1957) oder einfach vom Persön-lichkeitsideal. Es umfaßt das fünfte und sechste Selbst unserer Aufstellung. Ich-Identität ist in ausgeglichener und wünschenswerter Weise gegeben, wenn alle die genannten Selbst bzw. Identitäten in Einklang mitein-ander gebracht werden. So würde ein Jugendlicher Ich-Identität (Ich-Stärke) besitzen, dessen geheime (private) Vorstellungen und Ansichten über sich selbst mit seinem Wissen, wie er von anderen gesehen und beurteilt wird, harmonieren und der seine Zukunftser-wartungen auf seine eigenen Möglichkeiten hin ab-stimmt. Viele Jugendliche haben begreiflicherweise große Schwierigkeiten, die Teil-Identitäten miteinan-der in Einklang zu bringen. Ihr privates Selbst (private Identität) gerät in Konflikt zum sozialen Selbst, z. B. wenn die Erwachsenen bestimmte Urteile über sie fällen (Ja, die heutige Jugend! – Ihr seid noch lange nicht erwachsen! – Ihr seid noch richtige Kinder! – Benehmt euch nicht so „kindisch"!) oder wenn Gleichaltrige bestimmte Erwartungen ihnen gegen-über hegen (Du bist doch kein Kind mehr! – Wieviel kannst du denn vertragen? – Sei kein Feigling!).

Die Schwierigkeiten der Identitätsfindung können aus der Zwischenstellung des Jugendlichen abgeleitet wer-den. Die Rollen, die er zu bekleiden hat, sind unklar definiert. Vor allem gilt dies für die Rolle des Jugend-lichen selbst. Sie wandelt sich von Jahr zu Jahr des Lebensalters, es gibt neue Aufgaben und neue Freihei-ten, aber auch Zwänge. Die Erwachsenen selbst wis-sen ebenfalls nicht so recht, wie ein „richtiger" Jugendlicher auszusehen hat oder sein soll. Ihre Erwartungen sind häufig widersprüchlich und unklar. Zur Gewinnung der Ich-Identität gehört weiterhin, daß der Jugendliche seine Geschlechtsrolle übernimmt und daß er sich von dem Einfluß der Eltern allmählich freimacht. Kurzum, er muß zum Erwachsenen werden.

Die Veränderung zum Erwachsenen darf freilich nicht immer als krisenhafter Prozeß des Ringens um Persönlichkeit verstanden werden. Doch müssen wir unterstellen, daß nahezu jeder Jugendliche im Laufe des zweiten und noch am Anfang des dritten Lebensjahrzehnts öfter schwerwiegende Probleme hat. Das Erwachsenwerden ist mehr denn je mit Risiko behaftet, es wird dem Jugendlichen nicht garantiert, daß er ohne weiteres in die Gemeinschaft der Erwachsenen aufgenommen wird. Er weiß nicht, ob er beruflich Erfolg haben wird, er weiß nicht, ob er schulisch die geforderten Leistungen erbringen kann, die Voraussetzung für bestimmte Berufe sind. Der in wirtschaftlichen Rezessionen gegebene Mangel an Arbeitsplätzen (vor allem an Lehrstellen) wirkt sich gravierend auf das Selbstbewußtsein der Jugendlichen aus. Noch einschneidender dürften die Numerus-Clausus-Bestimmungen die Entwicklung der Ich-Identität beeinträchtigen. Wie soll sich für viele Jugendliche Ich-Stärke aufbauen, wenn alle Voraussetzungen in der Umwelt gegen sie arbeiten? Eine internationale Arbeitsgruppe*, die sich mit der Situation des Jugendlichen in der Zukunft befaßt, geht in ihrem Bericht über

---

* International Colloquium: Adolescence in the Year 2000. Summary und Conclusion. Amsterdam: Jeugdprofil 2000, 1975.

das Kolloquium im September 1975 in Amsterdam auf diese Probleme ein. Sie kritisiert heftig die heutige Schule, wie sie in allen hochindustrialisierten Ländern vorliegt und beklagt ihre Überbewertung von Wissen, das Konkurrenzprinzip, das soziale Ungleichheit begünstigt, ihre Beziehungslosigkeit zur „äußeren" Welt und ihre Überbürokratisierung. Im Bereich von Arbeit und Beruf stellt die internationale Gruppe unter anderem fest, daß auch in Zukunft diejenigen, die am kürzesten im Arbeitsprozeß stehen, am ehesten ihren Arbeitsplatz verlieren werden. Das sind in erster Line Frauen und Jugendliche.

Welche Möglichkeiten benutzt der Jugendliche, um ein adäquates Selbstkonzept zu gewinnen und Ich-Identität zu erwerben? Wir wollen drei dieser Möglichkeiten kurz beschreiben. Es sind dies:

– Die Peer Group (Gruppe Gleichaltriger und Gleichgesinnter)
– Die Suche nach Vorbildern und Idealen
– Vorzeitige Anpassung an das Berufsleben und an die Normen der Erwachsenenwelt

Die Peer Group wird uns auf S. 239 f. noch näher beschäftigen. Sie ist die Bezeichnung für den Zusammenschluß von Jugendlichen, die gleiche Bedürfnisse und Probleme haben, sich gegenseitig verstehen und in ihren Meinungen unterstützen. In der Peer Group findet der Jugendliche oft Sicherheit, neue Orientierung in seiner Rolle und die Möglichkeit, sich gegenüber Kindern und Erwachsenen abzugrenzen.
Die Suche nach Vorbildern ist als besonderes Kennzeichen des Jugendlichen seit langem im Gespräch. Der Jugendliche wählt sich aus der näheren und weiteren Umgebung Persönlichkeiten bzw. Persönlichkeitszüge aus, die ihm wertvoll erscheinen und die er für seine Persönlichkeit ebenfalls übernehmen möchte. Auf S. 230 f. wird aber zu zeigen sein, daß die Vorbildsuche keineswegs für alle Jugendlichen ein be-

stimmender Verhaltenszug ist und daß man sie in ihrer Bedeutung möglicherweise überschätzt hat.

Die dritte der genannten Möglichkeiten betrifft vor allem die berufstätige Jugend. Sie ist gezwungen, sich möglichst an die Welt der Erwachsenen anzupassen. Dies gilt zunächst für den Arbeitsbereich selbst, in dem der Jugendliche ähnliche oder gleiche Leistungen wie der Erwachsene zu vollbringen hat* und die gleiche Umweltsituation wie der Erwachsene antrifft. So übernimmt er auch sonst ungeprüft Lebensweise und Weltanschauung der Erwachsenen, er beendet gewissermaßen vorzeitig seine Jugend. Dieser Weg ins Erwachsenenleben ist somit zumindest teilweise als Überanpassung zu kennzeichnen. Sie verhindert die Ausbildung eines differenzierten Selbstkonzeptes und führt oft zur kritiklosen oder auch resignierenden Annahme der Lebensbedingungen, so wie sie sind.

Sexualverhalten

Zum Erwachsenwerden gehört wesentlich der Aufbau und die Veränderung im Sexualverhalten. Dabei muß festgestellt werden, daß sexuelle körperliche Reife und Zeitpunkt der Eheschließung weit auseinanderfallen. Die Vorverlagerung der Geschlechtsreife (s. Abb. 15) vergrößert noch diesen Zeitraum. Man bemerkt daher auch eine steigende Tendenz zur Frühehe. Junge Erwachsene schließen schon vor Ausbildungsabschluß und bevor sie selbst Geld verdienen, eine Ehe.

Im Jugendalter gibt es eine Reihe sexueller Praktiken, von denen die häufigste die Masturbation ist. Die sexuelle Selbstbefriedigung durch Reizung des Geschlechtsorgans ist unter den männlichen Jugendlichen weiter verbreitet als unter den weiblichen. Dabei spielt es keine Rolle, ob es sich um Schüler bzw. spätere Studenten oder bereits frühzeitig in den Beruf eintretende Jugendliche (z. B. spätere Arbeiter) handelt. Nach Untersuchungen von *Schmidt* & *Sigusch* (1971) sowie *Sigusch* & *Schmidt* (1972) haben 60% der Vierzehnjährigen und 90% der Sechzehnjährigen einmal oder häufiger

---

* Das besagt noch nichts über die Qualität der Leistung, die beim erfahrenen Erwachsenen natürlich höher anzusetzen ist.

masturbiert. Hingegen gaben nur 50% der sechzehnjährigen Schülerinnen an, masturbiert zu haben.

Die sexuellen Beziehungen zum anderen Geschlecht (heterosexuellen Beziehungen) bauen sich stufenmäßig auf. Vor dem Geschlechtsverkehr selbst (Koitus) gibt es typische Vorstufen. Zunächst treffen sich Jungen und Mädchen und haben Verabredungen. Dieses Verhalten, das zunächst eher für die amerikanische Jugend kennzeichnend war, wird als dating bezeichnet. Die zunächst „harmlosen" Begegnungen der Partner haben mehr und mehr eine breite Variation sexueller Kontakte zur Folge, die vom Kuß bis zur genitalen Apposition (wechselseitige Berührung der Geschlechtsteile) reichen. Dieses Sexualverhalten vor dem eigentlichen Koitus wird als petting bezeichnet.

In Tab. 6 sind die Häufigkeiten von sexuellen Praktiken auf zwei verschiedenen Altersstufen und für die beiden Geschlechter getrennt aufgeführt. Die Zahlen beziehen sich auf englische Jugendliche (Untersuchung von *Schofield*, 1969). In Deutschland liegen nicht so genaue Zahlen vor, doch dürften die Tabellenzahlen ungefähr auch den deutschen Verhältnissen entsprechen (man vgl. die Zahlen von *Giese & Schmidt*, 1968, *Schmidt & Sigusch*, 1971).

Tab. 6: Die Verbreitung sexueller Praktiken bei Jugendlichen beider Geschlechter in Prozentzahlen der Befragten (nach Schofield, 1969)

Art der Aktivität	männl. Jugendl.		weibl. Jugendl.	
	15–17 J.	17–19 J.	15–17 J.	17–19 J.
Dating	78	93	91	96
Kuß	78	92	91	96
Zungenkuß	43	67	64	81
Bruststimulation über der Kleidung	49	74	60	79
Bruststimulation unter der Kleidung	36	63	38	61
Aktive genitale Reizung	24	51	12	29
Passive genitale Reizung	16	39	22	44
Genitale Apposition	14	38	13	29
Koitus	11	30	6	16
Anzahl der Befragten	478	456	475	464

Die zwischengeschlechtlichen Kontakte bei Jugendlichen sind heute freier und ungezwungener als früher. Im großen und ganzen vertritt der Jugendliche aber die Überzeugungen und Wertvorstellungen der Erwachsenen über Bindung und Ehe.

Aufgrund seiner Daten setzt *Schofield* (1969) fünf Stadien sexueller Entwicklung an:

I. Wenig oder kein Kontakt zum anderen Geschlecht.

II. Leichtes Petting: Zungenkuß und Brustreizung (über der Kleidung)

III. Intensives Petting: Brustreizung unter der Kleidung, manuelle Reizung der Genitalien des Partners, genitale Apposition

IV. Koitus mit einem Partner

V. Koitus mit mehr als einem Partner

Die letzten beiden Stufen blieben für den untersuchten Zeitraum der 15- bis 19jährigen auch bei den 19jährigen schwach besetzt.

Wie in den USA gibt es auch in Deutschland beträchtliche Unterschiede zwischen Arbeitern und Studenten. Arbeiter und Arbeiterinnen beginnen mit dem Koitus wesentlich früher als Studenten. Bei der Tab. 7, in der einige Werte von *Schmidt* & *Sigusch* (1971) zusammengestellt sind, muß allerdings beachtet werden, daß Arbeiter und Arbeiterinnen früher heiraten als Studenten. Der hier zutage tretende Unterschied belegt unsere frühere Feststellung, daß Arbeiter sich früh an das Erwachsenenleben anpassen. Nicht nur im Arbeitsprozeß übernehmen sie früh die Rolle des Erwachsenen, sondern auch in bezug auf das Sexualverhalten. So verstanden, bedeutet frühe Aufnahme des Koitus frühzeitige bzw. vorzeitige Anpassung.

Man könnte versucht sein, die Sexualpraktiken des Jugendlichen einseitig als Übertretung der geltenden Moral anzusehen. In Wahrheit scheint der Jugendliche aber durchaus die Ideale der Partnertreue und der festen Liebesbeziehungen zu vertreten. Von den Studenten, die *Giese* & *Schmidt* (1968) befragten, hatten 43% der männlichen Jugendlichen und 54% der weiblichen Jugendlichen aus der koituserfahrenen Gruppe bis zum Alter von 21 Jahren nur mit einem festen Partner Geschlechtsverkehr. In der Schülerbefragung von *Sigusch* & *Schmidt* (1972) sind 56% der Jungen und 73% der Mädchen dafür, sich Treue zu versprechen und sie zu halten. Die gleichen Autoren berichten, daß sich bei den Jugendlichen regelrecht ein „romantisches Liebesideal" fand. Voreheliche Geschlechtsbeziehungen sind zwar heute weniger tabuisiert und werden vom Jugendlichen eher selbstverständlich wahrgenommen. Doch handelt es sich bei der Mehrzahl der Jugendlichen nicht um sexuelle Freizügigkeit, sondern um feste Partner- und Liebesbeziehungen.

Eine großangelegte Untersuchung von *Kooy* (1972) an holländischen Jugendlichen erbrachte ebenfalls „eine weitgehende Übereinstimmung mit den eigenen Eltern in der Auffassung über Ehe und Sexualität . . ." (zitiert nach *Mönks,* 1975).

Individueller Lebenslauf und kulturelle Variation

Bisher hat unsere Betrachtungsweise die Annahme nahegelegt, daß der Jugendliche in seinen Grundzügen oder Merkmalen überall gleich oder ähnlich sei. Er besitzt ähnliche Probleme, hat in anderen Ländern wie bei uns die typische Zwischenstellung und zeigt überall ein ähnliches Sexualverhalten.

Dieser Eindruck muß korrigiert werden. Die erste Korrektur, die wir anbringen, betrifft den individuellen Lebenslauf.

Tab. 7: *Koituserfahrung Jugendlicher nach Alter und Schicht in der Bundesrepublik (Kentler, 1973, S. 87)*

Sozialschicht	Schüler		Arbeiter		Studenten	
Alter zum Zeitpunkt der Befragung	16 bis 17 Jahre		20 bis 21 Jahre		20 bis 21 Jahre	
Untersuchungsjahr	1970		1968/69		1966	
Alter (Jahre)	männl. (N = 302) %	weibl. (N = 300) %	männl. (N = 150) %	weibl. (N = 150) %	männl. (N = 395) %	weibl. (N = 212) %
13 oder jünger	2	0	4	5	1	1
14	5	2	9	5	2	1
15	14	10	15	7	4	1
16	35	30	25	19	6	3
17	–	–	44	33	12	7
18	–	–	60	53	21	14
19	–	–	72	67	33	24

a) Individueller Lebenslauf

Die vielfältigen Einflüsse, die ein Mensch im Laufe seiner Kindheit erfahren hat, und ihr Wechselspiel mit Anlagebedingungen ergibt einmalige Entwicklungsergebnisse. Bereits im Jugendalter haben wir Menschen vor uns, die aufgrund ihres einzigartigen Lebenslaufes ganz unterschiedliche Persönlichkeiten mit verschiedenen Interessen, Zielen und Eigenarten sind. Betrachten wir die Einmaligkeit der Lebensläufe an vier Beispielen:

– am schulischen bzw. beruflichen Werdegang (Bildungsverläufe)
– an den sozialen Erfahrungen (Person-Person-Bezügen)
– an den Interessen und Motiven (Person-Umwelt-Bezügen)
– an dem Selbstkonzept.

Der *schulische* und (für Hauptschüler) *berufliche Werdegang* des Jugendlichen mag äußerlich für eine große Gruppe gleich sein, in Wahrheit sind die schulischen Erfahrungen und Lerngewinne außerordentlich verschieden. Moderne Lerntheorien und -begriffe nehmen an, daß jeder Mensch je nach seinem Vorwissen und -können unterschiedliche Dinge lernt und behält. Die *sozialen Erfahrungen,* angefangen von den Kontakten in früher Kindheit, sind ebenfalls sehr verschieden, nie sind alle Kontaktpersonen für verschiedene Menschen gleich. So hat jeder Jugendliche in seiner Vergangenheit und Gegenwart einmalige Beziehungen zu anderen Personen (Person-Person-Beziehungen). Auch die *sonstigen Beziehungen zur Umwelt,* die die Interessen des Menschen formen, sind nie bei zwei Personen völlig gleich. So treffen wir beim Jugendlichen ein Interessen-, Motiv- und Wertsystem an, das gewiß für jede Person einmalig und unverwechselbar ist.

Alle die genannten unterschiedlichen Erfahrungen und Entwicklungsbedingungen resultieren in einem *einmaligen, unverwechselbaren Selbstkonzept.* Das Bild, das der Jugendliche von sich hat, und sein Verständnis von der eigenen Person mag manche vergleichbaren Züge tragen, insgesamt ist es jedoch infolge der einmaligen Lebensgeschichte individuell und von jedem anderen Selbstkonzept verschieden.

Erst wenn man sich vergegenwärtigt, daß der Jugendliche ein Stadium der Sozialisation erreicht hat, in dem man nicht mehr ohne weiteres vom typischen 15jährigen oder typischen 18jährigen sprechen kann, wird man ihm besser gerecht. Verständnis für den Jugendlichen beinhaltet, auf seine persönlichen und einmaligen Probleme, Bedürfnisse und Interessen einzugehen. Wenn sich Jugendliche nicht verstanden fühlen, so auch deswegen, weil man sie stereotyp eingruppiert und ihre Individualität nicht sieht. Die Sichtweise, Entwicklung als individuellen Lebenslauf aufzufassen, setzt sich allmählich mehr und mehr durch (*Thomae,* 1969; *Lehr,* 1972; *Mönks,* 1975), sie sollte vor allem auf den Jugendlichen angewendet werden.

A   Vergleichen Sie die Jugend des Helden in „Der grüne Heinrich" (Gottfried Keller) mit der des Helden in „Felix Krull (Thomas Mann). Die starken individuellen Entwicklungsunterschiede werden am Beispiel dieser Romanfiguren besonders deutlich.

A   Rekonstruieren Sie die Entwicklungsgeschichte eines Jugendlichen oder jungen Erwachsenen, den Sie sehr gut kennen. Achten Sie vor allem auf Züge, die nicht oder scheinbar nicht durch die bisher getroffene Kennzeichnung des Jugendlichen abzudecken sind!

b) Kulturelle und subkulturelle Unterschiede

Wenn wir den Jugendlichen unter dem Gesichtspunkt seiner bisherigen Sozialisation betrachten, so kommen wir nicht umhin zu fragen, ob sich Jugendliche in anderen Kulturen oder in Subkulturen gleich bzw. ähnlich entwickeln. Die Antwort liegt auf der Hand. Wenn unsere im ersten Kapitel angestellten Überlegungen stimmen, so muß es beträchtliche Unterschiede zwischen Jugendlichen aus verschiedenen Kulturen und Subkulturen geben.

Beginnen wir mit *subkulturellen Unterschieden.* Unter Subkultur soll hier ein Lebensbereich und eine Lebensordnung verstanden werden, die innerhalb einer relativ einheitlichen Kultur bestimmte und deutlich abgewandelte Züge tragen. Die Subkultur verbindet sich in den USA beispielsweise mit rassischen Gruppen wie den Negern, den Puertorikanern und den Juden. Außerdem bezieht man Subkultur auch auf Unterschiede zwischen den sozialen Schichten. In den USA wie bei uns legt die Mittelklasse (Angestellte, Beamte, Freiberufliche) großen Wert auf Ansehen, soziale Stellung und Erfolg. Diese Erwartungen mögen beim Jugendlichen mehr Ängste und größeren Druck ausüben als bei Jugendlichen niedrigerer Schichten. Letztere trachten im großen und ganzen weniger nach Fernzielen wie eine hohe angesehene Berufsposition, sondern sind notgedrungen stärker auf die Gegenwart und die augenblicklichen Bedürfnisse ausgerichtet. Geldverdienen lockt sie häufig mehr als eine lange Ausbildung mit unsicherem Ausgang. So dürfte ihnen die Anpassung momentan leichter gelingen, aber auf lange Sicht sind sie die benachteiligte Gruppe.

Interessant ist das Statusstreben der Jugendlichen in den einzelnen Schichten. In den USA ist das Streben, einen höheren Sozialstatus (Berufs- und Einkommensniveau) zu erhalten, bei Angehörigen der unteren Mittelschicht am größten. Sie sind der „niederen" Schicht am nächsten und zeigen hinsichtlich ihrer Schichtzugehörigkeit große Unsicherheit. Wie *Davis* (1944) schon zeigen konnte, sind sie darum bemüht, ihren Kindern einen besseren Status zu verschaffen. Bei uns zeigten nach dem Zweiten Weltkrieg vor allem die Heimatvertriebenen ein starkes Statusstreben, was sich auf die Aufstiegsmöglichkeiten ihrer Kinder sicherlich positiv auswirkte.

Trotz solcher Unterschiede mag das Gesamterscheinungsbild des Jugendlichen nach wie vor durch die allgemeinen Züge der Zwischenstellung und der Identitätsprobleme bestimmt sein. Verlassen wir aber unseren Kulturkreis, so ändert sich das Bild des Jugendlichen manchmal fast vollständig. Anthropologen und Völkerkundler heben den *andersartigen Verlauf der Jugendentwicklung in Primitivkulturen* hervor. Bei uns muß der Mensch als Kind zunächst in seiner Rolle Unterordnung und Gehorsam lernen, später dagegen muß er sich auf die Rolle des mächtigen, dominanten Erwachsenen umstellen. *Mead* (1961) konnte beobachten, daß das Kind auf Samoa kontinuierlich in die Rolle des dominanten, selbständigen Erwachsenen hineinwächst. Es dominiert über Jüngere, die Jüngeren haben wiederum noch Jüngere unter sich. So ergibt sich eine aufsteigende Reihe bis ins Erwachsenenalter. Auch in bezug auf Verantwortung gibt es bei uns einen Bruch zwischen Kindheit und Erwachsenenalter. Kinder tragen noch keine Verantwortung, sie werden sogar systematisch von ihr ferngehalten. Außerdem besteht zwischen der Tätigkeit im Kindes- und Jugendalter und der Berufstätigkeit bei uns eine große Kluft. Spiel und schulisches Lernen umfassen häufig ganz andere Bereiche, als sie im Berufsleben wichtig werden. In Primitivkulturen beinhalten Spiel und spätere Arbeit oft die gleiche Aktivität. Das Kind spielt mit Pfeil und Bogen, wirft den Speer, fängt Fische usw. und übt sich so in den gleichen Tätigkeiten, wie sie im Erwachsenenalter benötigt werden.

Auch hinsichtlich des Sexualverhaltens und der zwischengeschlechtlichen Kontakte besteht ein scharfer Bruch in unserer Kultur. Sexualverhalten ist in der Kindheit strikte untersagt, es sollte genaugenommen plötzlich nach der Eheschließung ausgebildet und praktiziert werden. *Mead* (1961) berichtet demgegenüber, daß die Mädchen auf Samoa allmählich in ihre Geschlechtsrolle hineinfinden. Sexuelle Verhaltensweisen bzw. sexuelles „Experimentieren" ist weitgehend erlaubt.

Der langen und unklar definierten Jugendzeit in unserer Kultur stehen in Primitivkulturen häufig relativ kurze Phasen gegenüber, in denen die Jugendlichen auf das Erwachsenendasein vorbereitet werden. Sie unterziehen sich den „Einweihungsriten" (Initiationsriten), die sich über Tage, manchmal auch über Monate, aber nie über Jahre erstrecken.

Mit diesen Beispielen soll nicht ausgedrückt werden, daß wir die Gebräuche von Primitivkulturen nachahmen sollen, sondern daß in weniger komplexen und

hochentwickelten Gesellschaften viele Probleme wegfallen, denen bei uns der Jugendliche ausgesetzt ist. Da
eine Rückkehr in ein Primitivstadium nicht sinnvoll
erscheint, bleibt uns nur die Möglichkeit, die großen
Widersprüche zwischen Kindheit und Erwachsenenalter sowie die Diskontinuität der Entwicklung im Jugendalter zu mildern.

Zusammenfassung

Im Jugendalter vollziehen sich einschneidende Veränderungen. Die körperliche Entwicklung ist einerseits
durch einen Wachstumsschub (Größe und Gewicht),
andererseits durch die Ausbildung der primären und
sekundären Geschlechtsmerkmale (Pubertät) gekennzeichnet. Die Geschlechtsreife tritt zu unterschiedlichen Zeitpunkten ein, beim Mädchen in der Regel
zwei Jahre früher als beim Jungen.

Während man früher Erleben und Verhalten des Jugendlichen unmittelbar mit der Pubertät in Verbindung brachte, ist man heute der Auffassung, daß die
Probleme und Besonderheiten der seelischen Entwicklung in der Sozialisation dieses Altersabschnittes
begründet liegen. Der Jugendliche nimmt in unserer
Gesellschaft eine Zwischenstellung zwischen Kindheit
und Erwachsenenalter ein, die seine Rolle unklar läßt
und widerspruchsvolle Anforderungen beinhalten,
vor allem den Widerspruch zwischen erwachsenen-
orientierten Normen (Arbeit, Verantwortung,
„Reife") und kindorientierten Normen (Unterordnung unter ein schulisches Reglement).

Demgegenüber stehen im Jugendalter zentrale Entwicklungsaufgaben an, die allesamt als Voraussetzung für den Eintritt ins Erwachsenenleben aufgefaßt werden können.

In hochzivilisierten und industrialisierten Ländern haben die Jugendlichen gleiche oder ähnliche Probleme. An erster Stelle stehen schulische Sorgen.

Als übergeordnetes zentrales Thema des Jugendalters kann die Gewinnung der eigenen Identität gelten, wobei dem Jugendlichen die Peergruppe, die Vorbildsuche, aber auch vorzeitige Anpassung an die Normen der Erwachsenen als Möglichkeiten der Bewältigung zur Verfügung stehen.

Das Sexualverhalten des Jugendlichen, einstmals stark tabuisiert, scheint im wesentlichen entkrampfter und problemloser als früher zu sein. Im großen und ganzen teilt der Jugendliche die Normen des Erwachsenen bezüglich der Bindung an einen festen Partner und der Herstellung einer dauerhaften Liebesbeziehung.

Die psychische Entwicklung im Jugendalter präsentiert sich heute als ein im Grunde für jeden Menschen einmaliger Werdegang. Zudem gibt es gravierende kulturelle und subkulturelle Unterschiede, die belegen, wie verschiedenartig die Entwicklung verlaufen kann.

Anpassung im Jugendalter

Wieder soll der Sozialisationsprozeß als Wechselspiel von Anpassung und Selbstdurchsetzung an einigen charakteristischen Zügen verdeutlicht werden. Wir befassen uns zunächst mit Anpassungsleistungen.

Lernen neuer Rollen

Im ersten Teil des Buches wurde dargelegt, daß Anpassung als Rollenlernen beschrieben werden kann. Welche Rollen muß der Jugendliche lernen? Allen voran ist es die Altersrolle. Er muß in der einen oder anderen Weise lernen, die Rolle eines Erwachsenen zu bekleiden. Zu ihr gehören nun wieder einzelne Rollen, wie die Berufsrolle und die Geschlechtsrolle. Im folgenden werden wir diese beiden Rollen und ihre Übernahme etwas genauer betrachten.

a) Geschlechtsrolle

Wie bereits früher erläutert, vollzieht sich die Übernahme der Geschlechtsrolle allmählich und ist im Jugendalter bereits weit fortgeschritten (s. S. 63 f. und S. 119). Mit kleineren und größeren Abwandlungen gibt es in allen hochzivilisierten westlichen Ländern ziemlich übereinstimmende Bilder von der Rolle der Frau und der Rolle des Mannes.

Die Frau, wenngleich auch für Berufstätigkeit geeignet und verpflichtet, hat nach wie vor Gattin, Hausfrau und Mutter zu sein. Man schätzt an der Frau emotionale Wärme, adrette Kleidung, Schönheit, Nachgiebigkeit, Passivität, körperliche und geistige Unterlegenheit dem Mann gegenüber. Untersuchungen zeigen, daß sich Mädchen in verschiedenen Ländern vorwiegend diesem traditionellen Rollenbild anpassen. In den Niederlanden zeigen dies Befragungen von *Kooy* (1972), in Österreich liegen Ergebnisse von *Tursky* sowie von *Rosenmayr* und *Kreutz** vor. Dabei gibt es deutliche Abhängigkeiten von dem Grad der Schulbil-

---

* Zitiert nach *Schenk-Danzinger*, 1972

dung. Mädchen mit niedrigerer Schulbildung wollen zwar in der Ehe berufstätig sein, um das Einkommen der Familie zu verbessern, doch „hoffen" 40%, nicht das ganze Leben lang berufstätig sein zu müssen.

Viel häufiger halten Mädchen mit hochqualifizierter Ausbildung Berufstätigkeit für wünschenswert, nach der Heirat wollen jedoch immerhin 20% der Befragten Berufstätigkeit außer Hause unbedingt vermeiden (*Schenk-Danzinger*, 1972, S. 319).

Die traditionelle Geschlechtsrolle wird offenkundig auch am meisten belohnt. *Kammeyer* (1964) fand bei College-Mädchen in den USA, daß ihr sozialer Erfolg und ihre Begehrtheit bei Männern eng mit ihrer eigenen positiven Einstellung zur traditionellen Weiblichkeit und mit ihrem an dieses Bild angepaßten Verhalten zusammenhing. Über diesen Trend darf auch die Rebellion weiblicher Jugendlicher gegen das Rollenklischee nicht hinwegtäuschen. Oft handelt es sich nur um vorübergehende Reaktionen, und – im Falle fester Einstellungen und einer sich durchsetzenden abweichenden Geschlechtsrolle – um einen kleinen Prozentsatz der Jugendlichen. Zu alterstypischen Verhaltensweisen und Vorlieben wird auf S. 240f. Stellung genommen.

Die männlichen Jugendlichen passen sich ebenfalls an die gängige Geschlechtsrolle an. Sie ist durch beruflichen Erfolg und Aufstieg, durch Aggressivität, Dominanz (Durchsetzungsvermögen) und Unabhängigkeit gekennzeichnet. Gefühle muß der Mann beherrschen können, er darf nicht weinen und soll in seinen Beziehungen zum anderen Geschlecht auch gefühlsmäßig nicht abhängig werden.

In den USA gibt es zwei Leitbilder der Männlichkeit für den Jugendlichen (*Balswick* & *Peek*, 1971). Sie sind auch bei uns in abgewandelter Form bedeutsam. Das eine Leitbild wird als Cowboy-Typ bezeichnet. Es knüpft an die Cowboy-Romantik an. Der Cowboy liebte sein Pferd, und wenn er von einem Mädchen umgarnt wurde, kehrte er doch wieder zum Pferd zurück. Der jugendliche Nachfahre besitzt anstelle des Pferdes ein Motorrad oder ein Mofa. Auch er fährt mit seinen Kameraden den Mädchen, die ihn „angeln" wollen, davon. Der Playboy-Typ ist dagegen ein Weiberheld, der es fertig bringt, daß alle Mädchen ihm nachlaufen. Er vernascht sie, ohne sich binden zu wollen und engere Gefühlsbindungen einzugehen. Seine Männlichkeit wird an der Menge seiner Eroberungen gemessen, die er gemacht hat, ohne selbst eingefangen zu werden. Wenn er heiratet, ist er gewissermaßen erledigt.

Beide Bilder prägen auch bei uns die Anpassung an die männliche Geschlechtsrolle mit. Unabhängigkeit und Vermeidung allzu tiefer Gefühlsregungen werden vom Jugendlichen deutlich zur Schau gestellt. Das Problem ist, daß er fähig werden muß, intime soziale Beziehungen einzugehen (s. *Havighurst*, S. 182 f.) und sein Leben mit einem Geschlechtspartner lange Jahre gemeinsam zu verbringen.

Anpassung an die Geschlechtsrolle scheint bei Jugendlichen, die frühzeitig in den Arbeitsprozeß eintreten, rascher und kritikloser zu erfolgen als bei Jugendlichen mit längerer schulischer Ausbildung. Die Lehrlinge müssen sich notgedrungen auf das neue Leben einstellen und es kommt, wie Erhebungen zeigen, zu einer „naturhaften" (nicht weiter hinterfragten, als selbstverständlich und unabwendbar vollzogenen) Anpassung (*Heinen* u. a., 1972; *Daviter*, 1973). Die in der Hauptschule verbliebenen Mädchen interessieren sich bekanntlich frühzeitig und zentral für Kontakte mit männlichen Partnern und nehmen deutlich früher als Mädchen in weiterführenden Schulen Sexualverkehr auf (*Schmidt* & *Sigusch,* 1971). Diese rasche unreflektierte Anpassung ist sicherlich nicht wünschenswert, sie verbaut dem Jugendlichen viele Möglichkeiten seiner Lebensgestaltung im späteren Erwachsenenalter. Von daher ist es wünschenswert, daß alle Jugendlichen länger vom Arbeitsprozeß ferngehalten werden und Gelegenheit erhalten, sich im Bildungsprozeß gründlicher auf das spätere Leben vorzubereiten.

Die Anpassung an Geschlechtsrollenklischees, also an stereotype, traditionelle, einengende Verhaltensmuster für die Geschlechtsrolle wird durch die Massenmedien, vor allem durch das Fernsehen, nach Kräften gefördert. Der Jugendliche, der in der Bundesrepublik rund 8 Stunden wöchentlich vor dem Fernseher verbringt (*Stückrath* & *Schottmayer,* 1967), erfährt in den meisten Sendungen die Darstellung eines Bildes der Geschlechtsrolle, das vorhandene Vorstellungen und allgemein übliche Rollenerwartungen eher noch verstärkt. Der Mann ist in Unterhaltungssendungen verschiedenster Art tüchtig, stark, eher aggressiv, vorwiegend als Träger eines Berufes bestimmt. Die Frau ist nachgiebig, zärtlichkeitsbedürftig, sozial geschickt (intrigiert, bezirzt, lockt) und mehr durch sexuelle Merkmale als durch Berufsmerkmale gekennzeichnet.

A Prüfen Sie, ob Ihre eigene Geschlechtsrollenanpassung sich an ähnlichen Standards, wie oben beschrieben, orientiert! Forschen Sie nach den Wurzeln Ihres Verständnisses der Geschlechtsrolle! Was haben Sie Ihrer Erinnerung nach von den Eltern oder von Vorbildern übernommen, was sind (zumindest Ihrem Wissen nach) Ihre ureigensten Ideen?

b) Berufs- und Arbeitsrolle

Die Übernahme einer Berufsrolle steht wiederum nur für einen Teil der Jugendlichen um fünfzehn, sechzehn Jahren herum im Vordergrund. Am wichtigsten ist die Frage der beruflichen Ausbildung für Kinder von Angestellten und Facharbeitern, während sie weniger bedeutsam bei Kindern von Selbständigen, Beamten und Akademikern ist. Kinder von Hilfsarbeitern interessieren sich so gut wie nicht für berufliche Fragen (*Berg,* 1969). Diese Unterschiede hängen zum einen mit dem unterschiedlichen Elternhaus und den dortigen Anregungsbedingungen zusammen, zum anderen sind sie durch die schulische Ausbildung bedingt. Wer früher ins Berufsleben eintritt (Kinder von Angestellten und Arbeitern), beschäftigt sich früher mit seiner Berufsrolle als derjenige, der noch eine längere schulische Ausbildung vor sich hat. Am meisten in ihrer Entwicklung benachteiligt sind die Kinder von Hilfsarbeitern. In der Befragung von *Berg* (1969) haben sie mehr und größere Probleme als alle übrigen Gruppen und befassen sich dennoch nicht mit ihrer unmittelbaren Zukunft im Beruf. Anpassung erfolgt nur an den Augenblick, nicht an längerfristig gesetzte Ziele und vorhandene Rollen.

Wie sind Jugendliche, die als Lehrlinge ins Berufsleben treten, auf die Berufsrolle vorbereitet? Ohne Zweifel sehr unzureichend. Sie besitzen völlig unzureichende Kenntnisse über die Berufssituation, wie eine Lehrlingsbefragung von *Heinen* u. a. (1972) zeigt. Nach einer Befragung von *Daviter* (1973) kennen nur 63% der Lehrlinge das Berufsbild, in dem sie selbst ausgebildet werden! Nach einer Untersuchung von Seidenspinner* fanden 51% der Lehrlinge bei

Gruppengesprächen ihre berufliche Ausbildung schlecht und 80% fühlten sich zumindest hin und wieder ausgenützt. Nach Ergebnissen der bereits zitierten Untersuchung von *Heinen* u. a. (1972) waren hingegen 69% der Befragten mit ihrer beruflichen Ausbildung als Lehrlinge zufrieden. 20% der gleichen Lehrlinge arbeiten jedoch bis zu einem Drittel mehr als die gesetzlich zulässige Höchstzeit. In einer anderen Studie liegt der Anteil sogar über 40%. Anfallende Neben- und Hilfsarbeiten im Betrieb sind zum großen Teil Aufgabe der Lehrlinge. Die Lehrlinge sind über ihre Rechte sehr wenig informiert, vor allem wissen sie nicht, wie sie sich zu ihrem Recht auf Ausbildung, auf adäquate Beschäftigung und Höchstarbeitszeit verhelfen können, ohne mit dem Vorgesetzten in Schwierigkeiten zu geraten. Möglichkeiten der Ratsuche über den Betriebsrat oder den Jugendvertreter im Betrieb bzw. in der Handwerkskammer werden kaum genutzt (*Heinen* u. a., 1972).

Als Gesamteindruck für die früh ins Berufsleben tretenden Jugendlichen ergibt sich eine auffällige Benachteiligung. Sie müssen sich möglichst rasch und mit ganzer Person dem Berufsleben anpassen. Die Benachteiligung dieser Jugendlichen reicht bis in die Darstellung ihrer psychischen Entwicklung. Es gibt kaum Bücher, in denen diese Gruppe der Jugendlichen angemessen berücksichtigt wird und eine zutreffende Beschreibung ihrer eigentlichen Probleme erfährt.

Demgegenüber scheint der Jugendliche, der sich in weiterführenden Schulen befindet, im Vorteil zu sein.

---

* Zitiert nach *Hornstein* u. a. (1975)

Je stärker allerdings der schulische Leistungsdruck ihn dazu zwingt, für bestimmte Fächer bestimmte Noten zu erwerben, desto mehr muß er sich in eine Arbeitssituation und Arbeitsrolle hineinfinden, die der des Berufstätigen am Arbeitsplatz ähnelt. Er muß nämlich, genau wie der Berufstätige auch, bestimmte von außen gesetzte Aufgaben innerhalb einer bestimmten Zeit erledigen. Anstelle von Geld erhält er eine Note, also einen Zahlenwert. Im Gegensatz zum Lehrling oder Arbeiter, die in jedem Falle ihr Geld in gleicher Höhe erhalten, bekommt der Schüler (bzw. Student) für die geleistete Anstrengung jedoch nicht ohne weiteres den gleichen „Lohn". Es kann ihm vielmehr zustoßen, daß er trotz intensiver Bemühung starken Tadel in Form einer schlechten Note erfährt und somit für seine Arbeit bestraft wird. Wie man die Dinge auch drehen und wenden mag, es bleibt dem Jugendlichen in dieser Situation nichts anderes übrig, als sich an die ihm auferlegte Arbeitsrolle anzupassen. Insofern wird nun verständlich, warum heute in so vielen Ländern schulische Probleme an erster Stelle im Problemkatalog des Jugendlichen stehen. Es wird auch einsichtig, wie gewaltig für den Jugendlichen die abgeforderte Anpassungsleistung ist. Während man sich gerade für diese Entwicklungsepoche viel Freiraum für Selbstentfaltung und Selbstverwirklichung wünscht (*Erikson,* 1968a; *Havighurst,* 1972 und viele andere), sieht es immer mehr so aus, als bestünde die Aufgabe des Jugendlichen in Zukunft fast nur noch in der Anpassung an gegebene Arbeitsbedingungen.

A Halten Sie das Schulproblem als zentrales Problem des Jugendlichen für unumgänglich? Welches Problem sollte nach den Vorstellungen von Entwicklungspsychologen (z. B. *Havighurst* und *Erikson*) im Jugendalter die Jugendlichen hauptsächlich beschäftigen?
Begründen Sie Ihre Meinung!

c) Unklar bestimmte Rollen

Die Anpassung des Jugendlichen an soziale Rollen ist durch eine zusätzliche Besonderheit gekennzeichnet. Seine Rolle als Jugendlicher selbst ist unklar definiert. Auf S. 182 stellten wir bereits fest, daß der Jugendliche zwischen Kindheit und Erwachsenenalter eine recht unklare Position einnimmt. Seine Position ist aus zwei Gründen ungenau:

(1) Die Erwachsenen haben die Rolle des Jugendlichen nicht fest umrissen, sie wissen selbst nicht so recht, wie ein „richtiger" Jugendlicher sein soll, welche Rechte und Aufgaben man ihm zuweisen und welchen Spielraum an Freiheitsgraden er erhalten soll.

(2) Der Jugendliche muß während des langen Entwicklungsabschnittes nicht nur einmal, sondern immer wieder neu seine Position im sozialen Umfeld finden und seine Rolle verstehen lernen. Wechselt er etwa im Alter von fünfzehn auf sechzehn Jahren ins Berufsleben über, so ergibt sich für ihn eine neue Position mit neuen Aufgaben. Was ein Jahr zuvor noch an Rechten unerreichbar schien, wird ihm nun zugebilligt, was er kurz zuvor noch unter Konflikten erkämpft hat, bereitet nun plötzlich keine Schwierigkeiten. Allein die Veränderung der äußeren körperlichen Erschei-

Sehr deutlich sichtbar wird diese Grenzstellung in Untersuchungen von *Bamber* (1973). Er befragte Jugendliche im Alter von 14 bis 15 Jahren und Erwachsene im Durchschnittsalter von 23 Jahren, wie sie ihren bisherigen Lebenslauf wahrnahmen. Dabei zeigte sich, daß beide Altersgruppen deutlich drei Stufen unterschieden:

Kindheit, Jugend und Erwachsenenalter. Während aber die 14- und 15jährigen zwischen Jugend und Erwachsenenalter keinen großen Unterschied mehr sahen, sich aber deutlich von dem Kindesalter abhoben, nahmen die Erwachsenen Kindheit und Jugend als ineinander übergehend wahr und setzten sich selbst gegenüber diesen beiden Etappen deutlich ab (Abb. 16).

Abb. 16: Wie Jugendliche und Erwachsene das Jugendalter sehen (Bamber, 1973)

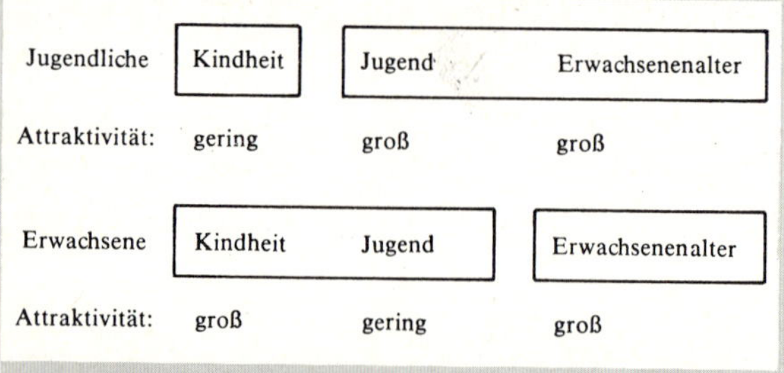

Jugendliche	Kindheit	Jugend	Erwachsenenalter
Attraktivität:	gering	groß	groß
Erwachsene	Kindheit	Jugend	Erwachsenenalter
Attraktivität:	groß	gering	groß

Auch die Attraktivität der drei Lebensabschnitte wird verschieden wahrgenommen. Die Jugendlichen finden die Kindheit weniger attraktiv und bevorzugen das Jugend- und das Erwachsenenalter. Die Erwachsenen werten Kindheit und Erwachsenenalter als attraktiv, während sie das Jugendalter weniger hoch einstufen. Ein Befund, der zum Nachdenken veranlaßt, stammt von *Ursula Lehr* (1964). Sie befragte Personen zwischen 21 und 80 Jahren nach der glücklichsten und am wenigsten erfreulichen Zeit ihres Lebens. Dabei wurde das zweite Lebensjahrzehnt häufig als besonders unerfreuliche Zeit bezeichnet.

nung bedingt häufig die Gewährung größerer Erwachsenen-Rechte, aber auch die Erwartung von seiten der Umwelt, der Jugendliche solle sich nun „erwachsener" verhalten.

Die Unsicherheit, mit der die Rolle des Jugendlichen behaftet ist, macht ihn zur „Marginalperson" (*Lewin*, 1963), fügt ihn in eine Grenzgruppe, die am Rande zwischen Erwachsenengruppe und Kindergruppe steht, ein.

Übernahme gesellschaftlicher Normen

Die Jugend wird gern als rebellisch, revolutionär bezeichnet, und man bescheinigt ihr Mißachtung der geltenden Werte. Untersuchungen zeigen aber, daß der Jugendliche sich in weiten Bereichen seines Lebensraumes an die geltenden Normen anpaßt. Die Übernahme zentraler Normen unserer Kultur erfolgt dann meist allmählich und zeigt einen stetigen Verlauf. Abb. 17 stellt als Beispiel den Verlauf der Einstellung von 11- bis 17jährigen Mädchen zu einer Reihe von

Abb. 17: Übernahme von Werten bei 11- bis 17jährigen Mädchen (Thompson, 1949)

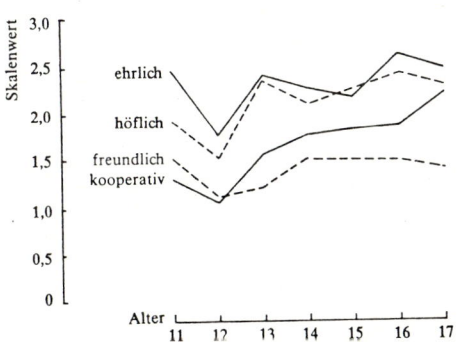

Werten dar. Die Wertpunkte sind auf der Ordinate abgetragen, das Alter auf der Abszisse. Wie man sieht, gibt es Schwankungen in einzelnen Jahrgängen (z. B. für Ehrlichkeit bei Zwölfjährigen), insgesamt aber kann man eher von einem kontinuierlichen Verlauf der Wertübernahme sprechen. Auffällig ist die zunehmende Bedeutung von Kooperation und Hilfsbereitschaft.

Am Beispiel des Lügens stoßen wir auf ein allgemeines Anpassungsproblem bei der Übernahme von Normen. Die Kinder erfahren nämlich Wertgeltungen gewöhnlich als absolut verbindlich und als einfache Wahrheiten. Später jedoch müssen sie feststellen, daß sich soziale Normen zum Teil widersprechen (Wettbewerb versus Kooperation, Anpassung versus Durchsetzung) und daß Normen in manchen Situationen gelten, in anderen aber nicht (Wahrheitsnorm bei Abmachungen versus Wahrheitsnorm bei Austausch von Höflichkeiten). In einer eigenen Untersuchung ermittelte der Autor Wertgeltungen bei 11- bis 15jährigen Volks- und Berufsschülern (*Oerter*, 1966). Dabei zeigten die Elfjährigen Werthaltungen, wie sie von Elternhaus und Schule für Kinder als grundlegend vermittelt werden. Religiöse und soziale Werte standen an erster Stelle, später folgten Werte des Erkennens und Wissens sowie ökonomische Werte. Die Fünfzehnjährigen dagegen schienen sich an die im Alltagsleben tatsächlich geltenden Normen angepaßt zu haben. Hoch eingestuft wurden Wissens- und Erkenntniswerte, Werte der Hygiene und der äußeren Erscheinung sowie des sozialen Prestiges. Weiterhin ergaben sich Hinweise, daß die Jugendlichen mit zunehmendem Alter die Wertgeltungen für verschiedene

Untersuchungsbeispiel

In Abb. 18 ist die Anpassung an die gesellschaftliche Norm am Beispiel, der Einstellung zur Lüge veranschaulicht. Kinder und Jugendliche verschiedener Altersstufen wurden gefragt, unter welchen Umständen das Lügen gerechtfertigt sei (*Tudor-Hart*, 1926).

Die meisten Zehnjährigen hielten Lügen für unnötig, gaben aber dafür „praktische" Gründe an, wie zum Beispiel, daß Lügen nur eine Zeitlang gutgehe und daß am Ende doch alles herauskäme. Diese Art von Begründung ging mit wachsendem Alter zurück. Hingegen räumten die Jugendlichen mit zunehmendem Alter ein, daß es Situationen gäbe, wo man lügen müsse. Solche von den Jugendlichen geschilderten Situationen bezogen sich auf soziale Kontakte, in denen es unhöflich, ungeschickt und taktlos wäre, dem anderen ungeschminkt die Wahrheit zu sagen („soziale" Lügen). Ein kleinerer Prozentsatz vertrat allerdings in allen Altersstufen die Meinung, daß Lügen aus moralischen Gründen unter keinen Umständen zu rechtfertigen sei.

Abb. 18: Antworten von Jugendlichen auf die Frage, in welchen Fällen das Lügen zu rechtfertigen sei (Tudor-Hart, 1926).

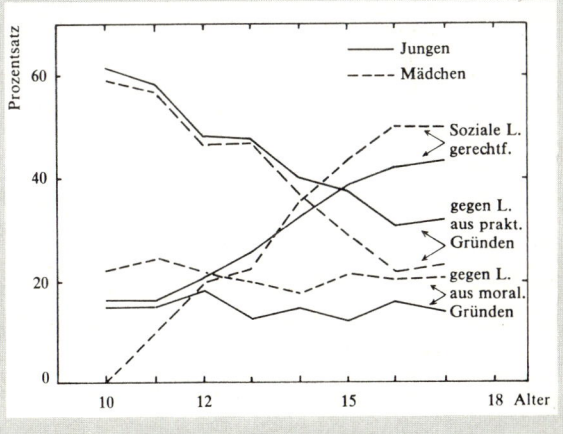

Lebensbereiche relativierten. Was für die Freizeit gut und richtig ist, gilt nicht für den Lebensbereich der Arbeit und umgekehrt. Auch darin zeigt sich somit eine Anpassung an die heutige Erwachsenenwelt.

Daß die Jugendlichen in zentralen Wertfragen recht konservativ sind, belegen Urteile über soziale Probleme und über die Werthaltungen der eigenen Eltern. *Harris* (1971) folgert aufgrund ihrer ausgedehnten Umfragen an Jugendlichen, daß diese recht gemäßigte, ja sogar konservative Meinungen äußerten und bei einer großen Zahl von Fragen der gleichen Meinung seien wie ihre Eltern.

In Tab. 8 sind Urteile von College-Studenten über Werthaltungen und Erziehungsverhalten ihrer Eltern zusammengestellt. Sie zeigen deutlich, daß Jugendliche gewillt sind, die Tradition der Eltern fortzusetzen.

Tab. 8: Die Eltern im Urteil der Jugend (Harris, 1971)

Fragen			Prozentanteil der befragten College-Studenten
Sind Sie	zu streng		10
	zu nachsichtig		8
	gerade richtig		81
erzogen worden?			
Stimmen Sie mit den Werten und Idealen Ihrer Eltern überein?		Ja	73
Haben Ihre Eltern nach ihren Idealen gelebt?		Ja	80
Billigen Ihre Eltern Ihre eigenen Werte und Ideale?		Ja	64
Billigen sie die Art und Weise, wie die junge Generation solche Ideale ausdrückt?		Nein	55

A   Beantworten Sie die obigen Fragen ebenfalls! Vergleichen Sie sich mit den amerikanischen College-
Studenten!

Abschließend seien einige Befunde von *Jaide* (1970)
über die politischen Meinungen und Werthaltungen
der Jugendlichen mitgeteilt. Der Autor befragte 1500
fünfzehn- bis neunzehnjährige Jugendliche in Nord-
west- und Südwestdeutschland. Die Befragung fand
im Jahre 1968 statt. Der Autor beobachtete eine Mei-
nungspolarisierung in konservative und progressive
Tendenzen bei den Jugendlichen. Zu den avantgardi-
stischen Jugendlichen gehörten vorwiegend solche mit
höherer Bildung, während die berufstätige Jugend
weithin „angepaßt" und politisch wenig interessiert
war. Jugendliche mit immobil-konservativer Meinung
waren nach Befunden von *Jaide* gekennzeichnet

(1) durch einen Mangel an historisch-politischem
    Wissen,
(2) durch eine Persönlichkeitseigenschaft, die man als
    „Konservativismus" bezeichnet und
(3) durch Mangel an Intelligenz.

Die Dimension „immobil-konservativ" darf aber
nicht mit der Bevorzugung einer politischen Partei
gleichgesetzt werden. Ähnliches gilt für die in den
Untersuchungen gefundene Dimension „progressiv".
Die Mehrzahl der Jugendlichen fühlte sich jedoch der
demokratischen Gesellschaftsordnung so stark verpflichtet, daß rund 72% „auf die Barrikaden gehen
würden, wenn Nazis oder Kommunisten versuchen
sollten, die demokratische Staatsform zu stürzen"
(*Jaide*, 1970, S. 78). 40 bis 60% der Jugendlichen su-

chen für das deutsche Volk nach „Entschuldigungen"
für die Verbrechen des Nationalsozialismus. *Jaide*
stellt außerdem fest, daß eine große Gruppe Jugendlicher aus Mangel an Wissen und Engagement nicht in
der Lage sein wird, politisch einsichtig zu handeln
(*Jaide* behauptet, „daß eine große subnormal vorge-
bildete Gruppe von Staatsbürgern nur partiell politisch rationalisierbar bleiben wird" (S. 62).

Bezogen auf unsere Überlegungen zur Anpassung an
Normen würden die Ergebnisse von *Jaide* besagen,
daß die Mehrzahl der Jugendlichen eine Anpassung an
politische Meinungen und Überzeugungen vollzieht,
die zuwenig aktive geistige Verarbeitung und zuwenig
konkretes Wissen beinhaltet.

Mißglückte Anpassung: Abweichendes Verhalten
a) Devianz

In allen hochzivilisierten Ländern der westlichen Welt
ist die Jugendkriminalität zu einem großen gesellschaftlichen Problem geworden. Weiterhin hat in den
vergangenen Jahren der wachsende Rauschgift- und
Drogenkonsum der Jugendlichen die Öffentlichkeit
beschäftigt. Schließlich gibt auch die Selbstmordrate
der Jugendlichen zu denken. Man kann solche Formen abweichenden Verhaltens (deviant behavior) als
mißglückte, fehlgeschlagene Anpassung an Normen
und Lebensformen der Umgebung auffassen. Dem Jugendlichen glückt es vorübergehend oder auf Dauer
nicht, sich in die Lebensumstände einzufügen, die er
antrifft und die er von sich aus nicht verändern kann.

Mit *Lemert* (1967) kann man zwischen primärer und
sekundärer *Devianz (Abweichung)* unterscheiden.
Die *primäre* Devianz meint Auffälligkeiten und Unre-

gelmäßigkeiten, die im Alltag, z. B. in der Familie und in der Schule, auftauchen und dort auch bewältigt werden. *Sekundäre* Devianz tritt dann ein, wenn solche Abweichungen öffentlich aufgegriffen oder ausgewählt und als anormales Verhalten eingestuft werden. Solche Einstufungen können sein: krank, schwer erziehbar, verwahrlost und vor allem: kriminell. Abweichendes Verhalten ist also nicht von Natur aus „krank" oder „kriminell", sondern muß erst als solches von der Gesellschaft definiert werden.

Solange der Jugendliche nicht bestimmten Instanzen auffällt, wird sein Verhalten auch nicht offiziell als abweichend eingestuft. Es zeigt sich nun, daß für diese „offizielle" Bestimmung das Jugendamt die wichtigste Funktion innehat. In dem Augenblick, wo es aktiv wird und sich mit Kindern oder Jugendlichen befaßt, wird deren Verhalten als abweichend und auffällig „amtlich" registriert. Sie werden gewissermaßen „stigmatisiert" oder „gebrandmarkt" (*Thiersch*, 1975), ähnlich wie Verbrecher früher durch Brandmarkung als abweichende Personen fürs ganze Leben gekennzeichnet wurden. Untersuchungen von *Meier* und *Haferkamp* (1972) aus dem Jahre 1966 zeigen, daß das Jugendamt hauptsächlich durch das Gericht und die Polizei über die Devianz von Jugendlichen unterrichtet wird. Das Jugendamt handelt in 72% aller Fälle aufgrund von Informationen der Polizei und des Gerichts. Ausschlaggebend ist somit für Jugend-„Hilfe" ein bereits vorausgegangener Konflikt mit dem Gesetz, eine oder mehrere Übertretungen der als Gesetz oder Bestimmung fixierten Normen. Damit reagiert Jugendhilfe nicht direkt auf die Notlage des Jugendlichen, sondern erst, wenn die Gesellschaft sich angegriffen fühlt und sich verteidigen muß (*Moser*, 1970).

Auch andere Autoren bestätigen, daß das Hauptmotiv für Jugendhilfe Anpassung des Jugendlichen und Strafe für unangepaßtes Verhalten ist. Die Durchsicht und Analyse von Akten des Jugendamtes über verwahrloste Jugendliche brachte *Steinvorth* (1973) zur Schlußfolgerung, daß 80% der dort getroffenen Aussagen vom Motiv nach Strafe diktiert seien. Damit wird deutlich, daß der Jugendliche ganz anders als das Kind mit Anpassungsproblemen konfrontiert wird. Seine Abweichung (Devianz) von den sozialen Normen wird nun nicht mehr geduldet oder übersehen, wie eventuell beim Kind, sondern sie wird für den Jugendlichen selbst, wie für die Gesellschaft, zu einem wichtigen Problem. Da nun aber der Jugendliche einerseits seinen eigenen Weg finden will, andererseits bestimmte Anpassungsleistungen nicht vollbringen kann, gerät er in Gefahr, zum gesellschaftlichen Außenseiter zu werden. Er wird gewissermaßen auf ein Gleis geschoben, das nicht mehr auf die Hauptstrecke eines „normalen" Lebens zurückführt.

b) Daten aus der Kriminalstatistik

Als Hauptarten für abweichendes (auffälliges) Verhalten werden von *Specht* (1967) genannt: Diebstahl, Fortlaufen von zu Hause, Arbeitsbummelei und Schulschwänzen. Weitere gegenwärtig bedeutsame Arten von abweichendem Verhalten sind Rauschgift- bzw. Drogenkonsum und Alkoholismus.

Im folgenden seien noch einige Fakten zur Jugendkriminalität aufgeführt. Im Jahr 1972 überstieg die Zahl der Delikte in der Bundesrepublik erstmals die Häufigkeitsziffer von 4000. Das ist die Zahl der Straftäter auf 100 000 strafmündige Einwohner. Strafmündig sind im juristischen Sinne auch schon Jugendliche. Der Anteil der Jugendlichen und jungen Erwachsenen unter 21 Jahren ist erschreckend groß. Etwa ein Drittel der festgenommenen Täter waren Jugendliche unter 21. Kinder unter 14 Jahren stellten 6,9%, 14- bis 18jährige 14,5% und 18- bis 21jährige 13% der Gesamtzahl von Tätern. Diese Zahlen richten sich nach der augenblicklichen Gesetzgebung (*Becker*, 1975).

Bei Raub, räuberischer Erpressung und Autostraßenraub beträgt der Anteil der Jugendlichen unter 21 Jahren 64,3%. Bei Diebstahl unter erschwerenden Umständen liegt der Anteil der Jugendlichen ebenfalls sehr hoch: 60,3% entfallen auf Täter unter 21 Jahren. Die Gewaltkriminalität im Sinne auffälliger und strafbarer Aggressionen ist bei den Jugendlichen ständig im Wachsen begriffen (*Brunner*, 1975).

c) Kriminalität in Gruppen

Besonders hervorzuheben ist, daß Jugendkriminalität eng an Gruppen Jugendlicher gebunden ist und nicht so sehr ein Verhalten einzelner darstellt. 80 bis 90% der untersuchten Fälle rekrutieren sich aus Tätern, die in Gruppen und mit Gruppen zusammen ihre Delikte begingen! (*Shaw* & *McKay*, 1969; *Beulke*, 1974). Delinquente Gruppen sind

(1) Spontangruppen, die sich in Lokalen oder auf der Straße zusammenfinden und ad hoc ohne erkennbares Motiv eine kriminelle Handlung begehen
(2) halborganisierte Gruppen mit einer bestimmten Funktionsverteilung (Rollen des Führers, Experten und Gefolgsmannes vorhanden)

(3) organisierte Gruppen mit fester Struktur und Rollenverteilung (*Brunner*, 1975).

Über Jugendkriminalität und deviantes Verhalten überhaupt entwickelt sich allmählich eine übereinstimmende Sicht bei Kriminologen, Psychologen, Soziologen und Ärzten. Jugendkriminalität und Devianz werden weniger als Schuldphänomen und persönliches Vergehen angesehen, sondern als Ergebnis eines langen Sozialisierungsprozesses, der aufgrund bestimmter Bedingungen fehlgeschlagen ist oder fehlgeleitet wurde. Der Hauptanteil der Ursachen liegt nach heutiger Sichtweise in der Familie selbst, die infolge Zerrüttung, schwieriger äußerer Umstände oder allgemeiner sozialer Benachteiligung deviante Kinder und Jugendliche erzeugt.

Eine durchgängig ungünstige Bedingung, die bei einer großen Zahl von devianten Jugendlichen vorliegt, bildet die sozio-ökonomische Benachteiligung. Darunter versteht man materielle und ideelle Mangelerscheinungen in Familien mit niedrigem Sozialstatus und Einkommen. Diese Benachteiligung resultiert

a) aus der Vernachlässigung der eigenen Kinder infolge Arbeitsbelastung, b) aus dem Unvermögen, den eigenen Kindern zu helfen und sie angemessen zu sozialisieren und c) aus den oft sehr ungünstigen Wohnbedingungen (Randsiedlungen, Slums).

d) Drogenmißbrauch

Der Drogenkonsum bei Jugendlichen ist zum ernsten Problem geworden. Am gravierendsten hat sich in den 70er Jahren die wachsende Abhängigkeit von Heroin ausgewirkt. Vorsichtig geschätzt* leben derzeit in der

---

* Die folgenden Zahlen sind von Huncke (1980) übernommen.

Bundesrepublik mindestens 60 000 Opiatabhängige („Fixer"). Davon entfallen ca. 7000 auf Berlin, 6500 auf Baden-Württemberg, 4000–5000 auf den Raum München und ca. 2400 auf Hamburg.

Heroinabhängige verlieren die Bindung an die Eltern, geben die Berufslaufbahn auf und verarmen gänzlich in ihren gesamten Umweltbeziehungen. Man muß davon ausgehen, daß ein beträchtlicher Anteil der Süchtigen unter 18 Jahren ist. Im Berliner Drogenprojekt (Eyfert, Kindermann, Silbereisen) schätzte man ca. 40% der Drogenabhängigen jünger als 18 Jahre.

Der Konsum von schwächeren („weichen") Drogen (Haschisch, Alkohol) liegt beträchtlich höher. Eine Umfrage von Infratest für das Land Baden-Württemberg (zit. nach Huncke 1980) zeigt, wie hoch die Anzahl der Jugendlichen mit Drogenerfahrung angesetzt werden muß. 44% der Jugendlichen im Alter von 12–24 gab an, wegen des Rauscherlebnisses Drogen konsumiert zu haben. 33% nannten die größere Intensität von Musik und Farben als Motiv und 23% wollten einfach besser „abschalten". Weitere Gründe, die häufig genannt werden, sind die Orientierung an Freunden, die Rauschmittel nehmen (44%) und Neugierde (69%).

Tab. 9 zeigt das Anwachsen der Zahlen von Drogenkranken und Alkoholkranken in Bayern. Nach Umfragen des Instituts Infratest konsumieren 24% der 13jährigen, 42% der 14jährigen und 50% der 16jährigen regelmäßig Bier und Wein (zit. nach Kleemann 1980). Es ist schwer, die Gründe für die Abhängigkeit von Drogen und Alkohol ausfindig zu machen. Zunächst lernen Jugendliche wie Erwachsene auch Abhängigkeitsverhalten durch das allgemeine Konsumangebot und die herrschende Konsumnorm. Die harte DM-Währung begünstigt den Handel mit Rauschgift. Drogenabhängige Jugendliche leiden an „sozialen Erkrankungen". Die von ihnen erfahrene Entfremdung ist in den meisten Fällen mit Störungen der Beziehungen zu den Eltern gekoppelt (gestörte und unvollständige Familien). Dies verschärft das Problem der Daseinsorientierung und Sinnfindung, das im Jugendalter für viel stärker und intensiver als jemals früher oder später erfahren wird.

Tab. 9: Anstieg der Drogen- und Alkoholkranken in öffentlichen und privaten psychiatrischen Kliniken Bayerns (Kleemann 1980)

In 30 öffentlichen und privaten psychiatrischen Kliniken Bayerns stationär behandelte

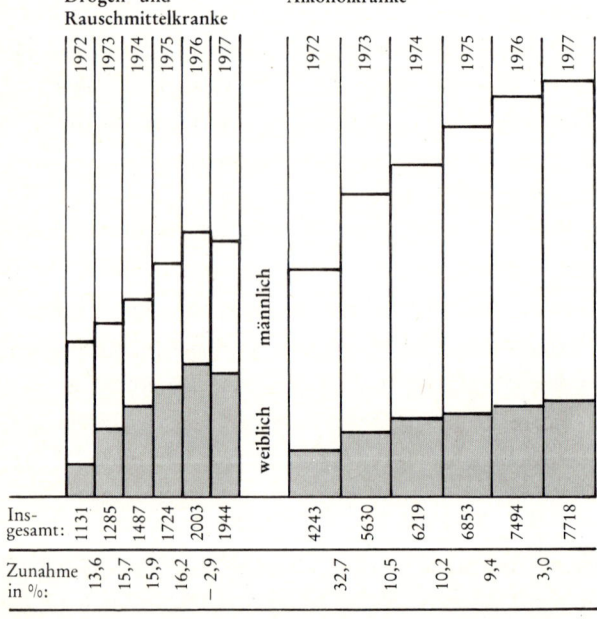

	Drogen- und Rauschmittelkranke						Alkoholkranke					
	1972	1973	1974	1975	1976	1977	1972	1973	1974	1975	1976	1977
Insgesamt:	1131	1285	1487	1724	2003	1944	4243	5630	6219	6853	7494	7718
Zunahme in %:		13,6	15,7	15,9	16,2	− 2,9		32,7	10,5	10,2	9,4	3,0

Der Weg in die Drogenabhängigkeit führt fast regelmäßig über Bezugspersonen, die entweder neu auftauchen und attraktiv sind oder die einzigen Partner sind, die sich des Jugendlichen annehmen. Die Orientierung an der Peergruppe (Clique) ist zwar eine wichtige Möglichkeit, die eigene Entwicklung voranzutreiben, sie ist aber auch ein eminentes Gefahrenmoment, wenn die Gruppe den einzelnen zu Drogenmißbrauch oder zu Kriminalität verführt.

Zusammenfassung

Der Vorgang der Anpassung als Komponente der Sozialisation wurde als Übernahme neuer Rollen und damit zugleich als Übernahme gesellschaftlicher Normen beschrieben.

Bei der Übernahme der Geschlechtsrolle sind gängige Rollenklischees stark beteiligt, die bei Mädchen oft sehr konservativer Art sind, bei Jungen Züge des Draufgängertums und der Unabhängigkeit tragen.

Für frühzeitig ins Berufsleben eintretende Jugendliche ist der Versuch einer möglichst raschen Anpassung an die Berufsrolle kennzeichnend.

Die Jugendrolle selbst wird vom Jugendlichen nahe an die Erwachsenenrolle gerückt, während der Erwachsene sie weg von seiner Rolle zur Kindheit plaziert.

Insgesamt übernimmt der Jugendliche kontinuierlich und viel stärker, als es oft den Anschein hat, die gesellschaftlichen Normen seiner Umgebung.

Mißglückte Anpassung wird als Devianz (abweichendes Verhalten) bezeichnet. Die in allen Industrieländern gegebene hohe Jugendkriminalität hat als besonderes Kennzeichen, daß Delikte häufig in Gruppen, seltener von Einzelgängern verübt werden. Eine moderne Form der Devianz ist der Drogenmißbrauch, der vermutlich seine tieferen Ursachen darin hat, daß der Jugendliche dem Leben keinen Sinn abgewinnen kann.

Selbstdurchsetzung im Jugendalter

Als eigentliche Thematik des Jugendalters wird von vielen Psychologen die Selbstverwirklichung und Selbstfindung angesehen (*Maslow*, 1954; *Erikson*, 1968; *Rogers*, 1964; *Bühler*, 1967). Erst wenn der Jugendliche seine Persönlichkeit einigermaßen gefestigt und zu seiner persönlichen Eigenart gefunden hat, fühlt er sich fähig, ins Erwachsenenleben einzutreten. Alle Krisen und Unruhen, alles Rebellieren gegen überkommene Wertgeltungen und gegenüber etablierten Mächten hängt neben anderen möglichen Ursachen immer mit den Schwierigkeiten der eigenen Identität (des eigenen Selbstbildes) zusammen. Um zu sich oder zu seiner Eigenart zu finden, muß sich der Jugendliche freimachen können vom Druck augenblicklicher Einflüsse und Vorschriften. Viele Jugendliche sind aufgrund ihrer fortgeschrittenen kognitiven Entwicklung imstande, diese Befreiung als geistigen Akt, also durch das Denken zu leisten. Andere Jugendliche haben diese Möglichkeit schon deshalb nicht, weil man ihnen keine Zeit zum Denken läßt.

Selbstbild (Selbstkonzept)

a) Ideale
Ein auffälliger Zug bei vielen Jugendlichen ist die Suche und Wahl eines Vorbildes. Von „Vorbild" spricht man, wenn sich jemand eine konkrete Person als Verhaltensbild oder -modell wählt. Das „Leitbild" orientiert sich an Verhaltenszielen und Eigenschaften, die nicht an bestimmte Personen gebunden sind. „Beide umschreiben bestimmte Entwürfe eigenen Verhaltens in die Zukunft hinein"

(*Thomae*, 1965). Im folgenden werden im Anschluß an den üblichen Sprachgebrauch Leit- und Vorbild auch als Ideal bezeichnet. In jedem Falle handelt es sich um Konstruktionen von Persönlichkeitseigenschaften und Verhaltensmerkmalen, die der Jugendliche für wertvoll hält und selbst verwirklichen will. Der Vorgang der Idealbildung ist also komplizierter, als man zunächst meinen möchte. Das Vorbild oder Ideal ist ja nicht unbedingt „wirklich" so, wie es der Jugendliche sieht*. Vielmehr weist der Jugendliche (bzw. der Vorbildsuchende überhaupt) einer bestimmten Person oder einer gedachten Persönlichkeit Verhaltensmerkmale zu. Diese Zuweisung wird in der Fachsprache als Attribuierung bezeichnet. Attribuierungen gibt es in fast allen Bereichen des Erlebens und Handelns. Nach erfolgter Zuweisung und der daraus resultierenden Konstruktion einer fremden Persönlichkeit vermag der Vorbildsuchende die Verwirklichung dieser Persönlichkeit anzustreben, indem er sich mit ihr identifiziert (s. S. 116), also diese Persönlichkeit werden möchte.

Die umfangreichste Untersuchung über die Ideale Jugendlicher wurde von *Lutte, Mönks* und *Sarti* (1969) mitgeteilt. Sie befragten von 1963 bis 1965 insgesamt 32 000 Jugendliche aus sieben europäischen Ländern im Alter von 10 bis 17 Jahren. In Tab. 10 sind die Vorbilder bzw. Leitbilder für die einzelnen Länder nach Prozentanteilen der Wahl je Kategorie aufgeschlüsselt. Für die deutschen Jugendlichen fallen besonders zwei Ergebnisse ins Auge: (1) Sie wählen häufiger als Jugendliche anderer Länder die eigenen Eltern zum Vorbild, (2) ihr Ideal ist häufiger als bei Jugendlichen anderer Länder eine berühmte Persönlichkeit.

Die relativ häufige Wahl der Eltern als Vorbilder in Deutschland läßt sich nicht ohne weiteres als größere Bindung an das Elternhaus oder als größeren autoritären Einfluß der Eltern interpretieren, doch läßt sich folgern, daß die Familie in der Entwicklung des Jugendlichen bei uns eine etwas andere Funktion ausübt als in den meisten anderen untersuchten Ländern.

Im allgemeinen ist zu erwarten, daß sich die Jugendlichen allmählich von den Eltern loslösen und neue Orientierungspunkte suchen (*Ausubel*, 1971). Dies müßte sich in einer Abnahme der Wahl der Eltern als Vorbild zeigen und in einer Zunahme der Wahl anderer Vorbilder. Tab. 11 zeigt, daß die Wahl der Eltern als Vorbild in allen untersuchten Ländern seltener wird, während sie bei den Mädchen nach einem Tiefpunkt mit 15 Jahren wieder ansteigt. Das erklärt sich aus der stärkeren Gebundenheit und Zentriertheit des Mädchens im Elternhaus. Vermutlich erfolgt nach einem vorüberge-

---

* Hier handelt es sich um Leitbilder, die nicht mit einer konkreten Persönlichkeit verbunden wurden.

henden Loslösungsprozeß eine erneute Orientierung an den familiären Werten , denn nur so erwirbt das Mädchen gemeinhin die Rolle, in der es als Partner auf Dauer begehrenswert erscheint.

Tab. 10: Prozentuale Häufigkeit von Wahlen verschiedener Ideale in sieben europäischen Ländern (Lutte u. a., 1969, S. 23)

Idealbild				Land				M
	B	D	F	I	N	P	S	total
Nahideale								
Vater oder Mutter	5,7	10,6	3,1	5,6	3,7	9,0	3,4	5,7
Verwandte	4,6	5,5	4,7	5,7	5,9	6,5	3,0	5,1
Erzieher	6,0	6,5	3,1	4,8	2,1	3,2	7,4	4,8
Bekannte Erwachsene	18,0	13,0	16,3	9,9	11,7	14,1	14,5	13,5
Freunde, Freundinnen	12,5	9,9	9,8	18,6	23,6	18,1	17,6	16,2
Fernideale								
Religiöse Persönlichkeiten	4,4	4,5	4,0	5,2	0,2	10,8	10,8	5,4
Angesehene Persönlichkeiten	5,6	13,7	6,6	5,3	5,3	2,5	4,6	6,0
Stars	13,9	13,0	25,8	14,2	29,4	9,2	13,4	16,2
Tarzantypen	0,9	0,5	1,4	3,0	3,4	1,0	1,4	1,8
Abstrakte Ideale	26,9	19,6	24,0	24,5	11,4	22,7	20,6	22,5
Andere	1,5	3,2	1,2	3,2	3,3	2,9	3,3	2,8
Total	100,0	100,0	100,0	100,0	100,0	100,0	100,0	100,0

B = Belgien, D = Bundesrepublik Deutschland, F = Frankreich, I = Italien, N = Niederlande, P = Portugal, S = Spanien.

Tab. 11: Die entwicklungsabhängige Veränderung der Wahl der Eltern als Vorbild (Lutte u. a., 1969, S. 25) in Prozent

Alter	Jungen	Mädchen
10–11	15,5	16,0
12	5,5	18,5
13	6,0	15,0
14	6,0	13,5
15	5,5	7,5
16–17	4,5	13,5
total	7,2	14,0

A Welche Vorbilder haben oder hatten Sie selbst? Sind oder waren sie den oben genannten ähnlich?

Untersuchungsbeispiel

Zur Ermittlung des Selbstbildes des Jugendlichen und des Bildes von den Eltern gibt es verfeinerte Methoden. Eine davon ist das sog. semantische Differential, mit dessen Hilfe man die Bedeutung einzelner Begriffe, also auch des Selbstbegriffes zu erfassen sucht. *Degenhardt* (1971) verwendete diese Methode bei der Untersuchung des Selbstbildes von Mädchen im Alter zwischen 10 und 14 Jahren. Eines der Ergebnisse ist in Abb. 19 festgehalten. Auf der Abszisse ist die Dimension „Evaluation" aufgetragen. Sie beinhaltet die wertmäßige Kennzeichnung gut – schlecht. Die Ordinate bildet die Dimension „Potency", die durch Qualitäten der Macht gekennzeichnet ist. Begriffe, die auf den betreffenden Dimensionen hohe positive Werte erhalten, werden von den Probanden als gut und machtvoll angesehen, negative Werte auf beiden Dimensionen würden die Qualität „schlecht" und „schwach" ausdrücken. Aus der Abbildung wird deutlich, wie sich bei den Mädchen innerhalb von vier Jahren die Bedeutungen „Erwachsene", „Vater", „Mutter", „Ich selbst", „Ich-Ideal" und „Mädchen meines Alters" ändern. Bei den Zehnjährigen liegen alle Begriffe noch eng beieinander, sie werden ungefähr gleich eingestuft. Allmählich aber trennen sich die Begriffe, wobei die Erwachsenen als weniger „gut", wertvoll, aber dafür als sehr mächtig beurteilt werden. Das Selbstbild und Ich-Ideal wird zusammen mit den Altersgenossinnen sehr positiv, aber wenig mächtig bewertet. Auch die Eltern zeigen in der Entwicklung noch einen Anstieg in der positiven Bewertung, aber einen Abfall in der Machteinstufung. Damit wird vor allem die enge Bindung an die Familie wieder bestätigt, andererseits die bereits früher beschriebene Absetzung gegenüber dem Erwachsenenalter und die Identifizierung mit der Gruppe der Gleichaltrigen.

Wichtig erscheint bei dieser Untersuchung noch ein zweites Ergebnis: Die Veränderung des Selbstbildes erfolgt weitgehend unabhängig von der körperlichen Entwicklung, vor allem der Geschlechtsreife.

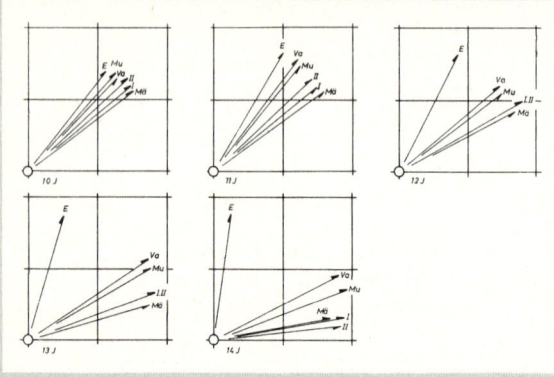

Abb. 19: Die Veränderung des Selbstbildes im Vergleich zu anderen Bezugspersonen bei 10–14jährigen Mädchen (Degenhardt, 1971, S. 4).

Abszisse: Evaluation; Ordinate: Potency
I = Ich, Mu = Mutter, Va = Vater, Mä = Mädchen
gleichen Alters, E = Erwachsene, II = Ich-Ideal

b) Lebenspläne

Neben der Vorbildsuche entwickeln die Jugendlichen auch Pläne für die berufliche Zukunft und für das spätere Leben (Lebenspläne). Als Beispiel für die Lebenspläne Jugendlicher sei eine neuere Untersuchung von *Barbara Hille* an sechzehnjährigen Mädchen aus Berufs- und Realschulen sowie Gymnasien zitiert (*Hille*, 1974). Die Autorin fand hier vier Dimensionen der Lebensplanung, von denen drei in unserem Zusammenhang wichtig sind (S. 336 f.):

I. Traditionell-konservative Lebenspläne. Die eigentliche Aufgabe der Frau liegt in Familie und Haushalt. Berufstätigkeit ist nur eine Übergangslösung.

234

II. Progressiv-moderne Lebenspläne. Hier wird eine Verbindung von Beruf und Ehe gesucht. Die Gleichberechtigung in Familie und Arbeitswelt wird angestrebt.

III. Progressiv-rigorose Vorstellungen. Die Frau soll von den bisherigen häuslichen Pflichten befreit werden. Ideal ist die berufstätige Frau ohne familiäre Bindung.

A	Welche Lebenspläne verfolgen Mädchen aus Ihrem Bekanntenkreis? Zu welcher der drei Arten gehören sie?

Insgesamt unterscheidet *Hille* zwischen konservativer und progressiver Zukunftsplanung. Progressive Zukunftsplanung bei Mädchen wird nach *Hilles* Befunden begünstigt, wenn das Mädchen Gymnasiastin und seine Mutter berufstätig ist, wenn es starken beruflichen Ehrgeiz besitzt und gegenüber politischen, kulturellen und wirtschaftlichen Fragen aufgeschlossen ist. Traditionelle Lebensplanung ist eher anzutreffen bei Hauptschülerinnen mit geringem beruflichen Ehrgeiz, geringem politischen und kulturellen Interesse, großem Interesse an Unterhaltung und großer Abhängigkeit von Autoritätspersonen (*Hille*, 1974, S. 337).

Die beruflichen Pläne sind unbeschadet einer eher traditionalistischen oder progressiven Haltung allgemein bei Jugendlichen eher optimistisch. Wie aus Tab. 12 zu ersehen ist, liegt die Berufserwartung von Berufsschülern aus Hilfs-, Volks- und Realschule allesamt höher, als die tatsächlichen Chancen für die betreffenden Berufe sind. Die größte Gruppe der Befragten glaubt, fünfzehn Jahre später Facharbeiter, Meister, Abteilungsleiter oder selbständiger Geschäftsmann zu sein. Diese Erwartung des Jugendlichen ist verständlich, sie entspricht einem Zukunftsbild, in dem noch viele Möglichkeiten offenstehen, und einem positiven Selbstbild, das bei der Mehrzahl der Jugendlichen gegeben sein dürfte.

Tab. 12: Die Berufserwartung von Berufsschülern, bezogen auf einen Zeitpunkt nach fünfzehn Jahren (Berg, 1969)

Angestrebte berufliche Position in 15 Jahren	Gesamt-gruppe	Schularten		
		Hilfs-schüler	Volks-schüler	Real-schüler
1. Ungelernte Arbeiter	3%	35%	3%	–
2. Facharbeiter	46%	34%	54%	15%
3. Meister, Abteilungs-leiter, selbst. Hand-werker oder Kaufleute	37%	26%	36%	35%
4. Fachschulingenieure	11%	–	44%	35%
5. Sonstige	3%	5%	3%	15%
Schülerzahl	1 466	119	1 015	312

c) Selbstkonzept

Wie steht es nun mit dem Selbstbild des Jugendlichen, mit seinem Verständnis von sich selbst? Anders gefragt: Wie sieht sich der Jugendliche, wie schätzt er sich ein? Alle diese Fragen lassen sich unter den Begriff „Selbst-Konzept" einordnen. Im folgenden interessiert uns das aktuelle Bild des Jugendlichen von sich, nicht seine Zukunftspläne und -entwürfe.

Es gibt Hinweise, daß im Jugendalter die Entscheidung darüber fällt, welche Art von Selbstbild der Mensch erwirbt und wie stabil seine Identität wird (z. B. *Engel,* 1959; *Nolting,* 1971). Damit wäre die von *Erikson* angenommene zentrale Aufgabe der Gewinnung von Ich-Identität für das Jugendalter auch empirisch belegbar. Häufig fanden sich in Untersuchungen an Jugendlichen mit zunehmendem Alter steigendes Selbstbewußtsein und wachsende Stabilität des Selbstkonzepts. Nach Befunden von *Nolting* (1971), der 12- bis 19jährige befragte, ändert sich das Selbstbild von 12 bis 16 Jahren noch beträchtlich, bleibt aber zwischen 16 und 19 Jahren ziemlich konstant. Begreiflicherweise bleibt das Selbstbild stabiler, wenn es positiv ausfällt und weniger stabil, wenn es negativ ist (*Engel,* 1959).

Welche Bedingungen sind für eine hohe positive Selbsteinschätzung verantwortlich? Wieder bildet der Schulerfolg einen wichtigen Faktor. Wer weiter in der schulisch-akademischen Laufbahn kommt und bessere Noten erringt, schätzt sich im allgemeinen höher und positiver ein (*Ringness,* 1965). Auch zwischen Berufserwartungen und Selbst-Konzept bestehen enge Zusammenhänge. Mädchen mit guten Chancen für eine Berufskarriere und für eine Heirat zeigen höhere Selbsteinschätzung als Mädchen, die sich nur als zukünftige Hausfrau sehen (*Birnbaum,* 1972). Jungen, die beruflich im Vergleich zu ihren Eltern aufsteigen wollen, schätzen sich hoch ein, Jungen mit abwärts gerichteter beruflicher Zukunftserwartung schätzen sich niedrig ein (*Douvan & Adelson,* 1966).

Daß die häuslichen Verhältnisse, vor allem die Intaktheit der Familie, wichtig für die Entstehung eines positiven Selbst-Konzepts ist, leuchtet ein. Eltern mit hoher Selbsteinschätzung haben häufig Kinder, die wiederum hohe Selbsteinschätzung zeigen (*Cooper-smith*, 1968). Weniger verständlich ist zunächst der in einem Buch von *Hurlock* (1967) mitgeteilte Befund, daß Einzelkinder, vor allem Jungen, häufig höhere Selbsteinschätzung und größeres Selbstbewußtsein besitzen als Kinder mit Geschwistern. Wahrscheinlich hängt dies mit ihrer Sonderstellung als Einzelkind in der Familie zusammen. Sie stehen häufig zeitlebens im Mittelpunkt der Beziehungen zwischen den Beteiligten Vater, Mutter und Kind.

Natürlich gibt es große inhaltliche Unterschiede hinsichtlich des Selbstkonzeptes. Wir greifen nur ein Ergebnis über die Unterschiede zwischen den Geschlechtern auf. Nach *Carlson* (1965) orientiert sich das Selbstkonzept mit zunehmendem Alter auch an der Geschlechtsrolle. Achtzehnjährige Mädchen waren in ihrem Selbst-Konzept stärker auf die Entwicklung sozialer Fähigkeiten und auf soziale Anpassung ausgerichtet, während sich gleichaltrige männliche Jugendliche auf personale Ziele im Sinne größerer Unabhängigkeit und persönlicher Eigenart hin orientierten. Für die Gewinnung einer stabilen Identität ist das Verhältnis von aktuellem Selbstbild und Idealbild wichtig; während wir das Auseinanderklaffen von realem und idealem Selbstbild in jüngeren Jahren, also zwischen 11 und 15, als normal und wünschenswert ansehen können, wird diese Diskrepanz für Ältere problematisch. Die Jüngeren nämlich lösen sich noch von ihrem kindlichen Selbst-Konzept, sie müssen geradezu wegen der starken Veränderung von Aufgaben und Zielen ein deutlich verschiedenes Zukunftsbild von sich entwerfen. Die Älteren hingegen sollten im günstigen Falle ihr Selbst-Konzept bereits soweit entwickelt haben, daß reales und ideales Bild nicht zu weit auseinanderfallen, da sie sonst die Realitätskontrolle verlieren und in „Wolkenkuckucksheim" schweben.

Offenbar hat neben dem Alter auch die Intelligenz und das Vorzeichen der Selbsteinschätzung Einfluß auf die Beziehung zwischen realem und idealem Selbstbild. Hochintelligente erwiesen sich als selbstkritischer, Jugendliche mit zunehmend negativer Selbsteinschätzung entwickelten, wohl als Ausgleich, steigende Idealvorstellungen von sich.

Die große Bedeutung des Selbst-Konzepts für die gesamte Entwicklung im Jugendalter, vor allem aber für die Komponente der Selbstdurchsetzung, liegt auf der Hand. Gelingt es dem Jugendlichen nicht, ein positives, strukturiertes Selbstkonzept zu entwickeln, so ist das Hineinfinden in die Erwachsenenwelt gefährdet. Ein angemessenes Selbstkonzept verhindert auch Kriminalität und Devianz. Umgekehrt besteht ein deutlicher Zusammenhang zwischen Kriminalität und inadäquatem Selbstkonzept. Abweichendes Verhalten wird offenbar dazu benutzt, ein verzerrtes oder negatives Selbstbild zu kompensieren. Durch seine Straftaten erfährt der Jugendliche nicht selten eine Erhöhung der Selbsteinschätzung (*Nash,* 1965).

Die Peer-Gruppe

Wir stellten bereits fest, daß der Jugendliche bei seinem Ringen um Selbstfindung und um Abhebung gegenüber der Kindes- und Erwachsenenrolle im Gleichaltrigen und Gleichgesinnten eine Stütze findet.

Kein Wunder, daß sich Jugendliche zusammentun und sich ihre eigene Welt basteln.

a) Die Subkultur der Peergruppe (Peer group culture)

Da der Ausdruck „Gruppe Gleichaltriger und Gleichgesinnter" recht unhandlich ist, behalten wir den Fachausdruck „Peergruppe" für die Kleingruppen und Cliquen der Jugendlichen bei.

Es wird von manchen Autoren behauptet, daß der Jugendliche eine eigene Kultur und Teilgesellschaft gebildet habe, „eine Gesellschaft seiner Altersgenossen, eine Gesellschaft, deren Wohnplätze die Hallen und Klassenräume der Schule, die Teenager-Lokale . . . das Auto und zahlreiche andere Versammlungsplätze sind" (*Coleman*, 1961, S. 4). Für die Bundesrepublik hat *Tenbruck* (1965) diese These aufgegriffen. Er behauptet, „daß die Sozialisierung der Jugendlichen heute wesentlich in den jugendlichen Gruppen und durch ihre Teilkultur bewerkstelligt wird" (S. 96). Obwohl sich diese radikale Behauptung sicherlich nicht allgemein halten läßt, finden wir in den jugendlichen Gruppen tatsächlich Züge einer eigenen Kultur, die „unter" der Gesamtkultur angesiedelt ist und mit dieser natürlich auch in Verbindung steht. Diese Teilkultur bezeichnet man auch als Subkultur des Jugendlichen.

Viele Züge dieser Subkultur sind weithin bekannt. Die Jugendlichen sprechen eine eigene Sprache und bevorzugen bestimmte Kleidung; Haartracht, Musik, Bilder, Auto oder Motorrad haben eine zentrale Bedeutung in ihrem Leben und immer wieder gibt es Bewegungen, die einen neuen Lebensstil verwirklichen wollen (Hippies, Beatles, Gammler, Jesus-People-Bewe-

gung). Im folgenden sollen einige Züge der Jugendkultur näher erläutert werden.

Haartracht und Kleidung. Jugendliche bevorzugen
gegenwärtig lange Haare, Jeans oder eine Kleidung,
die sich deutlich von der Erwachsenenmode abhebt.
Zum Verständnis solcher Vorlieben kann man mit
Rice (1975) folgende Gesichtspunkte anführen:

(1) Kleidung und äußere Erscheinung sind Mittel, mit denen
der Jugendliche seine Identität entdecken und ausdrük-
ken kann. Sowohl sich selbst gegenüber (Jugendliche
beiderlei Geschlechts stehen häufig vor dem Spiegel) als
auch den anderen gegenüber vermag sich der Jugendliche darzustellen und eine „Individualität", die nicht
mehr von den Erwachsenen bestimmt ist, zum Ausdruck
zu bringen.
(2) Durch Kleidung und äußere Erscheinung vermag der
Jugendliche seine Auseinandersetzung mit der Erwach-
senenkultur und dem von ihr ausgehenden Druck nach
Anpassung zu handhaben. Durch abweichende Kleidung und Haartracht drückt der Jugendliche sein Bedürfnis nach Selbstdurchsetzung aus, ohne tatsächlich
die zentralen Normen der Gesellschaft in Frage zu
stellen.
(3) Kleidung und äußere Erscheinung verstärken das Gefühl
der Zusammengehörigkeit unter den Jugendlichen. Wer
mit dazugehören will, muß sich schon äußerlich so zeigen wie die anderen. Die Zugehörigkeit zu der Jugend-
gruppe und zu so etwas wie einer „Jugend-Gesellschaft"
verleiht dem Jugendlichen mehr Sicherheit und stärkt
sein Selbstbewußtsein (seine Ich-Identität).

Sprache. Jugendliche verwenden im Umgang miteinander häufig andere Wörter und Satzbildungen als
Hoch- und Dialektsprache vorschreiben. Ereignisse
und aufregende Sachverhalte werden beispielsweise als
„brutal", oder durch den Ausruf „Wahnsinn" gekennzeichnet. Positive Urteile lauten: „stark", „das
bringt's" und (beispielsweise bei Urteilen über Mäd-

chen) „süß". Diese Ausdrücke wechseln relativ rasch, sie behalten ihre Bedeutung und Funktion im Kontakt mit anderen bei weitem nicht so konstant bei, wie dies in der allgemeinen Sprache der Fall ist.

Warum greift der Jugendliche zu einem solchen Jargon? Zunächst muß man sich klarmachen, daß Subsprachen oder Jargons keineswegs nur auf die Gruppe der Jugendlichen beschränkt sind. Jede Berufsgruppe hat ihren Jargon, und die Redewendungen, mit denen solche Gruppen Scherze austauschen, sind für den Außenstehenden unverständlich. Am bekanntesten und ausgeprägtesten als Jargon ist wohl die Gaunersprache, die auf dem Weg über Krimis mehr oder minder getreu für breite Adressatenkreise vermittelt wurde. Wiederum können wir nach dem Zweck fragen, den der Jugend-Jargon erfüllt. Als Gesichtspunkte lassen sich anführen:

(1) Der Jugendjargon wird verwendet, um etwas kurz und möglichst wenig aufwendig oder umständlich zu erklären. Adjektivische Bezeichnungen ersparen lange Erklärungen und sprachliche Umschreibungen.
(2) Mit dem Jugendjargon lassen sich für den Jugendlichen Zustände, Wünsche und Sachverhalte beschreiben, die mit der Alltagssprache nur schwer zu fassen sind, da diese auf die Sondersituation des Jugendlichen zu wenig abgestimmt zu sein scheint. Der Jugendliche verwendet die subkulturellen Ausdrücke, um sich mit Gleichgesinnten besser verständigen zu können.
(3) Der dritte Aspekt folgt unmittelbar aus dem letztgenannten: Mit dem Jugendjargon können sich die Betroffenen gegenseitig bestätigen und ein Gefühl der Zusammengehörigkeit (Solidarität) entwickeln.

So gibt die Jugendsprache für den Jugendlichen wieder, wer und was er ist und mit welcher Gruppe er sich identifiziert.

Musik. Die Musik der Jugend hat mehr noch als ihre
extravagante Kleidung auf die Gesamtgesellschaft Einfluß genommen. Im Gegensatz zur Kleidung und
Sprach-„Mode" scheint die jeweilige musikalische
Richtung längerfristig zu wirken. Rock'n'roll dauerte
bis zu den 60iger Jahren, Beatles und Rolling Stones
nahmen Einfluß bis in die 70iger Jahre, und die heutigen Formen von Beat, Soul, u. a. enthalten viele Elemente der früheren subkulturellen Musik der Jugendlichen. Mehr als auf anderen Gebieten hat die Musik
der Jugend deutlich die Gesamtkultur beeinflußt, und
die älteren Generationen sehen sich, ob ihnen das
angenehm ist oder nicht, allerorten mit der Musik der
Jugend konfrontiert. Nimmt man zur Musik selbst die
ebenso wichtigen Merkmale der überdimensionierten
Lautstärke, des hämmernden Ostinato-Rhythmus, der
Lichtorgeln und Lichtspiele während der Musikdar-
bietung sowie die eigenen rhythmischen Bewegungen
der zuhörenden Jugend, so läßt sich daraus einerseits
ein klares Bedürfnis der Jugendlichen und andererseits
ein deutliches Defizit der Gesamtkultur ablesen. Das
Bedürfnis des Jugendlichen geht in Richtung auf intensive, alle Sinne umfassende Erlebnisse. Der
Rauschgiftkonsum dürfte eine seiner Wurzeln auch in
diesem Bedürfnis haben (s. S. 226). Das Defizit der
umgebenden Kultur besteht vermutlich analog im
Mangel an der Vermittlung tiefer Eindrücke bis hin
zum Fehlen eines tieferen Sinnes des Lebens. Der
Jugendliche, der über sich und die soziale Welt nach-

denkt, vermißt Ideale, für die es sich einzusetzen lohnt und hat wohl mehr als früher Schwierigkeiten, dem Dasein einen Sinn abzugewinnen. Dies wird auch aus empirischen Untersuchungen deutlich. Der Verfasser befragte beispielsweise 15jährige Berufsschüler nach dem Sinn des Lebens und erhielt häufig Antworten, die einen tieferen Sinn des Lebens vermissen ließen (*Oerter,* 1966).

Beispiele für subkulturelle Richtungen im Jahr 1980.
Die *Popper* tragen teure Kleidung, lassen die Haare seidig ins Gesicht fallen, fühlen sich als Elite und geben sich durch überschwengliche Begrüßungszeremonien zu erkennen. Die *Punks* wollen durch besonders häßliches Aussehen hervorstechen, sie färben sich die Haare bunt, tragen Ketten, bringen sich Narben bei und bilden so den kulturellen Gegentypus zu den Popper. Die *Roller* tragen Lederjacken bzw. Tellerröcke, schwärmen für Rock n'Roll der fünfziger und sechziger Jahre und für die damaligen Ideale der Jugendlichen. Die *Alternativen* konzentrieren sich weniger auf das Äußere (sie tragen gerne Parka) als auf die Kritik an der Gesellschaft; sie tragen Plaketten, sympathisieren mit den Grünen oder den Hausbesetzern und suchen nach besseren Lebensformen.

b) Zur Entstehung und Struktur von Peergruppen
Entstehung. Wo lernen sich die Jugendlichen, die Gruppen oder Cliquen bilden, kennen? Während früher offenbar die Wohngegend und räumliche Nachbarschaft als entscheidend angesehen wurde, gilt dies jedenfalls für die Jugendlichen nach dem Zweiten Weltkrieg nicht mehr. Der soziale Ort für die Bildung

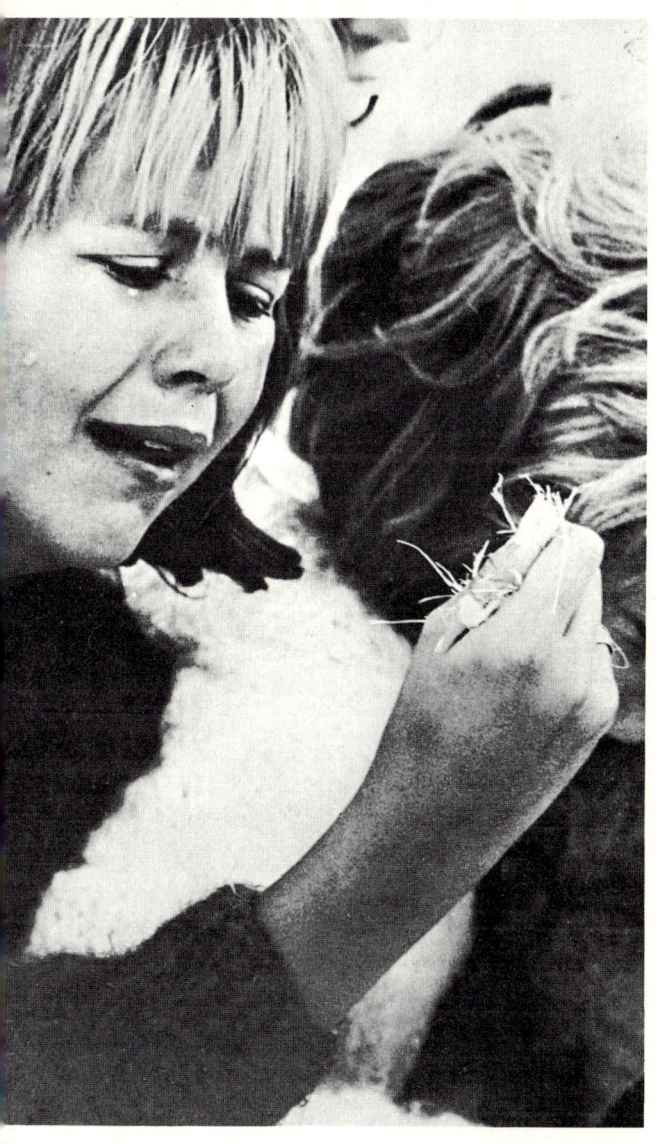

Beatle-Wahn: Ein Teenager umklammert ekstatisch ein Stück Rasen, auf den kurz zuvor Ringo-Star seinen Fuß gesetzt hat.

von Gruppen ist in erster Linie die Schule oder die betriebliche Ausbildungsstätte (*Kreutz*, 1964; *Schäfer* u. a., 1965; *Domke*, 1970).

Demzufolge haben die Jugendlichen in einer Peergruppe auch meist den gleichen Status hinsichtlich schulischer Ausbildung und sozialer Herkunft. Nach *Kreutz* (1964) sind die Freunde von 89% der befragten Mittelschüler wiederum Mittelschüler und 85% der Freunde von Lehrlingen wieder Lehrlinge. Junge Arbeiterinnen haben hingegen nach Ergebnissen von *Wald* (1960)[*] und *Jaide* (1960)[*] kaum Freundschaften mit Arbeitskolleginnen. Die Art der Fabrikarbeit verhindert vermutlich die Aufnahme engerer und längerdauernder Kontakte.

Struktur. Welche Form haben die Peergruppen, wie sind sie organisiert? Im wesentlichen handelt es sich um informelle Gruppen, d. h. um Gruppierungen und Cliquen ohne feste Struktur und ohne ausdrückliches Reglement. Man trifft sich, redet miteinander, trinkt miteinander oder unternimmt gemeinsam etwas. Obwohl die Gruppen wenig strukturiert sind, gibt es Zentralfiguren, also „Helden" oder Lieblinge in der Gruppe. In den USA gibt es in den Schulklassen tonangebende Gruppen, nach denen sich die übrigen Schüler mehr oder minder richten (auch als „inner Wheel" oder „big Wheel" bezeichnet, z. B. *Snyder,* 1966). In deutschen Gymnasien scheint es diese Konstellation weniger zu geben. Cliquen werden sogar häufig abgelehnt (*Schäfer* u. a., 1965), wohl wegen ihrer Neigung, sich von den übrigen Klassenmitgliedern abzusondern.

---

[*] Zitiert nach *Hornstein* u. a. (1975)

Untersuchungsbeispiel

Die bereits zitierte Untersuchung von *Kreutz* (1964) liefert für österreichische Jugendliche auch Ergebnisse über die Zugehörigkeit der befreundeten Jugendlichen zu einer bestimmten sozialen Schicht. Tab. 13 bringt eine Zusammenstellung von Freundschaften nach der sozialen Herkunft der beiden Freunde. Wie man sieht, wählen sich die Jugendlichen ihre Freunde sehr stark danach aus, ob sie zur gleichen Schicht gehören. Freilich hängt das auch damit zusammen, daß sich Jugendliche aus der gleichen Schicht leichter kennenlernen und häufiger miteinander in Kontakt kommen. Schüler der Hauptschule und Berufsschule sind vorwiegend in niedrigeren sozialen Schichten beheimatet, Schüler weiterführender Schulen in höheren Schichten.

Tab. 13: Zusammenhang zwischen Freundschaftsbeziehung und sozialer Herkunft. Angaben in Prozentzahlen der Wahlen (Kreutz, 1964, S. 95)

	Lehrlinge		Mittelschüler		
soziale Schicht des Befragten:	untere	mittlere	untere	mittlere	obere
soziale Schicht des Freundes:					
untere	73	61	50	25	8
mittlere	23	35	41	52	26
obere	4	4	9	23	65
	100	100	100	100	100
absolut:	(95)	(23)	(32)	(52)	(49)

In Ausnahmefällen werden aus den informellen Gruppen oder Cliquen formelle Gruppen mit festen Normen und Positionen für die Mitglieder. Dies ist z. B. der Fall bei devianten Gruppen (Banden). Hier sind die Untersuchungen an Straßenbanden von *Whyte*

(1943) berühmt geworden. *Whyte* gelang es, selbst Mitglied solcher Banden zu werden, und so konnte er die Struktur und strenge Ordnung dieser Gruppen genauer studieren.

Abgesehen von diesen Ausnahmen halten feste Normen die Peergruppe weniger zusammen als vielmehr die Gefühlsbindung der Teilnehmer untereinander. Das Bindeglied zwischen den Teilnehmern ist die wechselseitige Sympathie und das Gefühl der Zusammengehörigkeit (gleiche Probleme, gleiche Interessen).

c) Inhalte und Wirkung von Peergruppen

Beschäftigung und Aktivitäten. Fragt man nach den Tätigkeiten, denen die Jugendlichen in der Peergruppe nachgehen, so ist sicher das verblüffendste Ergebnis, daß es sich nicht um spezifische und besondere Beschäftigungen handelt, die man allein und in Gegenwart der Eltern nicht ausüben könnte. Die Jugendlichen tun ganz normale Dinge, an erster Stelle (mit ca. 30%) stehen allgemeine soziale Kontaktnahmen in Form der Unterhaltung und Diskussion. Tanz und gemeinsame Spiele folgen mit jeweils ca. 10% (*Emnid,* 1964). So kann man aus den Aktivitäten, sofern man Alkoholmißbrauch, Rauschgiftpraktiken und sexuelle Promiskuität einmal außer acht läßt, kaum einen Rückschluß auf die Normen und Inhalte ziehen, die den Jugendlichen in der Peergruppe bewegen. Noch weniger wird deutlich, ob die Peergruppe tatsächlich sozialisiert und inwieweit sie den Jugendlichen gegen die Absichten von Elternhaus und Schule beeinflußt.

Normen. Obwohl Normen und Wertvorstellungen, wie wir bereits feststellten, wohl nicht die Peergruppe zusammenhalten, gibt es sie dennoch. *Müller* und *Nimmermann* (1969) untersuchten Berliner Jugendliche, die Jugendfreizeitheime besuchten. Sie stellten beträchtliche Unterschiede in der Normorientierung fest. Sie fanden „Jugendangepaßte", „Erwachsenenangepaßte" und „Cliquenangepaßte". Jugendangepaßte entsprachen am ehesten dem Bild vom Jugendlichen, wie es den allgemeinen (Erwachsenen-)Erwartungen entspricht. Erwachsenenangepaßte waren stärker an dem Bild des Erwachsenen orientiert, sie waren sauberer und formeller gekleidet und zeigten bereits Erwachsenen-Umgangsformen. Cliquenangepaßte versuchten, typische Geschlechtsrollen-Unterschiede zu verwischen. Sowohl im Verhalten wie in der Kleidung bemühten sie sich darum, ihre Rolle unabhängig von der traditionellen Bestimmung der Geschlechter mit Inhalt zu füllen, zu „definieren". Aus diesen Befunden zeigt sich, daß in Jugendgruppen ganz unterschiedliche Wertorientierungen wirksam sein können. Während *Coleman* (1961) bei amerikanischen Peergruppen fand, daß die Eigenschaft des guten Schülers wenig gefragt und geschätzt war, legte die von *Hillman* (1969) befragte amerikanische Jugend gleich nach der Betonung „guter Charaktereigenschaften" Wert auf „gute Schulleistungen". Die Mädchen nannten die Schulleistungen erst an dritter Stelle, und plazierten vorher „schöne Kleider". Allerdings waren die Jugendlichen *Hillmans* Mittelschichtangehörige einer Kleinstadt, während *Colemans* Jugendliche ein viel breiteres Spektrum abdecken.

Die Normen richten sich natürlich auch nach dem Hauptzweck, dem die Gruppe dienen soll. Dies zeigt eine Untersuchung von *Sugarman* (1968). Sport- und

Spielgruppen schätzten Fairneß, Kameradschaftlichkeit und Ehrlichkeit bei ihren Freunden besonders hoch ein. Sogenannte „Bummler", die sich eher zu Gesprächen und lockeren Kontakten ohne festen Zweck zusammenfanden, bewerteten Freude am Diskutieren und gegenseitige Toleranz hoch. Außerdem erwarteten sie von ihren Partnern, daß sie sich nicht stritten, nicht gleich beleidigt waren und nicht halsstarrig auf ihrer Meinung beharrten. Daneben gab es aber auch noch Gruppen, die als „hard boys" bezeichnet werden. Bei ihnen werden der Zusammenhalt gegenüber äußeren „Feinden" und der Erfolg im „Kampf" besonders hoch eingeschätzt.

Viele der Normen in Jugendgruppen widersprechen nicht den Normen der Gesamtgesellschaft, so z. B. gutes Aussehen, adrette Kleidung, Durchsetzungsvermögen, sozialer und sexueller Erfolg. Die Jugendlichen bestimmen in diesem Falle weniger, welche Normen wichtig sind, sondern die Inhalte der Normen. Sie legen für sich fest, was „gutes Aussehen" und „gute" Kleidung ist. Viele Meinungsverschiedenheiten zwischen Erwachsenen und Jugendlichen beziehen sich daher weniger auf Wertgeltungen selbst, als vielmehr auf die konkrete inhaltliche Auslegung der Normen.

Zur Wirkung von Peergruppen. Eine allgemeine Aussage über den Grad und die Richtung des Einflusses von Peergruppen auf die Persönlichkeits- und Verhaltensentwicklung des Jugendlichen läßt sich nicht treffen, sie würde falsch ausfallen. Zunächst hängt der Einfluß der Peergruppe stark von dem Grad der affektiven Bindung der Teilnehmer an die Gruppe ab. Geringe Intimität und Gefühlsbindung hält auch die Wir-

*Ein Jugendlicher steckt Blumen in Gewehrläufe und prote-
stiert damit gewaltlos und originell gegen Gewaltandrohung.*

kung auf den einzelnen gering. Umgekehrt kann der
Einfluß bei starker Gefühlsbindung sehr groß werden.
Einer der Hauptgründe für Jugendkriminalität ist die
Erfahrung von Freundschaft und Zusammengehörig-
keit. Manche Jugendliche, die aus gestörten Familien
kommen und keine feste Bezugsperson hatten, erleben
in kriminellen oder devianten Gruppen zum ersten
Mal Freundschaft und engeren menschlichen Kontakt.
Ihre ersten engeren Gefühlsbindungen entwickeln sie
in solchen Gruppen, deren Normen und Handlungs-

ziele sie auf diese Erfahrung hin zu ihren eigenen machen. Umgekehrt üben Peergruppen auch Einfluß in Richtung auf Anpassung und Erfolg aus. *Sugarman* (1968) ermittelte Cliquen bzw. Peergruppen, die er nach „Leistung" und „Führung" in vier Typen einteilte. Typ 1 lag in beiden Bereichen über dem Durchschnitt, Typ 4 wies in Leistung und Führung niedrige Werte auf. Dazwischen befand sich ein Typus mit guten Noten und schlechter „Führung" sowie ein Typus mit eher schlechten Noten und guter Führung. Eine Anzahl von Jugendlichen des ersten Gruppentyps (gute Noten, gute Führung) entstammte Familien, die wenig geistige Anregung boten und ein eher niedriges intellektuelles Niveau aufwiesen. Dennoch waren diese Jugendlichen besser motiviert und angepaßt als Jugendliche aus Familien mit höherem intellektuellen Niveau, die nicht einer solchen Clique angehörten.

Auch *Snyder* (1969) fand, daß leistungs- und schulorientierte Peergruppen langfristig auf die Entwicklung einwirkten und den Studienerfolg im jungen Erwachsenenalter stark mitbedingten. Andere, die diesen Rückhalt der Gruppe nicht hatten, brachen ihren schulischen Werdegang viel häufiger ab.

Zum Verständnis des Einflusses von Peergruppen bzw. der Peergruppenkultur muß die Situation und der Bereich herangezogen werden, in dem gehandelt wird (*Brittain*, 1969). *Brittain* folgert aus seinen Befunden, daß der Jugendliche bei besonders wichtigen Entscheidungen, die sich auf lange Sicht auswirken, auf den Rat der Eltern hören würde, während gegenwartsbezogene aktuelle Fragen (Kleidung, Haartracht, Moped) von der Peergruppe bestimmt würden. Unsere oben genannten Befunde über den langwirkenden Einfluß von Peergruppen widersprechen jedoch dieser Annahme.

Abschließend erscheint es wichtig, die Rolle der Peergruppe in der Sozialisation und Persönlichkeitsentwicklung des Jugendlichen durch folgende Punkte zusammenfassend zu kennzeichnen:

(1) Die Peergruppe kann zur Orientierung und Stabilisierung während einer Zeit der Widersprüche, Krisen und Probleme beitragen. Sie gewährt emotionale Geborgenheit, das Gefühl des Verstandenwerdens und stabilisiert gewisse Verhaltenszüge (*Baacke*, 1972; *Eisenstadt*, 1966).

(2) In der Peergruppe steht ein sozialer Freiraum für die Erprobung neuer Rollen und für risikofreies Experimentieren zur Verfügung. Vor allem die Geschlechtsrolle und die Konsumentenrolle (*Lüdtke*, 1972) werden verändert und ausgebaut. Themen zu den Bereichen Beruf, Politik und öffentliches Leben spielen in der Peergruppe kaum eine Rolle, wenn es sich nicht um engagierte politische Gruppen handelt. Dieser Sachverhalt unterstützt die These vom sozialen Freiraum der Peergruppe.

(3) Die Peergruppe hat eine wichtige Funktion im Ablösungsprozeß von den Eltern (*Douvan* & *Adelson*, 1966). Sie wird zur neuen Bezugsgruppe und ermöglicht die Entwicklung von Verhaltensweisen, die durch die elterliche Autorität unterdrückt würden. Elternhaus und Peergruppe müssen aber nicht immer als Kontrahenten verstanden werden, im Gegenteil, meist ergänzen sie sich

wechselseitig und teilen sich im Sozialisationsein-
fluß beim Jugendlichen (*Rosenmayr* & *Kreutz*,
1968; *Bronfenbrenner*, 1970).

(4) Die Peergruppe kann somit zur Identitätsfindung,
der als zentral angesehenen Problematik des Jugendlichen, wesentlich beitragen und das im Jugendalter häufig auftretende Vakuum im Lebensraum des Jugendlichen mit Sinn ausfüllen. Die
Peergruppe wird andererseits zur Gefahr, wenn
sie nicht mehr als verbindendes Glied zwischen Familie, Schule und Erwachsenenwelt wirkt, sondern abweichende Verhaltensmuster erzeugt (deviante Gruppen).

A Die Peergruppe kann sich auch nachteilig auf die
Entwicklung des einzelnen Jugendlichen auswirken. Nennen Sie Beispiele! Prüfen Sie dabei aber
kritisch, ob Sie bei Ihrem Urteil nicht Klischees
oder Vorurteilen unterworfen sind!

Zusammenfassung

Die Selbstdurchsetzung im Jugendalter wurde am Beispiel der Gewinnung des Selbstkonzepts und an der
Rolle der Peergruppe veranschaulicht.
Die Idealsuche des Jugendlichen weist in verschiedenen Ländern neben gemeinsamen Zügen auch spezifische Merkmale auf. Deutsche Jugendliche wählen beispielsweise häufiger ihre Eltern, andererseits aber auch
häufiger berühmte Persönlichkeiten zum Vorbild, als
Jugendliche anderer Länder.
Die Lebenspläne Jugendlicher sind eher optimistisch,

Jugendliche überschätzen im allgemeinen ihre Zu-
kunftschancen*.

Das Selbstkonzept des Jugendlichen bildet das Zentrum allen Zukunftsplanens und aller Idealsuche. Es
wird von sehr vielen Faktoren beeinflußt. Schulerfolg
und Berufserwartung bilden eine wichtige Grundlage
für ein positives Selbstbild.

Die Peergruppe übt eine wichtige Sozialisationsfunktion im Jugendalter aus. Sie ist zum Teil Urheber und
Träger einer eigenen Subkultur. Unter günstigen Bedingungen bietet die Peergruppe Orientierung und
emotionale Geborgenheit, Freiraum für soziales Verhalten, Hilfe bei der Ablösung vom Elternhaus und
insgesamt Unterstützung bei der Gewinnung persenli-
cher Identität.

Aufgaben

(1) Worin unterscheidet sich das Körperwachstum in der
Pubertät vom Wachstum vorher und nachher?
   a) Während der Pubertät gibt es eine Wachstumsbe-
   schleunigung
   b) Das Wachstum bedingt seelische Probleme, während dies in der Kindheit nicht der Fall ist
   c) In der Pubertät wächst der Mensch mehr in die
   Höhe, in der Kindheit mehr in die Breite
   d) Die Körperhöhe nimmt zu, während sich das Gewicht kaum verändert

(2) Welche Wirkung üben Hormone aus?
   a) Sie sind Nährstoffe, die der Körper während der
   Pubertät benötigt

---

* Dieser Befund mag durch die jüngste deprimierende Entwicklung
bereits überholt sein.

b) Sie produzieren Ei- und Samenzellen

c) Sie steuern Organe und Vorgänge im Körper

d) Sie transportieren Nährstoffe während der Pubertät

(3) Was bedeutet die Zwischenstellung des Jugendlichen? (Versuchen Sie eine Kennzeichnung durch einen einzigen Satz!)

(4) Nennen Sie die Entwicklungsaufgaben von *Havighurst* für das Jugendalter!

(5) Welches ist heute nach empirischen Befunden der wichtigste Problembereich des Jugendlichen in hochindustrialisierten Gesellschaften?

(6) Wodurch ist die soziale Identität des Jugendlichen besonders bestimmt? (Mehrere Möglichkeiten ankreuzen!)

a) Durch die Vorbildsuche des Jugendlichen

b) durch Erwartungen und Anforderungen der Schule

c) durch die bisherige Lebensgeschichte

d) durch Erwartungen der Peergruppe

(7) Wie heißen die wichtigsten Hormone, die vor allem den Menstruationszyklus steuern?

(8) Welche Hormone steuern die Erzeugung von Samenzellen?

(9) Die Identität setzt sich aus einer Reihe von Komponenten zusammen. Für den Jugendlichen gibt es bei der Identitätsfindung eine sehr wichtige Komponente, die auf anderen Altersstufen weniger Bedeutung besitzt. Welche der folgenden „Selbst" ist gemeint und warum?

a) Die Person, die man wirklich ist

b) Die Person, für die man sich hält

c) Die Person, für die andere einen halten

d) Die Person, wofür man glaubt, daß die anderen einen halten

e) Die Person, zu der man werden möchte oder zu werden glaubt

(10) Wodurch ist Ihrer Meinung nach das Sexualverhalten des Jugendlichen gekennzeichnet? (Bitte jeweils eine der beiden Alternativen ankreuzen!)

a) sexuelle Freizügigkeit – b) feste Liebesbeziehungen

c) größere Unkompliziertheit als früher – d) geheimes Schuldbewußtsein

e) Ablehnung von Ehe und Treue – f) Hochschätzung von Ehe und Treue

(11) Wie erklärt sich die größere Koituserfahrung bei jungen Arbeiterinnen und Arbeitern im Vergleich zu Studenten? (Zwei Gründe ankreuzen!)
    a) Arbeiter füllen ihre Freizeit mehr mit „einfacheren" Vergnügen aus und beginnen daher früher mit dem Geschlechtsverkehr.
    b) Die soziale Schicht der Arbeiter hat bestimmte eigene Normen, die sich auch auf das Sexualverhalten auswirken.
    c) Studenten haben ein höheres moralisches Bewußtsein und größeres Verantwortungsgefühl.
    d) Arbeiter müssen sich früher als Studenten an das Erwachsenenleben anpassen und übernehmen daher auch früher das Sexualverhalten Erwachsener.

(12) Worin unterscheidet sich die Entwicklung Jugendlicher in Primitivkulturen im Vergleich zur Entwicklung Jugendlicher bei uns?
    Versuchen Sie eine kurze Kennzeichnung unter dem Gesichtspunkt der Kontinuität von Entwicklung.

(13) Bei der Übernahme der Geschlechtsrolle wirken traditionelle Rollenmuster, aber auch der Versuch des Jugendlichen, diese Rollenmuster zu überwinden, zusammen. Nennen Sie für beides ein Beispiel!

    Traditionell:

    Versuch der Veränderung und Neudefinition der Geschlechtsrolle:

(14) Worin ähneln sich Berufs- und Schülerrolle im Jugendalter? (Bitte zwei Möglichkeiten ankreuzen!)
    a) Erledigung von Arbeitsaufträgen innerhalb bestimmter Zeitgrenzen
    b) Beruf und Schule sind für manche gleichermaßen interessant, für andere gleichermaßen langweilig und frustrierend
    c) Beides sind Pflichten, die sich nicht umgehen lassen
    d) Erhalten eines Gegenwertes für Arbeit und Anstrengung (Note bzw. Geld)

(15) Welche der beiden Behauptungen halten Sie für richtig? Belegen Sie Ihre Wahl durch eine empirische Untersuchung!

    a) Bei der Übernahme zentraler Normen der Gesellschaft überwiegt die Anpassung. Die Jugend ist konservativer als man annimmt.

    b) Bei der Übernahme zentraler Normen der Gesellschaft rebellieren Jugendliche häufig und orientieren sich an eigenen Wertsetzungen.

(16) Was ist Devianz?

    a) kriminelles Verhalten

    b) pathologisches Verhalten

    c) Drogen- und Alkoholmißbrauch

    d) Von der sozialen Norm abweichendes Verhalten, das von der Gesellschaft bzw. der Familie nicht mehr toleriert wird.

(17) Kennzeichnen Sie den Unterschied von primärer und sekundärer Devianz!

(18) Bei der Wahl der Eltern als Vorbild gibt es deutliche Geschlechtsunterschiede im Laufe der Entwicklung. Worin bestehen sie und welche Erklärung läßt sich geben?

(19) Jugendliche haben sich eine eigene Subkultur gegründet. Nennen Sie einige Beispiele, in denen sie sichtbar wird!

(20) Besteht ein Zusammenhang zwischen sozialer Herkunft und Freundschaftsbeziehung? Welcher? Nennen Sie eine Untersuchung, die hierzu Informationen liefert!

(21) Nennen Sie die im vorliegenden Text aufgeführten vier Aufgaben der Peergruppe für die persönliche Entwicklung des Jugendlichen!

(22) Die Jugendlichen bzw. Peergruppen vertreten nicht immer die gleichen Normen. Mit *Müller* und *Nimmermann* kann man drei Normorientierungen feststellen:

Literatur

Abel, H. & Gingles, R.: Identifying problems of adolescent girls. Journal of Educational Research, 1965, 58, 389–391

Adams, J. F.: Adolescents' identification of personal and social problems. Adolescence, 1966, 1, 240–250

Anderson, Th. W.: „Swimming and Exercise During Menstruation." Journal of Health, Physical education, Recreation, 1965, 36, 66–68

Ausubel, D. P.: Jugendalter. München: Juventa 1971 (3. Aufl.)

Ausubel, D. P.: Psychologie des Unterrichts, Band 1 und 2. Weinheim und Basel: Beltz 1974

Baacke, D.: Jugend und Subkultur. München: Juventa 1972

Balswick, J. O. & Peek, C. W.: The Inexpressive Male: A Tragedy of American Society. The Family Coordinator, 1971, 20, 363–368

Bamber, J. H.: Adolescent marginality – A further study. Genetic Psychology Monographs, 1973, 88, 3–21

Becker, W.: Jugendkriminalität und Resozialisierung. Einführungsvortrag. Kongreßbericht 1974. Hrsg.: Deutsche Akademie für medizinische Fortbildung Kassel. Stuttgart: Enke 1975

Berg, M.: Die berufstätige Jugend, Untersuchungen mit dem Problemfragebogen für männliche Jugendliche. Hannover: Schroedel 1969

Beulke, W.: Vermögenskriminalität Jugendlicher und Heranwachsender. Göttingen: Schwartz 1974

Birnbaum, J. L. A: Life Patterns, Personality Style and Self Esteem in Gifted Family Oriented and Career Committed Women. Unveröff. Diss. Ann Arbor: University of Michigan 1972

Brittain, C. V.: A Comparison of Rural and Urban Adolescents with Respect to Parent vs. Peer Compliance. Adolescence, 1969, 4, 59–68

Bronfenbrenner, U.: Two worlds of childhood: U. S. and U. S. S. R. New York: Russell Sage Foundation, 1970

Brunner, R.: Schwerpunkte der Jugendkriminalität. In: Jugendkriminalität und Resozialisierung. Kongreßbericht 1974, Hrsg.: Deutsche Akademie für medizinische Fortbildung Kassel. Stuttgart: Enke 1975

Bühler, Ch.: Kindheit und Jugend (1928). Göttingen: Hogrefe, 4. Aufl. 1967

Carlson, R.: Stability and change in adolescents' self-image. Child Development, 1965, 36, 3, 659–666

Chresta, H.: Jugend zwischen Konformismus und Opposition. Eine sozialpsychologische Untersuchung jugendlicher Selbstaussagen. Zürich, Köln: Benzinger 1970

Clark, M.: Health Problems of Adolescents. The PTA Magazine, 1966, 60, 4–7, 33–44

Coleman, J. S.: The Adolescent Society. New York: The Free Press 1961

Cooley, C. H.: Social process. Carbonale: Southern Ill. Univ. Press 1966

Coopersmith, S.: Studies in Self Esteem. Science American, 1968, 218, 96–107

Coppes, M.: Berufsschülerinnen und ihre Probleme. Weinheim: Beltz 1971

Davis, A.: Socialization and adolescent personality. Adolescence, 43rd. Yearbook, Part I, Chicago, National Society for the Study of Education, 1944

Daviter, J.: Der Lehrling im Betrieb. Hamburger Lehrlingsstudie der Hochschule für Wirtschaft und Politik, Hamburg, Band 2. München: Deutsches Jugendinstitut 1973

Degenhardt, A.: Zur Veränderung des Selbstbildes von jungen Mädchen beim Eintritt in die Reifezeit. Zeitschrift für Entwicklungspsychologie und Pädagogische Psychologie, 1971, 3, 1–13

Domke, H.: Die Freizeit der Berufsschuljugend – eine empirische Untersuchung an fünf Berufsgruppen. Dissertation. Nürnberg 1970

Douvan, E. & Adelson, J.: The Adolescent Experience. New York: Wiley 1966

Eisenstadt, M. J.: Von Generation zu Generation. München: Juventa 1966

Emnid-Institut für Meinungs- und Sozialforschung: Jugend 1964. Gesellungsformen, Lebensbereiche, Denkweisen. Bielefeld, 1964

Engel, M.: The stability of the self-concept in adolescence. Journal of Abnormal & Social Psychology, 1959, 58, 211–215

Erikson, E. H.: Jugend und Krise. Stuttgart: Klett 1974 (2. Aufl.)

Erikson, E. H.: Kindheit und Gesellschaft. Stuttgart: Klett 1968 (3. Aufl.)

Fürntratt, E.: Faktorenanalyse inhaltlicher Motive in van Lennep-Bildgeschichten Jugendlicher. Psychologische Rundschau, 1969, 20, 79–102

Giese, H. & Schmidt, G.: Studenten-Sexualität. Verhalten und Einstellungen. Reinbek b. Hamburg: Rowohlt 1968

Hampton, M., Shapiro, L. & Hueneman, R.: Helping Teenage Girls Improve Their Diets. Journal of Home Economics, 1961, 53, 835–838

Harris, L.: Change, yes – upheaval, no. Life, 1971, 70, 22–27

Havighurst, R. J.: Developmental Tasks and Education. New York: Davis McKay Co., Inc., 3. Aufl. 1972

Heinen, J., Welbers, G. & Windszus, B.: Lehrlingsausbildung – Erwartung und Wirklichkeit. Mainz: v. Hase & Köhler 1972

Hille, B.: Berufs- und Lebenspläne sechzehnjähriger Schülerinnen. Bericht über den 29. Kongreß der Deutschen Gesellschaft für Psychologie in Salzburg, 1974, Göttingen: Hogrefe, 1975

Hillmann, D. G.: Student valuation of academic achievement. The Sociological Quaterly, 1969, 10, 384–390

Hornstein, W.; Schefold, W.; Schmeiser, G. & Steckebrandt, J.: Lernen im Jugendalter. Stuttgart: Klett 1975

Huncke, W.: Heroin. Bild der Wissenschaft, 1980, 17, 178–217

Hurlock, E.: Adolescent Development. New York: McGraw Hill, 3. Aufl. 1967

Jaide, W.: Jugend und Demokratie. Politische Einstellungen der westdeutschen Jugend. München: Juventa 1970

Jones, H. E.: Motor Performance and Growth: A Developmental Study of Static Dynamometric Strength. University of California Publications in Child Development, 1949, 35–36

Kammeyer, K.: The Feminine Role: An Analysis of Attitude Consistency. Journal of Marriage and the Family, 1964, 26, 295–305

Kentler, H. (Hrsg.): Texte zur Sozio-Sexualität. UTB. Opladen: Leske 1973

Kinsey, A. C., Pomeroy, W. B., Martin, C. E.: „Das sexuelle Verhalten des Mannes", Frankfurt/Main: S. Fischer 1966, 155–160

Kleemann, K.: Die Bekämpfung des Drogen- und Rauschmittelmißbrauchs. schulreport, 1980, Heft 3, 8–21

Kooy, G. A.: Jeugd en sexualiteit tegen de jaren zeventig. Wageningen: Veenman 1972

Kreutz, H.: Jugend, Gruppenbildung und Objektwahl. Philosophische Dissertation, Wien, 1964

Lehr, U.: Positive und negative Einstellungen zu einzelnen Lebensaltern. Vita Humana, 1964, 7, 201–227

Lehr, U.: Psychologie des Alterns. Heidelberg: Quelle & Meyer 1972

Lemert, E. M.: Human Deviance, Social Problems and Social Control. New York, Englewood Cliffs, 1967

Lewin, K.: Feldtheorie in den Sozialwissenschaften. Ausgewählte theoretische Schriften. Bern/Stuttgart: Huber 1963

Lopez, J.: Obesity A Problem: Get A Move On. Forecast for Home Economics, 1968, 13, F–12t

Lutte, G., Mönks, F. & Sarti, S.: Das Bild der Eltern und die Familienwerte im jugendlichen Idealerleben (I). Zeitschrift für Entwicklungspsychologie und Pädagogische Psychologie, 1969, 1, 18–31

Lüdtke, H.: Jugendliche in organisierter Freizeit. Weinheim: Beltz, 1972

Maslow, A. H.: Motivation and personality. New York: Harper 1954

Mead, M.: Coming of age in Samoa. Mitcham: Penguin books, 1961

Meier, G. & Haferkamp, H.: Sozialarbeit als Instanz sozialer Kontrolle. Kriminologisches Journal, 1972

Mönks, F.: Ansatz zur biografischen Forschung bei Jugendlichen. In: Lehr, U. & Weinert, F. E. (Hrsg.): Entwicklung und Persönlichkeit. Stuttgart: Kohlhammer 1975

Mönks, F. J. & Heusinkveld, H. G.: De mythe van de generatiekloof. In: de Wit, J. et. al. (Hrsg.): Psychologen over het kind 3. Groningen: Tjeenk Willink 1973

Moser, T.: Jugendkriminalität und Gesellschaftsstruktur. Frankfurt/Main 1970

Muchow, H. H.: Flegeljahre. Ravensburg 3. Aufl. 1963

Müller, C. W. & Nimmermann, P.: In Jugendclubs und Tanzlokalen. München 1969

Nash, J.: The Father in Contemporary Culture and Current Psychological Literature. Child Development, 1965, 36, 261–297

Nolting, H.-P.: Aspekte der Selbstbildentwicklung im Jugendalter. Göttingen: Unveröffentlichte Math.-Nat. Dissertation, 1971

Oerter, Rolf: Die Entwicklung von Werthaltungen während der Reifezeit. München: Reinhardt 1966

Read, M. S.: Teen-age Nutrition: Foundation for the Future. Practical Forecast for Home Economics, 1965, 10, P-40t

Remmers, H.: Cross-cultural studies of teenager problems. Journal of Educational Psychology, 1962, 53, 254–261

Remplein, H.: Die seelische Entwicklung des Menschen im Kindes- und Jugendalter. München: E. Reinhardt 12. Aufl. 1964

Rice, F. Ph.: The Adolescent. Development, Relationships and Culture. Boston: Allyn and Bacon, Inc., 1975

Ringness, Th. A.: Emotional Adjustment of Academically Successful and Nonsuccessful Bright Ninth Grade Boys. The Journal of Educational Research, 1965, 59, 88–91

Rogers, C. R.: Toward a modern approach to values: The valuing process in the mature person. Journal Abnorm. Soc. Psychology, 1964, 68, 160–167

Rosenmayr, L. & Kreutz, H.: Eltern und Gleichaltrige als Faktoren sozialen Einflusses bei Jugendlichen und „jungen Erwachsenen". In: Wurzbacher, G. (Hrsg.): Die Familie als Sozialisationsfaktor. Stuttgart 1968

Schäfer, O., Lemberg, E. & Klaus-Röder, R.: Studien zur Soziologie der Gymnasialjugend. Heidelberg: Quelle & Meyer 1965

Schenk-Danzinger, L.: Entwicklungspsychologie. Wien: Österreichischer Bundesverlag für Unterricht, Wissenschaft und Kunst 6. Aufl. 1972

Schmidt, G. & Sigusch, V.: Arbeiter-Sexualität. Neuwied, Berlin: Luchterhand 1971

Schofield, M.: Das sexuelle Verhalten junger Leute. Reinbek bei Hamburg: Rowohlt, 1969

Schwartz, R. K.: An interview procedure for studying adolescent perceptions. Adolescence, 1970, 5, 313–321

Shaw, C. R. & McKay, H. D.: Juvenile delinquency and urban areas. Chicago: University of Chicago Press, 1969

Sigusch, V. & Schmidt, G.: Jugend und Ehe. Ergebnisse einer empirischen Untersuchung. Ehe-Zentralblatt für Ehe und Familienkunde, 1972, 9, 28–47

Snyder, E. E.: Socioeconomic Variations, Values, and Social Participation Among High School Students. Journal of Marriage and the Family, 1966, 28, 174–176

Snyder, E. E.: A Longitudinal Analysis of the relationship between High School Student Values, Social Prestige and

Educational-Occupational Achievement. Sociology of Education, 1969, 42, 261–270

Specht, F.: Sozialpsychiatrische Gegenwartsprobleme der Jugendverwahrlosung. Stuttgart: Enke 1967

Spindler, E. B.: Motivating Teen-Agers to Improve Nutrition. Journal of Home Economics, 1963, 55, 28–32

Spranger, E.: Psychologie des Jugendalters. Leipzig: Quelle & Meyer 1925

Steinvorth, G.: Diagnose: Verwahrlosung. München 1973

Strang, R.: The Adolescent Views Himself. New York: Mc-Graw-Hill 1957

Stückrath, F. & Schottmayer, G.: Fernsehen und Großstadtjugend. Braunschweig: Bertelsmann 1967

Sugarman, B. N.: Social norms in teenage boy's peer groups: A study of their implications for achievement and conduct in four London schools. Human Relations, 1968, 21, 1

Tanner, J. M.: Wachstum und Reifung des Menschen. Stuttgart: Georg Thieme 1962

Tenbruck, F.: Jugend und Gesellschaft. Soziologische Perspektiven. Freiburg: Rombach, 2. Aufl. 1965

Thiersch, H.: Abweichendes Verhalten – Definition und Stigmatisierungsprozesse. In: Deutscher Bildungsrat, Gutachten und Studien der Bildungskommission. Stuttgart: Klett, 1975, Band 51

Thomae, H.: Vorbilder und Leitbilder der Jugend. München: Juventa 1965

Thomae, H.: Beiträge zu einer genetischen Anthropologie. Frankfurt/Main: Athenäum 1969

Thompson, G. G.: Age trends in social values during the adolescent years. Amer. Psychology, 1949, 4, 250

Tuddenham, R. D. & Snyder, M. M.: The Physical Growth of California Boys and Girls from Birth to Eighteen Years. University of California Publications in Child Development, 1954, 1, 183–364

Tudor-Hart, B. E.: Are there cases in which lies are necessary? Journal Genet. Psychology, 1926, 33, 586–641

Warnick, K. P. & Zachringer, M. V.: Food Patterns of Deficient Diets. Journal of Home Economics, 1963, 55, 169–172

Whyte, W. F.: Street corner society. Chicago: Univ. of Chicago Press 1943

Alter

Überblick

Das Alter als letzter Abschnitt des Lebenslaufes läßt sich begreiflicherweise vom Lebensalter her nur schwer festlegen. Neben biologischen Alterungsvorgängen sind die Veränderungen in der sozialen Umwelt und in den sozialen Aufgaben des alternden Menschen viel bedeutsamer. Je nach seinen Aufgaben und Funktionen wird sich das Bild des Alters ganz verschieden ausnehmen.

Dennoch gibt es in unserer Industriegesellschaft charakteristische Entwicklungstrends und -probleme für das Alter, die wir im folgenden beschreiben wollen.

Der alte Mensch in der industriellen Gesellschaft

Bevölkerungspyramide

Im Lauf der letzten hundert Jahre hat der Anteil alter Menschen an der Gesamtbevölkerung stark zugenommen. Abb. 20 zeigt die Verteilung für Männer (links) und Frauen (rechts) im Jahr 1861 und 1961 für die Bevölkerung von England und Wales. Man erkennt, daß die Pyramide stark abgeflacht ist, d. h. daß der Anteil der älteren Menschen sehr stark zugenommen hat. Diese Veränderung findet man in ähnlicher Weise in allen hochindustrialisierten Ländern vor.

Abb. 20: Bevölkerungspyramiden von 1861 und 1961 in England (Townsend, 1966)

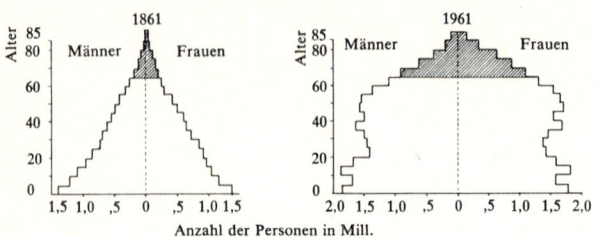

Anzahl der Personen in Mill.

Gleichzeitig hat sich das Heiratsalter und die Geburt des ersten Kindes weiter nach vorne verlagert, so daß heute wesentlich häufiger als früher vier Generationen zugleich am Leben sind.

In den USA haben mehr als $^2/_5$ der über 65jährigen eine Familie mit drei oder vier Generationen (*Townsend*, 1968).

In Abb. 21 ist verdeutlicht, wie sich markante Einschnitte im Lebenslauf der Frau seit 1890 verschoben haben (nach der Übersicht von *Lehr*, 1972). Während sich der Schulabschluß zeitlich nach hinten verlagert hat, liegen Heirat, Geburt des letzten Kindes und Hochzeit des letzten Kindes heute wesentlich früher im Lebensalter der Mutter als vor 80 Jahren. Der Tod des Ehegatten und der eigene Tod hingegen haben sich nach hinten verlagert. Damit wird deutlich, wie sehr alte Menschen heute zu einer wichtigen gesellschaftlichen Gruppe geworden sind, die von den ursprünglichen Familienaufgaben verhältnismäßig freigesetzt ist.

*Abb. 21: Verlagerung wichtiger Ereignisse im Lebenslauf
der Frau (in Anlehnung an Lehr, 1972, S. 44)*

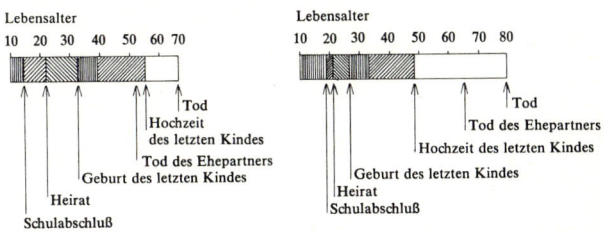

A Überprüfen Sie diese Aussagen für Ihre Eltern und
Großeltern! Vergleichen Sie das Alter beim Schulabschluß, bei der Eheschließung und bei der Geburt des ersten und letzten Kindes.

Berufsaustritt

Zugleich mit der Vergrößerung der Lebenserwartung
erfolgt eine wachsende Freisetzung vom Arbeitsleben.
Laut einer EWG-Aufstellung (zit. nach *Lehr,* 1972)
waren von den 65jährigen berufstätig:

in industrialisierten Ländern	21–30%
in halbindustrialisierten Ländern	61%
in Agrarländern sogar	70%

Ein Grund für die Unterschiede zwischen industrialisierten Ländern und den übrigen Ländern liegt darin,
daß bei uns die Zahl der abhängigen, nicht selbständigen Arbeitskräfte immer mehr ansteigt. Diese Arbeitskräfte scheiden bei einer festgelegten Altersgrenze aus
dem Berufsleben aus. Wenn Mangel an Arbeitsplätzen
besteht, wie etwa im Jahr 1975, wird diese Altersgrenze herabgesetzt, um für den Rest der Beschäftigten die

267

Arbeitsplätze zu sichern. Die Pensionierungsgrenze liegt in den westlichen Ländern nach *Tews* (1971) bei männlichen Beschäftigten zwischen 60 und 67, bei weiblichen Beschäftigten zwischen 55 und 67. Trotzdem ging der Anteil der arbeitenden Bevölkerung (hier angenommen als 24- bis 65jährige) nicht zurück, er hat sich sogar von rund 50 auf 58% in den USA erhöht (*Friedmann*, 1960). Dieses merkwürdige Rechenergebnis geht einerseits auf den Rückgang der Kinder und Jugendlichen am Anteil der Bevölkerung zurück und hängt andererseits mit der Einwanderung von Arbeitskräften in die USA zusammen. Auf lange Sicht verringert sich sicherlich der Anteil der arbeitsproduktiven Bevölkerung. Dies ist als Wirkung der Industrialisierung aber nicht tragisch, da sie die zunehmende Freisetzung des Menschen vom Arbeitsprozeß ermöglicht.

Prestige-Verlust des Alters

Von dem Alltagsverständnis her liegt der Hauptunterschied zwischen früheren Gesellschaften und der heutigen Industriegesellschaft für alte Menschen in einem Verlust an Ansehen und Achtung. Während in vorindustriellen Kulturen das Alter in der Regel hohes Ansehen genießt, hat es in unserer Gesellschaft einen niedrigen Status erhalten. Genauere Nachforschungen zeigen allerdings, daß die generelle Hochachtung durchaus nicht so allgemein galt (*Simmons*, 1960). In den meisten der untersuchten Kulturen beispielsweise genossen nur die alten Männer, nicht aber die Frauen Ansehen. Auch Gebrechlichkeit und Krankheit beeinträchtigten das Prestige der Alten. Allerdings besitzen alte Menschen in Primitiv-Gesellschaften Herrschaft und Macht, z. B. als Stammesführer, Medizinmänner, Priester, Anführer oder Veranstalter von Festen, Berater für Initiationsriten (Jugendweihen) und als Geburtshelfer. Die Sicherheit im Alter, die bei uns gesetzlich fundiert ist und durch den Staat garantiert werden soll, gewinnen alte Menschen in vorindustriellen Gesellschaften durch ihre Privilegien. Vielfach kontrollieren sie beispielsweise die Nahrungsmittelversorgung und bestimmen, was Kinder, Erwachsene und alte Menschen essen sollen. Außerdem besitzen sie häufig materielle Güter (Wohnstätte, Ackerland) und treffen bis zu ihrem Tod alle Entscheidungen allein oder beeinflussen diese doch sehr stark mit. In unserer Gesellschaft mußte das Alter demgegenüber einen großen Statusverlust hinnehmen, was zu der gegenwärtigen Altersproblematik wesentlich beiträgt.

Körperliche Entwicklung und Gesundheit

Viel mehr als in früheren Altersstufen spielen nun Gesundheit und Wohlbefinden des Körpers eine Rolle. Die körperlichen Veränderungen im Alter werden oft als Ursache für psychische Veränderungen angesehen, z. B. für das Nachlassen geistiger Leistungen. Diese Ansicht ist in dieser einfachen Form nicht haltbar. Wir werden sie in späteren Abschnitten noch mehrfach unter die Lupe nehmen.

Eine umfassende Erklärung des körperlichen Alterns steht noch aus. Einerseits werden Zellen, die absterben, nicht mehr erneuert, andererseits werden Giftstoffe und Abfallprodukte im Körper angehäuft, weil der Stoffwechsel sich verlangsamt und Abbau sowie Transport dieser Stoffe nicht mehr hinreichend funktionieren.

Am deutlichsten zeigen sich Altersveränderungen bei

Haut
Skelett
Muskeln
Nervensystem und
Sinnesorganen

Rockstein (1968) beschreibt diese Veränderungen wie folgt:
Die *Haut* wird spröde, trocken und faltig, Pigmentierungs-
flecke erscheinen, das Haar wird dünn und weiß. Beim
Skelett zeigt sich eine Veränderung der Knochensubstanz.
Die Knochen werden spröde, die Gliedmaßen krümmen
sich, gebeugte Haltung tritt auf und die Knorpel zwischen
den Knochen werden dünner, so daß ältere Menschen wieder kleiner werden. Die *Muskeln* verringern sich und ein
Teil der Muskeln wird durch funktionsuntüchtiges Bindege-
webe ersetzt. Damit hängt das Nachlassen der körperlichen
Geschicklichkeit und Beweglichkeit zusammen. Auch das
Nervensystem ist betroffen. Absterbende Hirnzellen werden
nicht ersetzt (übrigens zu keiner Zeit während des menschlichen Daseins) und Hirngefäße werden hart oder verstopfen,
was zu Schlaganfällen oder zur geistigen Demenz führen
kann. Die *Sinnesorgane* verlieren im Alter ebenfalls viel von
ihrer Leistungsfähigkeit. Die Hörgrenze sinkt bei hohen
Tönen ab und steigt bei tiefen Tönen an, so daß sich der
Tonumfang sukzessive verringert. Auch hinsichtlich der allgemeinen Hörleistung (Lautstärke) zeigen sich Beeinträchtigungen. Zur schon zwischen 40 und 50 Jahren eintretenden
Weitsichtigkeit tritt im höheren Alter häufig der grüne Star
(Zerstörung von Sehzellen durch erhöhten Augendruck)
und der graue Star (Trübung der Augenlinse).

Freilich zeigen auch andere Organe Beeinträchtigungen, vor allem sinkt die Leistung des Herzens, die
Arterien verhärten sich und verengen sich durch Abla-
gerung von Abfallstoffen. Die Konstanthaltung der
Körpertemperatur wird ebenfalls allmählich beeinträchtigt.

Wichtig ist aber nun, daß solche körperlichen Veränderungen nie unmittelbare Auswirkungen auf Verhalten und Leistungen haben. Weder bewirkt der Schwund der Gehirnmasse ohne weiteres ein Nachlassen geistiger Leistungen, noch die Veränderung der Muskelmasse unmittelbar eine Verringerung der Körpergeschicklichkeit. Bis heute weiß man noch nicht, wann der Abbau und die Veränderung von Zellgewebe und Organen wirklich zu einem Funktionsverlust führen. Das liegt daran, daß viele Leistungen durch Einsatz anderer Körperfunktionen auf ihrem Niveau gehalten werden können. Der Organismus kann auf diese Weise körperliche Verfallserscheinungen lange Zeit kompensieren. Dies gilt vor allem für den Schwund an Gehirnmasse. Hier ist eine eindeutige Zuordnung von Leistungsausfall und partieller Gehirnschädigung nur selten möglich (*Birren,* 1964; *Ruffin,* 1962).

Tab. 14 bringt eine Zusammenstellung von Bedingungen, die das Leben statistisch verlängern oder verkürzen. Die Angaben sind statistisch, d. h. sie treffen nicht auf Einzelfälle zu, sondern sind Durchschnittsangaben, die aus der Zusammenfassung einer großen Fallzahl in den USA resultieren (*Jones,* 1959).

Die Tabelle enthält natürlich nicht die heute häufigsten Todesursachen durch Herzversagen, Krebs usw. Außerdem darf sie nicht als einfache Ursachen-Wirkung-Kette verstanden werden. Wer viel raucht, auf das Essen nicht achtet oder schlecht verdaut, kommt zu gesundheitsschädlichen Gewohnheiten häufig aufgrund einer belastenden, anstrengenden Berufstätigkeit. In solchen Fällen ist nicht auszumachen, ob die unmittelbaren Bedingungen, wie Rauchen und unge-

sundes Essen, oder die allgemeine psychische Bela-
stung zur körperlichen Beeinträchtigung führen.

*Tab. 14: Bedingungen für die Verlängerung bzw. Verkür-
zung des Lebensalters (Jones, 1959, S. 354)*

Vergleich	Gewinn (+) und Ver- lust (−) an Lebens- jahren
Landbewohner im Vergleich zu Stadt- bewohnern	+ 5
Verheiratete im Vergleich zu Ledigen, Verwitweten oder Geschiedenen	+ 5
Übergewicht	
25% Übergewicht	− 3,6
67% Übergewicht	−15,1
Ein Päckchen Zigaretten am Tag	− 7
Fettgrundumsatz bei 25% der Bevölkerung mit „idealer" Lipoproteinkonzentration	+10
bei 25% der Bevölkerung mit erhöhter Lipoproteinkonzentration	− 7
Zuckerkrankheit (laut Klinikbericht 1950)	−10
Frauen im Vergleich zu Männern	+ 3
Eigene Mutter war noch mit 90 Jahren am Leben (Erbeinfluß?)	+ 4,4
Eigener Vater war mit 90 Jahren noch am Leben (Erbeinfluß?)	+ 7,4
Herzgeräusche	−11
Herzgeräusche und Tonsillitis (Mandel- entzündung)	−18

Für uns wichtiger ist aber ein anderer eindeutig gesi-
cherter Zusammenhang. Die Lebenserwartung hängt
nämlich nicht allein mit Bedingungen der körperlichen
Gesundheit zusammen, sondern ebenso mit Intelligenz, Schulbildung und Beruf, sowie sozial-ökonomi-
scher Herkunft. Personen aus niedrigerer sozial-öko-
nomischer Schicht und Personen mit geringerer Intelligenz und Schulbildung haben zugleich eine geringere
Lebenserwartung. Da aber die Intelligenz und die

Schulbildung eindeutig sehr stark mit der sozialen Schicht verknüpft sind, müssen wir erneut die schon häufig getroffene Feststellung wiederholen, daß Personen aus niedrigeren Schichten insgesamt benachteiligt sind, sie sterben früher.

Der Einfluß von Schulbildung und Intelligenz auf die Verlängerung des Lebensalters geht nicht mechanisch oder „automatisch" vor sich. Vielmehr können sich Intelligentere und „Gebildetere" besser auf das Alter einstellen. Sie wissen, was ihnen schadet, planen systematischer ihr Leben, sorgen besser für ihre Gesundheit und bleiben insgesamt länger aktiv.

Abb. 22 verdeutlicht nochmals den Zusammenhang von Konstitution, sozialem Status bzw. sozialökonomischer Schicht und geistigen Fähigkeiten.

Abb. 22: Zusammenwirken von Bedingungen für die Lebensdauer

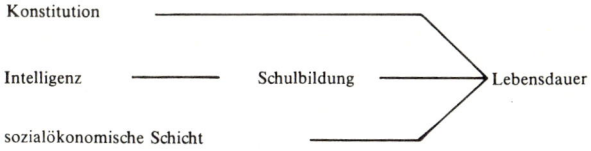

Die kognitive Entwicklung im Alter

a) Die Defizit-Annahme und ihre Kritik
Schon von der Alltagserfahrung her glaubt man zu wissen, daß die geistigen Kräfte im Alter nachlassen: Alte Menschen können sich Dinge nicht mehr gut merken, sie sind langsamer im Begreifen, ungeschick-

ter in der Handhabung von Geräten und Maschinen und tun sich schwer, neue Entwicklungen mitzuvollziehen und zu verstehen.

Diese Annahmen sind aber zunächst nur Vorurteile, die sich als allgemeine Aussagen nicht halten lassen. Auch in der psychologischen Forschung fand man zunächst die Abnahme von Intelligenzleistungen im Alter. In Abb. 23 sind die Ergebnisse von drei älteren Untersuchungen zusammengestellt. Verglichen wurden zum gleichen Zeitpunkt verschiedene Altersgruppen von 10 bis 80 Jahren. In dem Ergebnis von *Miles* schneiden alte Menschen besonders schlecht ab.

Abb. 23: Intelligenzniveaus verschiedener Altersgruppen (Lehr, 1972)

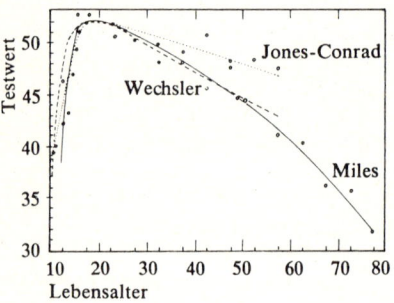

Diese Befunde sind heute aber nicht mehr haltbar, da jüngere Ergebnisse ein deutlich verändertes Bild erbringen. Bevor wir uns aber diesen Ergebnissen zuwenden, sollen einige Gründe für die Annahme der Intelligenzminderung im Alter aufgeführt werden. Diese Gründe sind nämlich auch für Fehlurteile gegenüber dem Alter im Alltag verantwortlich.

- Die gewonnenen Daten stammen aus sog. Querschnittsuntersuchungen. Hier wurden verschiedene Altersgruppen zum gleichen Zeitpunkt, also beispielsweise im Jahre
1917, getestet. Diese Altersgruppen lassen sich aber nicht
ohne weiteres vergleichen. Die 70jährigen verbrachten
beispielsweise die meiste Zeit ihres Lebens im neunzehn-
ten Jahrhundert und waren ganz anderen Lernbedingun-
gen und einer anderen Kultur ausgesetzt. Wenn sie in den
betreffenden Tests weniger leisteten, so hing das auch
damit zusammen, daß die gestellten Aufgaben mit ihrer
Welt und ihrer Erfahrung nichts zu tun hatten.
- Interessenlage und geistige Welt. Ältere Menschen haben
aufgrund ihrer Berufstätigkeit und ihrer Lebenserfahrung
ein ganz anderes Verhältnis zu Testaufgaben, die welt-
und lebensfremd sind und oft an ihren wirklichen Fähigkeiten vorbeimessen. Die Tests werden zudem meist für
Jugendliche und junge Erwachsene entworfen, und aus
dieser Gruppe wird wiederum nur ein Ausschnitt (vor
allem Angehörige der Mittelschicht) angesprochen. Auch
im Alltag unterschätzt man häufig das Leistungsvermögen
älterer Menschen, weil sie sich für bestimmte Probleme
und Leistungen der jüngeren Generation nicht interessieren.
- Leistungstempo. Ältere Menschen brauchen gewöhnlich
zu vielen Leistungen länger als jüngere Menschen. Da bei
Tests die Zeit eine große Rolle spielt, lösen sie nur wegen
der Verlangsamung ihres Arbeitstempos weniger Aufgaben. Läßt man ihnen aber hinreichend Zeit, so stehen sie
Jüngeren kaum nach (*Miles,* 1934; *Schaie* u. a., 1953;
Jones, 1955).
- Verschlechterung von Wahrnehmungsleistungen. Bekanntlich lassen die Leistungen der Sinnesorgane mit zunehmendem Alter nach. Viele Testaufgaben (wie auch
Alltagsleistungen) hängen aber stark mit funktionstüchti-
gen Sinnesorganen zusammen. Andererseits sind alte
Menschen viel weniger beeinträchtigt, wenn sie Probleme
zu lösen haben, die nicht unmittelbar von Sinnesleistun-
gen abhängen.

b) Unterschiedliche Altersentwicklung in zwei
   Hauptbereichen der Intelligenz

Heute erfaßt man kognitive Fähigkeiten nicht nur
durch ein allgemeines Intelligenzmaß, sondern versucht, das Leistungsniveau in möglichst vielen Teilbereichen zu erfassen. Geht man so vor, so ergibt sich
für das Alter ein differenzierteres und erfreulicheres
Bild (s. Abb. 24).

Genauere Intelligenzuntersuchungen zeigen, daß man
wahrscheinlich zwischen zwei Haupt„faktoren" oder
Dimensionen der Intelligenz unterscheiden kann, die
im Alter deutlich auseinanderfallen. Der erste Hauptfaktor umfaßt Leistungen, die sich im Laufe des Lebens festigen und anreichern. Zu ihnen gehören allgemeines Wissen, Erfahrungswissen, Umfang des Wort-
schatzes und Sprachverständnis. Dieser Faktor wird
als „crystallized intelligence" bezeichnet (*Horn*
& *Cattell*, 1966). Der zweite Hauptfaktor, die „fluid
intelligence", umfaßt Leistungen, die viel stärker visuelle und motorische Funktionen verlangen, aber auch
Flexibilität und rasche Umstellung. Die crystallized
intelligence erreicht ihren Höhepunkt nach Ansicht
der Autoren nicht schon im frühen Erwachsenenalter,
sie ist stark umweltabhängig und entwickelt sich bis
ins hohe Alter hinein aufwärts. Die fluid intelligence
dagegen hängt nach Ansicht der Autoren stärker mit

Untersuchungsbeispiel

*Abb. 24 stellt die Leistungen alter Menschen denen
einer Standardgruppe im Alter von 25 bis 35 Jahren bei
einem heute sehr gebräuchlichen Test, dem Wechsler-
Intelligenztest, gegenüber. Gesunde Personen mit immerhin 71 Jahren sind in vier Untertests der Standard-
(Vergleichs)-gruppe überlegen! Sie schneiden gut in*

Aufgabenbereichen ab, die mit allgemeinem Wissen, mit manchen Denkaufgaben und mit Sprache zu tun haben. Schlechter als die Normgruppe sind ihre Leistungen vor allem in Bereichen, bei denen die Wahrnehmung und motorische Reaktionen eine Rolle spielen. So muß man im Mosaiktest ein vorgegebenes Muster möglichst rasch mit Steinen nachlegen.

Abb. 24: *Vergleich von Intelligenzleistungen beim Wechsler-Intelligenztest zwischen alten Menschen und einer Normgruppe von 25- bis 35jährigen (übernommen aus Lehr, 1972)*

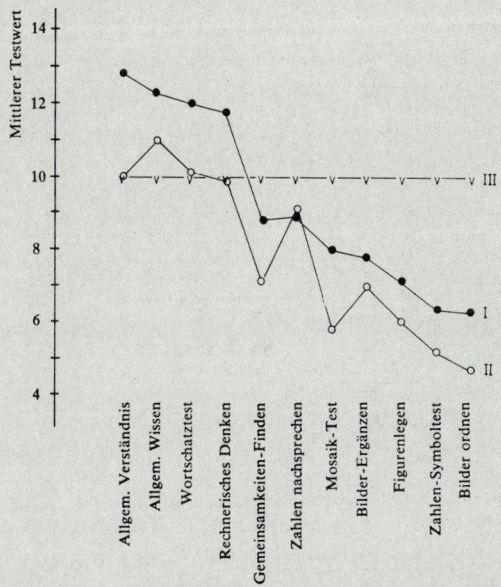

Gruppe I: völlig gesunde männliche Personen, Durchschnittsalter 71 Jahre

Gruppe II: ältere Männer mit leichten Krankheitsanzeichen, Durchschnittsalter 73 Jahre

Gruppe III: Standardisierungsgruppe des Tests im Alter von 25 bis 35 Jahren

Bedingungen der Funktionstüchtigkeit der Sinnesorgane und des Zentralnervensystems zusammen. Sie wird daher stärker durch den Vorgang des körperlichen Alterns beeinträchtigt. Abb. 25 zeigt die Ergebnisse von *Horn* und *Cattell,* die mit zunehmendem Alter in der Tat eine Abnahme der fluid intelligence und ein Anwachsen bzw. Gleichbleiben der crystallized intelligence bestätigen.

Abb. 25: Die Entwicklung von „fluid" und „crystallized" intelligence (nach Horn & Cattell, 1966)

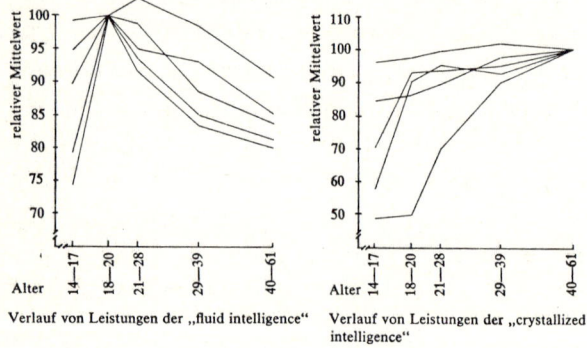

Verlauf von Leistungen der „fluid intelligence" Verlauf von Leistungen der „crystallized intelligence"

Wie verwickelt in Wirklichkeit Sachverhalte des geistigen Werdegangs der Menschen sind, zeigt eine andere Untersuchung (*Nesselroade* u. a., 1972). Acht verschiedene Altersgruppen wurden zweimal mit einer Reihe von Intelligenzaufgaben geprüft, das erste Mal im Jahr 1956, das zweite Mal 1963. Die jüngste Gruppe war bei der ersten Messung zwischen 21 und 27 Jahren alt, die älteste Gruppe war 70 bis 71 Jahre. In Abb. 26 sind von den vier gefundenen Faktoren nur die Ergebnisse von zwei Faktoren aufgetragen; der erste repräsentiert die crystallized intelligence, der zweite die fluid intelligence. Dabei zeigt sich ein interessantes Ergebnis. Vergleicht man nur die Altersgruppen ohne die Wiederholung des Tests sieben Jahre später, so sinkt die Leistung bei beiden Faktoren mit dem Alter etwas ab. Dieser Befund darf aber nicht einfach als Intelligenzrückgang gedeutet werden, denn die gleichen Versuchspersonen zeigten in vielen Tests sieben Jahre später auch deutliche Verbesserungen in ihren kognitiven Leistungen. Die Verbesserungen traten allesamt bei der crystallized intelligence auf. Interessanterweise verbesserten sich aber die jüngsten vier Gruppen (bis zu 45 Jahren) kaum, während im höheren Alter ein deutlicher, noch ständig anwachsender Leistungsanstieg im Laufe von sieben Jahren erfolgte! Die fluid intelligence dagegen hatte einen Leistungsabfall in den mittleren Altersgruppen zu verzeichnen, der bei den ca. 38jährigen begann und bis zu den Personen sich erstreckte, die bei der ersten Messung im Durchschnitt 52 Jahre alt waren. Dieser Befund bestätigt die oben beschriebene Annahme der Verbes-

Abb. 26: Altersvergleiche in der crystallized und fluid intelligence bei Testwiederholung nach sieben Jahren (Nesselroade u. a., 1972)

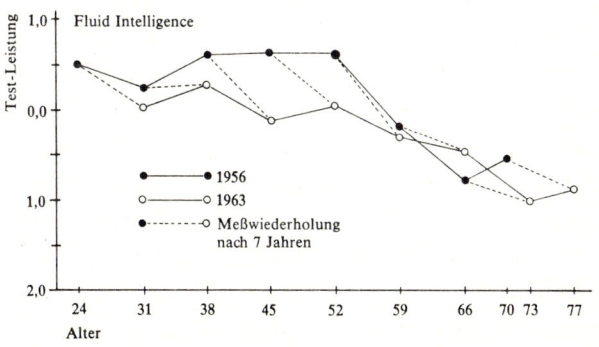

serung im Bereich der crystallized intelligence (Lebenserfahrung, Wissen und Sprache) und der Verschlechterung innerhalb der fluid intelligence (Umstellungsvermögen, Reiz-Reaktionsleistungen). Wichtig ist aber bei diesem Ergebnis, daß der Hauptabfall bereits in den mittleren, den „besten" Lebensjahren erfolgte, während im höheren Alter bis immerhin zu 78 Lebensjahren kaum mehr eine Verschlechterung der Leistung auftrat!

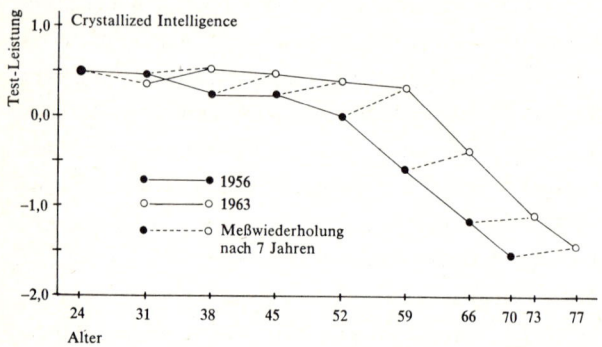

c) Lernen und Gedächtnis

Eine weitverbreitete Alltagsmeinung besagt, daß man im Alter viel schwerer etwas Neues lernen kann und daß sich das Gedächtnis auffallend verschlechtert. Wie steht es mit der wissenschaftlichen Überprüfung dieser Annahme?

Zum Verständnis von altersabhängigen Veränderungen muß man sich zunächst einmal vor Augen halten, wie stark Lernfähigkeit mit fortwährender Übung zusammenhängt. Wer seit seinem 10. Lebensjahr nicht mehr Klavier gespielt hat, wird sich mit 60 und 70 Jahren schwertun, ein neues Klavierstück einzuüben. Pianisten hingegen behalten nicht nur bis ins hohe

Alter hinein ihre Technik, sondern auch ihre Lernfähigkeit, sie nehmen laufend neue Stücke in ihr Repertoire auf. Ähnliches gilt für Schauspieler, die bis ins hohe Alter hinein die Fähigkeit, neue lange Rollen auswendig zu lernen, behalten. Das laufende, lebenslange Training ist für solche Leistungen verantwortlich. Auch das Gedächtnis im engeren Sinn (Behalten von Wissen, Fakten, Namen usw.) ist bekanntlich nicht bei allen älteren Menschen in der gleichen Weise beeinträchtigt. Schriftsteller, Politiker, Wissenschaftler haben schon oft ihre Lern- und Gedächtnisfähigkeit unter Beweis gestellt. Daß es bei Hochintelligenten und „Begabten" Ausnahmen gibt, mag ja noch hingehen. Wie steht es aber mit „normalen" Menschen? Übertragen wir das eben Gesagte auf die Breite der Bevölkerung, so müßte der Beruf eines Menschen einen gravierenden Einfluß auf sein Lern-, Denk- und Merkvermögen ausüben.

Bleibt man im Altersbereich der Berufstätigen (bis 65 Jahre), so gibt es eindeutige Belege für den fördernden und hemmenden Einfluß des Berufs auf die kognitiven Leistungen und die Lernfähigkeit.

Untersuchungsbeispiel

Vernon (1947) untersuchte jüngere und ältere Personen verschiedener Altersgruppen. Berufe, die eintönig waren und wenig anregende Tätigkeiten verlangten, schienen deutlich den Abbau von kognitiven Leistungen zu beschleunigen. Bei Berufen, die bestimmte Spezialleistungen beanspruchten, war dagegen keine Verschlechterung in der kognitiven, vor allem der beruflichen Leistungsfähigkeit zu beobachten. Ältere Bahnbeamte zeigten im Vergleich zu jüngeren einen annähernd gleichhohen Grad an Umstellungs- und Merkfähigkeit. Beim Fahrplanlesen waren die älteren den jüngeren sogar überlegen!

Noch auffälliger sind Befunde von *Glanzer* und *Glaser* (1959)[*] über Fliegendes Personal zwischen 20 und 50 Jahren. In einer Reihe von Tests zeigten sich Verbesserungen mit zunehmendem Alter. Besonders bemerkenswert sind hierbei Leistungsverbesserungen, die Umstellungsfähigkeit und Wahrnehmungsleistungen beinhalten. Entgegen den oben genannten Befunden (Abb. 25) erbrachte offenkundig das ständige berufliche Training auch bei lebensfernen Testleistungen eine Verbesserung. Bei Unternehmern und leitenden Angestellten zeigten Altersvergleiche ebenfalls keinen Intelligenzabfall, sondern zum Teil höhere Leistungen bei den Älteren (*Wagner*, 1960).

Man kann den Verdacht äußern, daß die Umwelt, vor allem die häusliche und berufliche Umwelt, für viele Erwachsene zu wenig Anregungen bietet und die kognitiven Fähigkeiten verkümmern läßt (deprivierende Umwelt). Die überwiegende Mehrzahl von Berufen verlangt nur Routinetätigkeiten, geistige Beweglichkeit ist vielfach eher hinderlich und unerwünscht. Unter solchen Bedingungen kann sich vieles von der anfänglichen geistigen Kapazität nicht mehr erhalten, es „verkümmert" (wird blockiert oder abgebaut).

A Suchen Sie nach einem Beispiel dafür, daß die Umweltanregung alter Menschen wesentlich geringer ist als etliche Jahre früher!

---

[*] Zit. nach *Lehr* (1972).

Trotz dieser einschränkenden Hinweise zeigen ältere Menschen laut zahlreichen Untersuchungen geringere Lernleistungen als jüngere. Dabei kommt es aber auf das Lernmaterial, die Wiedergabebedingungen und die Zahl der ermöglichten Wiederholungen an. *Craik* (1968) untersuchte die Lernleistung bei 20- bis 80jährigen, indem er verschiedene Inhalte lernen und hinterher wiedergeben ließ. Alte Menschen behielten unbekannte Namen und Ziffern, ebenso Farbnamen genausogut wie jüngere, waren aber schlechter bei der Wiedergabe von vertrauten Namen, von Sätzen und von Sprichwörtern, die leicht verändert worden waren. Man vermutet, daß ältere Menschen vor allem Schwierigkeiten bei Techniken des Einprägens haben. Sie bauen sich keine „Eselsbrücken", ordnen Inhalte nicht mehr griffbereit in ihr Gedächtnis ein. Die Fähigkeit des Kodierens, wie man mit einem Fachausdruck auch sagt, verringert sich.

Ältere haben mehr Übung nötig, bis sie das Niveau der Jüngeren erreichen (*Roth,* 1961), aber sie sind durchaus in der Lage, die gleiche Lernleistung zu erbringen.

A Nennen Sie Beispiele für Verschlechterung der Lernleistung alter Menschen aus Ihrem Bekanntenkreis! Welche Leistungen sind unverändert geblieben?

---

d) Stör- und Förderbedingungen

In vielen Fällen haben die Untersuchungen an alten Menschen gezeigt, daß ihre Lern- und Denkleistungen schlechter ausfallen, weil sie ängstlicher und störanfälliger sind.

Wenn alte Menschen mit lebensfremden Aufgaben konfrontiert werden, so ist diese Situation für sie viel belastender als für jüngere Menschen. Sie haben sich meist aus den beruflichen und familiären Verantwortlichkeiten zurückgezogen und scheuen Prüfsituationen, die an Schule oder berufliche Eignungsprüfungen erinnern. In ihrer Einstellung sind sie von alledem weit weg. Daher werden sie leicht ängstlich und reagieren mit verkrampfter Anstrengung oder aber durch Zurückziehen (*Eisdorfer,* 1967; *Oberleder,* 1964). Angst, Flucht, Blockierung und die damit verbundene Einengung der Auffassungs- und Verarbeitungskapazität sind wichtige Ursachen für geringere Leistungen im Alter. Damit aber sind Leistungsdefizite nicht (oder nicht ausschließlich) durch biologisches Altern bedingt, sondern werden häufig durch Momente verursacht, die gar nichts mit der eigentlichen kognitiven Leistungsfähigkeit zu tun haben. Bei alten Menschen ist auch die unser Leben so stark bestimmende Leistungsmotivation wesentlich geringer. Sie sagen sich: Ich will mich nicht mehr anstrengen, für mich sind die Zeiten des Lernens und der Leistung vorbei. Wenn sie also nicht ängstlich sind, wie oben angedeutet wurde, so sind sie häufig gleichgültig. Für sie ist die Testsituation etwas gänzlich anderes als für Jüngere. Auch unter diesem Gesichtspunkt also lassen sich Leistungen unterschiedlicher Altersstufen nur schwer vergleichen.

Einen günstigen Einfluß auf die allgemeine Leistungsfähigkeit übt offenbar die Aktivität und die optimistische Zukunftseinstellung aus. Alte Menschen neigen leicht zu Pessimismus, da sie den nahenden Tod vor Augen haben. Überwinden sie diese Haltung oder können sie sich ihre frühere optimistische Grundhaltung ins Alter hinein retten, so bleibt ihre geistige Leistungsfähigkeit auf einem höheren Niveau erhalten (*Lehr,* 1967; *Schreiner,* 1969).

e) Abkehr vom Fatalismus und eine neue Sichtweise vom Alter

In den letzten Jahren sind immer mehr Zweifel darüber aufgekommen, ob das Nachlassen der geistigen Leistungsfähigkeit wirklich mit dem biologischen Altern zusammenhängt. Wir haben einige Befunde angeführt, die ebenfalls diesen einfachen Zusammenhang in Frage stellen. Wirkliche geistige Beeinträchtigung, die mit biologischen Veränderungen zu tun hat, erscheint erst wenige Jahre vor dem Tode. Der allerletzte Lebensabschnitt trägt offenkundig schon die Spuren des nahenden Todes. Darauf weisen unter anderem Befunde von *Jarvik* und *Blum* (1971) sowie *Riegel* und *Riegel* (1972) hin.

Etwaige Beeinträchtigungen *vor* diesem letzten Abschnitt müssen andere Ursachen haben. Auf einige dieser Ursachen wurde bereits hingewiesen. Wir wollen abschließend einen umfassenderen Erklärungsversuch kennenlernen, der gegenwärtig im Vordergrund steht.

Kognitive Leistungen lassen sich zu keiner Zeit des Lebenslaufes als fixe, anlagemäßig bestimmte „Begabung" verstehen (s. S. 22 und S. 30). Intelligenz bedarf zu ihrer Entfaltung immer (a) günstiger Umweltanregungen und (b) sinnvoller Aufgabenstellungen in der Umwelt. Beides scheint im Alter zu fehlen. *Labouvie-Vief* u. a. (1974) versuchen aufgrund der Analyse einer Reihe von Ergebnissen verschiedenster Forscher zu beweisen, daß die Veränderung und der „Abbau" geistiger Leistungen im Alter mit der Veränderung der Umwelt im Alter aufs engste gekoppelt ist. Auch wenn sich die Umwelt äußerlich scheinbar nicht geändert haben mag, so ist sie für ältere Menschen dennoch anders geworden. Sie brauchen nun häufiger als früher die unmittelbare Erfolgsmeldung für ihre Leistung (Feedback, Verstärkung). Sie benötigen für die Steuerung der Aufmerksamkeit nun zusätzliche Hilfen. Diese können einmal von außen gegeben werden, zum anderen aber auch in Selbsthilfe bestehen, wenn sich der ältere Mensch beispielsweise selbst Instruktionen gibt und das, was er tut, sprachlich formuliert.

Die oben zitierten Autoren vermuten, daß angesichts der nun notwendig werdenden Veränderung äußerer Bedingungen die Umwelt alter Menschen verarmt (depriviert) sei. Vor allem würden alte Menschen stark durch die stereotypen Urteile der jüngeren Generation über das Alter beeinträchtigt. Sie erhalten nämlich keine Verstärkung für Leistungen, die früher wichtig waren. Man wünscht beispielsweise gar nicht, daß alte Menschen noch gute geistige Leistungen erbringen oder beruflich tüchtig sind. Sie sollen ja das Feld den Jüngeren räumen (*Bennet* & *Eckerman*, 1973). Übernimmt überdies der alte Mensch die Stereotype* der jüngeren Generation, wird er sich selbst als weniger leistungsfähig einstufen und seine Bemühungen, „am Ball zu bleiben", aufgeben.

Es besteht daher die Hoffnung, daß das Alter bei entsprechender Umweltanregung und -veränderung für breite Bevölkerungskreise eine Zeit geistiger Beweglichkeit bleiben kann. Trainingsversuche mit alten

---

* Zum Stereotypie-Begriff s. S. 308.

Menschen haben bereits jetzt gute Erfolge gezeitigt (*Hoyer* u. a., 1973; *Crovitz,* 1966; *Meichenbaum,* 1972).

Desengagement versus Aktivität

Zwei Meinungen findet man häufig im Alltagsverständnis über das Alter vor. Die einen sagen, es sei wichtig, daß alte Menschen aktiv blieben, Aufgaben zu erfüllen hätten und viele soziale Kontakte pflegen. Die anderen behaupten, alte Menschen wollten sich aus dem aktiven Leben zurückziehen, sie wollten weniger Trubel und soziale Kontakte, und sie würden sich lieber mehr mit sich selbst und ihrer Vergangenheit beschäftigen.

Die zweite Meinung bildet die Grundlage einer von *Cumming* und *Henry* (1961) vertretenen Theorie erfolgreichen Alterns, die als Desengagement-Theorie bekannt ist. Die erste Meinung, daß auch im Alter aktive Menschen zufriedener seien, wird als Aktivitäts-Theorie bezeichnet und in verschiedenen Abwandlungen vertreten (*Rose,* 1964; *Maddox,* 1966; in Deutschland vor allem *Tartler,* 1961).

a) Erfolgreiches Altern als Desengagement

In unserer Kultur läßt sich fast durchweg eine auffällige Abnahme in folgenden Bereichen beim Alter beobachten:

– Abnahme sozialer Kontakte
– Abnahme von Rollenaktivität (z. B. Berufsaufgabe)
– Abnahme der Anzahl der zu bekleidenden Rollen
– Abnahme der allgemeinen Aktivität (z. B. infolge geringerer physischer Leistungsfähigkeit)

Cumming und *Henry* behaupten, daß dieser Rückzug aus dem aktiven Leben ein Vorgang sei, der von beiden Seiten, nämlich dem Individuum und der Gesellschaft, gewünscht wird, und im günstigen Falle auch beide Seiten zufriedenstellt. Die Gesellschaft bereitet den Rückzug des alternden Menschen schon zu einem Zeitpunkt vor, da er noch leistungsfähig ist. Sie entläßt ihn aus der Verantwortung für das Gemeinwohl und „erlaubt" ihm, sich wieder mehr mit sich selbst zu beschäftigen. Der Rückzug aus dem Leben verringert auch die „Normenkontrolle" durch die Gesellschaft; der alte Mensch wird, so behauptet man, von dem Druck vieler sozialer Normen freigesetzt.

Erfolgreiches Altern bedeutet unter diesem Gesichtspunkt, daß das Individuum sich rechtzeitig auf das Desengagement vorbereitet und in den Rückzug aus der Verantwortung einwilligt.

Drei Möglichkeiten gibt es bezüglich der wechselseitigen Bereitschaft von Gesellschaft und Individuum zum Desengagement:

(a) Beide – Individuum und Gesellschaft – sind zum Desengagement bereit. In diesem Fall ist der Rückzug des Individuums erfolgreich und stellt beide Teile zufrieden.

(b) Die Gesellschaft ist nicht bereit, das Individuum aus der Verantwortung zu entlassen, das Individuum jedoch möchte sich zurückziehen. Hier bleibt es gewöhnlich beim „Engagement", das Individuum „muß" weiterhin aktiv bleiben, aber es wird unzufrieden und unglücklich.

(c) Die Gesellschaft ist zum Desengagement bereit, aber das Individuum nicht, es möchte noch weiter seine Aufgaben verantwortlich ausüben. In diesem Fall kommt es in der Regel doch zum Desengagement, das Individuum wird zum Rückzug gezwungen. Als Folge davon ist es ebenfalls unzufrieden und unglücklich.

A Beschreiben Sie je ein Beispiel für die Möglichkeiten a, b und c!

Desengagement im Alter wird als unvermeidlich angesehen. Es wird durch das Faktum des nahenden Todes nach Ansicht der Autoren erzwungen. Sorgt die Gesellschaft nicht rechtzeitig für Ersatz, so gibt es Brüche und Störungen im Gleichgewicht. Andererseits löst sich bei erfolgreichem Desengagement das Individuum mehr und mehr von der Gesellschaft, bis es schließlich durch den Tod vollends ausscheidet. Der Tod wird so als vollkommenes Desengagement angesehen (*Damianopoulos*, 1961).

b) Aktivitätstheorie
Cumming und *Henry* sind seit Darstellung ihrer Theorie auf viel Kritik gestoßen. Eine große Zahl von Untersuchungen wurden durchgeführt, um zu prüfen, ob alte Menschen sich tatsächlich durchweg aus dem Leben zurückziehen wollen und bei diesem Rückzug zufrieden sind. In einer internationalen Vergleichsuntersuchung, die von *Havighurst* u. a. durchgeführt und 1969 veröffentlicht wurde, kamen neben nicht so bedeutsamen Unterschieden deutlich übereinstimmende Trends zum Vorschein.
Ältere Menschen, die noch sehr aktiv waren, fühlten sich auch zufrieden. Menschen mit eingeschränkten

Tätigkeitsmöglichkeiten und stärkerem Rollenverlust waren demgegenüber viel unzufriedener. Die Einengung der Aktivität im Alter wurde schon von *Tartler* (1961) als Problem erkannt. Er meint in Übereinstimmung mit der Alltagserfahrung, daß man nur glücklich sein könne, solange man etwas leiste und von anderen gebraucht werde. Alte Menschen wollen, so wird argumentiert, auch tätig sein und Aufgaben erfüllen, sonst ist für sie der Sinn des Daseins nicht mehr gegeben.

Die Schwierigkeit für die Entscheidung der beiden Möglichkeiten Desengagement und Aktivität liegt in zwei Tatsachen begründet, die man nicht einfach aus der Welt schaffen kann:

(1) In unserer Kultur wird der alte Mensch zur Aufgabe vieler zentraler Rollen gezwungen, vor allem zur Aufgabe seines Berufs. Er kann es sich nicht aussuchen, wann er sich zurückziehen will, die Altersgrenzen für das Ausscheiden aus dem Beruf sind bei der überwiegenden Mehrzahl der Bevölkerung festgelegt.

(2) Es gibt für viele ältere Menschen möglicherweise biologisch bedingte Beeinträchtigungen für Leistungen, wie sie im Berufsleben verlangt werden. Sie beziehen sich vor allem auf die Verlangsamung des Tempos beim Arbeiten und auf die Beeinträchtigung durch Ermüdung.

Beide Fakten zusammen führen zu der Schlußfolgerung, daß ältere Menschen gegenwärtig in der Tat nicht ihr bisheriges Leben unverändert fortsetzen können, sondern Wege suchen müssen, um mit der neuen Situation fertig zu werden. Die Gesellschaft allerdings müßte wesentlich mehr als jetzt dem Recht alter Menschen auf Zugehörigkeit zur Gemeinschaft und Bindung an Aufgaben des praktischen Lebens Rechnung tragen.

Es läßt sich trotz des gefundenen Zusammenhangs zwischen Aktivität und Wohlbefinden nicht leugnen, daß die Desengagement-Annahme vieles für sich hat.

Diese zigarrenrauchende Oma in einem New Yorker Stadt-
viertel rückt durch Possenreißen in den Mittelpunkt der
Aufmerksamkeit. Eine ausgefallene Form von Altersaktivität.

Das Faktum des Zurückziehens aus der „Welt" bestimmt das Dasein des älteren Menschen ganz entscheidend. Er muß dieses Faktum hinnehmen und mit ihm fertig werden. Für seine Situation schlägt man daher nicht einfach die Fortsetzung des bisherigen Lebens vor, sondern eine Umorientierung oder Neuorientierung. Der Revisionsvorschlag für Desengagement lautet daher nicht einfach Aktivität, sondern

c) Re-Engagement
Es geht darum, für den alternden Menschen neue Aufgaben-Bereiche und Aktivitäten zu finden, die seine bisherigen Leistungen ablösen, ihn aber nicht aus der Bindung an die Belange und Aufgaben der Gesellschaft entlassen. Andererseits soll er Wege finden, in denen er freier als bisher über den Rest seines Lebens bestimmen kann.

Beziehen wir diese Überlegung auf unsere Unterscheidung von Selbstdurchsetzung und Anpassung als Sozialisation, so könnte die partielle Freisetzung von bisherigen Verantwortlichkeiten dem alten Menschen zu Möglichkeiten der Selbstbestimmung und -durchsetzung verhelfen, die er in seinem bisherigen Leben nie wahrnehmen konnte. Diese Chance der Um- und Neuorientierung in seinen Aktivitäten bezeichnet man auch als Re-Engagement, als erneutes Engagement am Leben und als Auffinden von neuen Seiten des Lebens, die man bisher nicht verwirklichen konnte, ja nicht einmal gesehen hat.

Freilich muß man bedenken, daß dieses Re-Engagement in einem Altersabschnitt verlangt wird, wo möglicherweise die bekannte Rigidität (Starrheit) schon beeinträchtigend wirken kann und wo die Gewohn-

heiten eines ganzen Lebens der Notwendigkeit entge-
genstehen, jetzt noch einmal neu anzufangen. Damit
wird deutlich, daß die Umorientierung, sofern sie
ökonomisch und gesellschaftlich ermöglicht wird, eine
Aufgabe darstellt, die von langer Hand vorbereitet
werden muß. Auf das Alter und seine neuen Aufgaben
muß man sich rechtzeitig einstellen, und die Vorbereitung des Alters stellt genauso eine Erziehungsaufgabe
dar, wie die Vorbereitung auf das Erwachsenenalter.

A Nennen Sie aus Ihrem Erfahrungskreis ein Beispiel für den Versuch eines älteren Menschen,
neue Aktivitäten aufzunehmen und Ersatz für den
Verlust von Funktionen zu finden.

Probleme des Alters

Wie in jeder Altersstufe gibt es im Alter spezifische
Probleme. Einige sollen nachfolgend zusammenfassend zu diesem Überblick noch einmal dargestellt
werden.

Allmählicher Rollenwechsel

Der Übergang zum Alter vollzieht sich nicht abrupt,
sondern allmählich. *Spoerl** erzählt einmal (aus längst
vergangenen Tagen), wie er in der Straßenbahn steht,
neben sich eine attraktive Dame, die einen Sitzplatz
hat. Er bedauert insgeheim, daß es sich nicht umgekehrt verhält, denn dann könnte er aufspringen und
der Dame seinen Platz anbieten. Während er noch

---

* *Heinrich Spoerls* Gesammelte Werke. Stuttgart/Hamburg: Deutscher Bücherbund (Nachdruck).

darüber nachdenkt, steht die junge Dame auf und bietet ihm ihren Platz an. Der Erzähler hat von der „Kavaliers"-Rolle in die Altersrolle gewechselt, ohne dessen gewahr zu werden.

Auch in anderer Hinsicht kündigt sich der Rollenwechsel schon vor dem Alter an. Frauen geraten in den fünfziger Jahren in Schwierigkeiten, weil sie einerseits erneut Tochterpflichten der alternden Mutter gegenüber wahrnehmen müssen, andererseits, weil sie nach Verlobung und Hochzeit der Kinder in die Schwiegermutter-Rolle geraten. Männer erfahren im Berufsleben eine Umbewertung ihrer Funktion. Einerseits schätzt man sie als lebenserfahrene ältere Mitarbeiter, andererseits gelten sie als weniger kundig, sie kennen die neuesten Entwicklungen nicht mehr und beharren auf alten Methoden.

Der allmähliche Rollenwechsel bietet Gelegenheit, sich rechtzeitig auf die Probleme des Alters einzustellen, neue Aktivitäten anzubahnen bzw. sich aus bisherigen Verpflichtungen zu lösen. Wer also die Probleme, die auf ihn zukommen, rechtzeitig erkennt, kann besser mit ihnen fertig werden.

Diskrepanz von Altersnormen (-stereotypen) und persönlichen Bedürfnissen

Eine Hauptschwierigkeit für alte Menschen liegt in dem Auseinanderklaffen (Diskrepanz) von „Vorschriften" für das Alter und den persönlichen Bedürfnissen. Obwohl man noch arbeitsfähig ist, muß man sich aus dem Berufsleben zurückziehen. Viele Wünsche, die man sich bisher erfüllen konnte, darf man sich im Alter nicht mehr gewähren, weil sich das nicht gehört. Die eigenen, nun erwachsenen Kinder nehmen es ihren Eltern übel, wenn sie zu viel Geld für sich ausgeben, ohne an ihre Kinder und Enkel zu denken. Sie sind schockiert, wenn der verwitwete Elternteil an eine erneute Bindung denkt. Andererseits geben sich alte Menschen mit der ihnen zugedachten Rolle nicht zufrieden. Die hier entstehenden Probleme ließen sich verringern, wenn man das Alter weniger durch stereotype Vorstellungen und Vorschriften einengen würde.

Ernährung, Krankheit und Tod

Von zentraler Bedeutung wird nun wieder der eigene Körper. Ältere Menschen müssen sorgfältiger auf die Nahrung achten, die sie zu sich nehmen, sie haben häufig eine Diät zu befolgen, oder sie vertragen bestimmte Speisen nicht mehr. Essen als Gesprächsinhalt nimmt größeren Raum ein. Noch auffälliger ist die Beschäftigung mit Fragen der eigenen Gesundheit oder Gebrechlichkeit. Während der „im Leben stehende" Erwachsene sich eher zu wenig um seine Gesundheit kümmert, nimmt die Unterhaltung mit älteren Menschen gewöhnlich rasch eine Wendung hin zur eigenen Krankheit und körperlichen Leistungsfähigkeit.

Das Näherrücken des Todes ist zweifellos für jeden alten Menschen ein zentrales Problem. Während jüngere Menschen den Tod eher als statistisches unpersönliches Ereignis auffassen, bezieht der alternde Mensch das Sterben unmittelbar auf seine Zukunft. Er lernt, mit diesem Ereignis zu rechnen. Er gibt sich noch einige Jahre, vergleicht sich mit anderen Altersgenossen und rechnet Altersunterschiede erneut nach Monaten.

Vereinsamung – Isolation

Viele alte Menschen fühlen sich einsam, obwohl sie noch in Kontakt mit Angehörigen und Bekannten stehen. Viele fühlen sich nicht einsam, obwohl sie wenig Kontakt haben. Im ersten Fall handelt es sich um das subjektive Gefühl oder die subjektive Wahrnehmung, einsam zu sein, man spricht mit *Tunstall* (1966) von *Vereinsamung.* Im letzteren Fall ist der Alternde objektiv allein, es mangelt ihm an sozialem Kontakt. Diesen Sachverhalt bezeichnet man als *Isolation.*

Die Altersforschung hat festgestellt, daß Vereinsamung wenig mit wirklicher Kontakthäufigkeit zu tun hat (*Lehr* & *Thomae,* 1968). Ältere Frauen fühlen sich im allgemeinen einsamer als ältere Männer. Personen über 75 Jahren klagen mehr über Einsamkeit als solche zwischen 65 und 75 Jahren. Witwen fühlen sich vereinsamter als gleichaltrige Frauen, die nie verheiratet waren (*Tunstall,* 1966). Zwischen Langeweile und Vereinsamung scheint ein enger Zusammenhang zu bestehen. Wenn wenig Abwechslung und Rhythmus im Tagesablauf erfolgt, entsteht das Gefühl der Langeweile und mit ihm das Gefühl der Vereinsamung (*Goldfarb,* 1965).

Die (objektive) Isolation ist laut zahlreichen Untersuchungen wesentlich geringer, als man gemeinhin annimmt. Alte Menschen wohnen zwar meist nicht mehr in der Kleinfamilie, also bei ihren Kindern, aber sie haben ihren Wohnsitz in den meisten Fällen recht nahe bei ihren Kindern, so daß wechselseitige regelmäßige Besuche möglich sind. In den meisten europäischen Ländern wie auch in den USA wohnen rund 80% der Großeltern näher als 1 Stunde Auto- oder Zugfahrt bei ihren Kindern. Zwei Drittel der alten

Menschen haben täglich oder fast täglich Kontakt mit ihren Kindern. Erst wenn alte Menschen kinderlos sind, entsteht wirklich gravierend das Problem der Isolation. Diese Menschen aber haben sich schon während ihres vorherigen Lebens an den fehlenden Kontakt mit Angehörigen gewöhnen müssen.

Trotz dieser Richtigstellung ergibt sich heute als wichtige soziale Aufgabe, alte Menschen innerhalb der Gemeinschaft zu halten und sie nicht in Ghettos, wie sie Altersheime vielfach darstellen, abzuschieben (s. S. 301 und S. 336).

Man muß sich auch vor Augen halten, daß die Alten noch in anderer Hinsicht isoliert werden, ohne daß dies zunächst auffällt. Alte Menschen haben häufig große Schwierigkeiten im Verkehr. Sie kommen nicht über die Straße, können kaum veraltete Verkehrsmittel benutzen (z. B. Türe öffnen und Aussteigen beim Zug) und kennen sich bei komplizierteren Verkehrseinrichtungen (Benutzung einer bestimmten Straßenbahn- oder U-Bahn-Linie, Lösen eines Fahrscheins am Automaten) nicht aus. Inmitten von Menschenmassen sind sie isoliert und hilflos.

Ökonomische Probleme

Die psychologischen (seelischen und subjektiven) Schwierigkeiten sind nicht die einzigen, mit denen das Alter konfrontiert wird. Für viele alte Menschen gibt es zusätzlich rein materielle Probleme der Sicherung des Lebensunterhalts.

Bei der Pensionierung sinkt das Einkommen schlagartig mindestens um ein Drittel (*Blume,* 1968). Weder die aktuellen Unterhaltskosten für Wohnung, Kleidung und Nahrung, noch die persönlichen Bedürfnisse verringern sich aber schlagartig. Frauen sind von der Einschränkung wieder einmal stärker betroffen. Sie beziehen im Alter nur 60% der Rente oder Pension ihres Mannes. Waren sie selbst berufstätig, so betrug ihr Einkommen schon vor Austritt aus dem Berufsleben weniger als das des Mannes. Die Reduzierung auf Altersrente bzw. Pension führt dann häufig zu einem Einkommen, das nicht mehr für ein zufriedenstellendes Leben ausreicht.

Die ökonomischen Probleme werden durch die psychische Situation des alten Menschen verstärkt. Er ist häufig unsicher, fühlt sich hilflos und ist daher vielen Situationen regelrecht ausgeliefert. Es wäre jedenfalls falsch, die Lage alter Menschen ohne die Berücksichtigung ihrer wirtschaftlichen Sicherheit zu betrachten.

A   Rechnen Sie anhand eines konkreten Härtefalles aus Ihrem Erfahrungskreis durch, was von der Rente (Pension) für Wohnung, Kleidung und Nahrung ausgegeben werden muß und wieviel für zusätzliche Aktivitäten (z. B. Reisen) übrig bleibt.

Zusammenfassung

Die Vergrößerung der Lebenserwartung und die Freisetzung von beruflicher Arbeit im Alter wird in unserer Gesellschaft durch einen Prestige- und Status-Verlust erkauft.

Die im Alter, aber auch schon lange zuvor auftretenden körperlichen Veränderungen und Verfallserscheinungen wirken sich selten unmittelbar auf die psychische Entwicklung älterer Menschen aus, da vorhande-

*Alte Menschen mit besserem sozialen Status und Einkommen
sind zweifellos den auf sie zukommenden Problemen eher
gewachsen als Menschen am Rande der Existenz. Diese
beiden Damen in einer vornehmen Geschäftsstraße in Rom
nehmen noch aktiv am Leben teil.*

ne Leistungen durch kompensatorische Aktivität erhalten werden können.

Die kognitive Entwicklung im Alter läßt sich keineswegs als Intelligenzabbau und Leistungsverringerung beschreiben (Defizit-Annahme), sondern ist in Teilbereichen (z. B. der crystallized intelligence) durch Erhaltung und Steigerung des Leistungsvermögens gekennzeichnet.

Erfolgreiches Altern wird durch zwei konkurrierende Theorien zu beschreiben versucht: a) durch die Desengagement-Theorie, nach der sich alte Menschen allmählich aus dem Leben zurückziehen und ihre Aktivitäten nach und nach aufgeben, b) durch die Aktivitätstheorie, nach der erfolgreiches Altern die Aufrechterhaltung von Aktivität in möglichst großem Umfang voraussetzt.

Das Alter hat infolge seiner negativen Einschätzung in unserer Gesellschaft mit einer Vielzahl von Problemen zu kämpfen. Zu ihnen gehören: Rollen- und Funktionsverlust, Widerspruch zwischen Altersnormen bzw. -stereotypen und persönlichen Bedürfnissen, Krankheit und Beeinträchtigung körperlicher Leistungsfähigkeit, ökonomische Sorgen und häufig (subjektive) Vereinsamung sowie weniger häufig (objektive) Isolation.

Anpassung

Fragen wir nach einer allgemeinen, schlagwortartigen Kennzeichnung der Anpassung im Alter, so läßt sie sich am besten durch den bereits erläuterten Begriff des Desengagements umschreiben. Sozialisation im Alter bedeutet in unserer Gesellschaft zum großen

Teil, daß man lernt, seinen Platz Jüngeren zu überlassen, seine Rolle in der Familie aufzugeben und auf eine Anzahl weiterer Rechte und Pflichten zu verzichten. Im folgenden soll Sozialisierung als Anpassung über diese allgemeine Kennzeichnung hinaus genauer beschrieben werden.

Rollenverlust und Rollenwechsel

a) Berufsrolle und Pensionierung

Die wichtigste Anpassungsleistung besteht, wie schon ausgeführt, im Aufgeben von Rollen. Man kann nun nicht die verbreitete Alltagsmeinung zugrundelegen, daß die Pensionierung beim Menschen häufig zu Krankheit und Tod führe, weil er nun aus dem Arbeitsleben herausgetreten sei und von seinen täglichen Pflichten entbunden wurde (*Streib* & *Orbach,* 1967). Statistiken zeigen, daß nur diejenigen besonders bedroht sind, die schon zuvor krank waren. Pensionierung und Berufsaufgabe sind ein Erzeugnis unserer Industriegesellschaft. Durch die Trennung von Arbeitsplatz und Wohnung, von Freizeit und Arbeit wurde eine klare Abgrenzung der Beschäftigungsdauer notwendig. Menschen, die in kleinen oder größeren selbständigen Betrieben tätig sind, schieben noch heute die Grenze des Ausscheidens aus dem Beruf nach Belieben hinaus. In bäuerlichen Betrieben sind alte Menschen bis zum Tode in den Arbeitsprozeß eingespannt.

Tab. 15 zeigt den Vorgang der Anpassung an die Pensionierung. Vor der Pensionierung wird die Berufsaufgabe von der Mehrzahl der Befragten gewünscht. Unmittelbar nach dem Ausscheiden aus dem Beruf ist die

Einstellung am stärksten negativ, nach einigen Jahren dagegen haben sich die meisten mit der neuen Situation abgefunden. Die Pensionierung wird eher im positiven Licht gesehen (*Dreher*, 1969; *Thomae*, 1969). Wer einmal siebzig Jahre und älter geworden ist, bewertet die Pensionierung meist positiv.

Tab. 15: Die Einstellung zur Pensionierung bei verschiedenen Altersgruppen (Lehr, 1972)

Altersgruppe	positiv	neutral	negativ
50–55jährige	60,8	36,1	3,1
60–65jährige	35,3	26,5	38,2
70–75jährige	76,4	20,2	3,4

Die angegebenen Zahlen sind Prozentzahlen je Altersstufe.

Wichtiger als eine sehr allgemeine Betrachtungsweise sind die Unterschiede zwischen einzelnen Berufsgruppen. Arbeiter beispielsweise sind eher bereit, vorzeitig den Beruf aufzugeben, Angestellte stehen der Pensionierung eher ablehnend gegenüber (*Dreher*, 1969; *Lehr*, 1969). Einen einfachen Grund für diesen Sachverhalt sehen die Autoren in dem Ausmaß an körperlicher Anstrengung, die der Beruf abverlangt. Je höher die Anstrengung, desto eher wünscht man sich die vorzeitige Pensionierung. Ein Jahr nach der Pensionierung verhält es sich bereits anders. 75% der von *Heron* (1963) befragten Arbeiter möchten wieder im Beruf tätig sein, während es bei höher gestellten Berufen ein wesentlich geringerer Prozentsatz ist. Abb. 27 veranschaulicht diesen Zusammenhang in einer idealisierten Kurve. Höhere Berufe stehen dem Ausscheiden aus dem Arbeitsleben zunächst eher skeptisch und ablehnend gegenüber, werden aber nach Eintreten des Ereignisses mit der neuen Situation besser fertig. Arbeiter wünschen sich die Pensionierung aufgrund der ständigen körperlichen Anstrengung und des geringeren Sinnbezuges in ihrer Tätigkeit herbei, verkraften aber dann die neue Situation weniger gut und wünschen sich häufig eine Rückkehr ins Berufsleben.

Abb. 27: Hypothetischer idealisierter Verlauf der Einstellung zur Pensionierung bei Arbeitern und „höheren" Berufen.

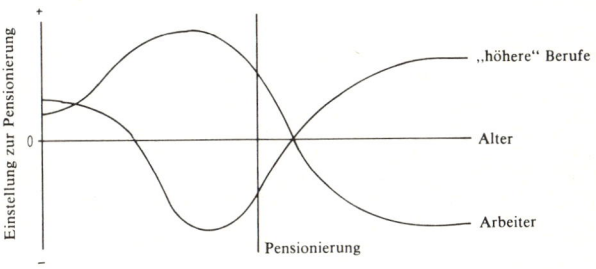

> **A** Fragen Sie einen Ihnen bekannten älteren Mann, der kurz zuvor pensioniert wurde, nach seiner Einstellung zur Pensionierung und prüfen Sie, ob ein Zusammenhang zwischen seiner Einstellung und dem früher ausgeübten Beruf besteht!

Die Lösung aus der Berufsrolle und der allmähliche Übergang in die Rolle des Pensionisten oder Rentners wird durch eine Reihe von Bedingungen erleichtert. Sie seien nachfolgend zusammengestellt (s. *Lehr*, 1972; *Tews*, 1971).

– Konkrete Pläne und Vorhaben nach der Pensionierung: Wer sich schon vor der Ausscheidung aus dem Berufsleben mit der Zeit „danach" beschäftigt und konkrete Vorhaben hat, kommt nach der Pensionierung leichter zurecht und fühlt sich wohler. Eine weite Vorausplanung scheint darüber hinaus von großer Bedeutung für das Wohlbefinden des Pensionisten (Rentners) zu sein.

– Orientierung und Information: Wer besser über das Alter, die finanzielle Situation und die Möglichkeiten nach der Pensionierung informiert ist, kann sich besser an die neue Situation anpassen.

– Zukunftsbezug: Wer langfristig und über viele Jahre hinaus vorausdenkt, findet sich nach der Berufsaufgabe ebenfalls leichter zurecht (Vorwegnahme des Ruhestandes).

– Intelligonz und geistige Beweglichkeit: Viele Autoren vermuten aufgrund ihrer Befunde, daß höhere Intelligenz und geistige Beweglichkeit die positive Einstellung zur Pensionierung und das Wohlbefinden im Ruhestand begünstigen.

– Sozialer Status: Allgemein scheinen sich Personen mit höherem beruflichen und sozialen Status leichter an die Pensionierung anzupassen, obwohl sie doch in ihrem Beruf größere Befriedigung als Personen mit niedrigerem Status erfahren haben.

b) Partnerrolle in der Ehe

Durch die Pensionierung des Mannes entsteht häufig eine Krise in den partnerschaftlichen Beziehungen zur Ehefrau. Die Ehefrau, die nur als Hausfrau tätig war, erfährt nun häufig eine Einengung ihres Wirkungskreises („Rollenverlust"), da der Ehemann verschiedene Haushaltsarbeiten übernimmt (*Lipman*, 1961). Die Frau leidet auch unter der Pensionierung des Mannes durch die Reaktionen der Nachbarn auf dieses Ereignis. Bei vorzeitiger Pensionierung wird Versagen oder Krankheit unterstellt, bei verspäteter Pensionierung Geldgier oder Arbeitswut.

Die Rollenaktivität des Mannes nimmt außerhalb der Familie nach der Pensionierung häufig noch zu. Der Mann, der nun mehr Zeit hat, beschäftigt sich mit kommunalen Problemen, engagiert sich in einzelnen sozialen Anliegen und interessiert sich für Dinge außerhalb des häuslichen und beruflichen Kreises, für die er früher kaum etwas übrig hatte. Frauen verändern ihre Rollenaktivität demgegenüber kaum, allenfalls nehmen sie zu Bekannten häufiger Kontakt auf (*Lehr*, 1972, S. 227).

Nach der Pensionierung sind die Ehepartner häufiger und länger als bisher zusammen. Im allgemeinen resultiert daraus nicht größerer Streit oder größere Unzufriedenheit, sondern im Gegenteil besseres gegenseitiges Verständnis. Eine Reihe von Untersuchungen legen nahe, daß sich Ehepartner im höheren Alter besser als jemals zuvor verstehen (*Smith*, 1965; *Lipman*, 1961; *Blood* & *Wolfe*, 1960).

Der letztgenannte Befund steht scheinbar im Widerspruch zu dem im ersten Absatz genannten Eheproblem. Die dort beschriebene Krise tritt aber zum einen nicht immer auf, zum andern ist sie vorübergehender Natur.

c) Großelternrolle

Nicht nur Rollenverlust, sondern auch Übernahme neuer Rollen kennzeichnen das Alter. Die Großelternrolle ist ein typisches Beispiel dafür. Bekanntlich ist die Zwangsrolle des Großvaters und der Großmutter keineswegs immer willkommen. Ihre Übernahme beinhaltet ja das Fortschreiten zur älteren Generation und vermittelt dadurch den Eindruck eines schlagartigen Älterwerdens.

Neugarten und *Weinstein* (1968) nennen zwei positive Gesichtspunkte, die ihrer Meinung nach die Großelternrolle bei uns prägt:

(a) Biologische Kontinuität und Erneuerung. Durch die Enkel ist man mit neuem, jungem Leben verbunden und fühlt sich in der Gegenwart jungen Lebens selbst wieder jung.

(b) Emotionale Erfüllung. Großeltern haben für ihre Enkel mehr Zeit, als sie bei ihren eigenen Kindern aufbringen konnten, weil sie nun vom Arbeitsprozeß freigesetzt sind. Oft zeigen sie ein starkes Maß an emotionaler Zuwendung. Enkel werden dadurch manchmal zu „emotionalen Opfern", ähnlich wie Haustiere, die von älteren Leuten gehalten werden.

Interessant gestaltet sich die Frage nach der Geschlechtlichkeit der Großelternrolle. Der Großvater bekleidet keineswegs gegenüber seinen Enkeln eine männliche Rolle, sondern eher durch sein Betreuungsverhältnis eine weibliche Rolle. Er gibt also bestimmte Züge seiner bisherigen Geschlechtsrolle auf, wenn er mit seinen Enkeln verkehrt. *Neugarten* und *Weinstein* meinen allerdings, daß die Großeltern in bezug auf das Geschlecht eher eine neutrale Rolle innehaben und deutlich aus dem typischen Geschlechtsrollenklischee herausfallen (s. auch S. 208).

Die gleichen Autoren haben sich gründlicher mit verschiedenen Formen und Möglichkeiten der Großelternschaft befaßt und fünf Typen von Großeltern gefunden:

- formale Großelternschaft. Hier ändern die Großeltern ihr Verhalten überhaupt nicht, sondern gelten durch die Ankunft des Enkels nur formal als Großeltern.
- Großelternschaft aus Freude an der Rolle. Die Großeltern dieses Typs suchen immer wieder Kontakt mit den Enkeln, weil es ihnen Spaß macht und ihr Leben bereichert.

- Großeltern als entfernte Personen. Hier ist die räumliche Trennung der bestimmende Faktor. Die Großeltern kommen nur gelegentlich oder zu besonderen Anlässen. Sie gewinnen dadurch auch nicht so engen Kontakt zu ihren Enkeln, wie die Enkel ihrerseits mit den Großeltern wenig vertraut sind und sie vor allem als Geschenk-Bringer schätzen.
- Großeltern als Autorität. Sie knüpft an die Tradition der Großfamilie an, in der die Großeltern häufig nicht nur Erziehungs-, sondern auch wirtschaftliche Fragen entschieden. In reiner Form ist dieser Typus in unserer Kultur sehr selten, einzelne autoritäre Züge im Verhalten gegenüber der übernächsten Generation sind jedoch häufiger vorzufinden.
- Großeltern als Eltern-Ersatz. Wenn beide Elternteile berufstätig sind, kommt es nicht selten vor, daß die Großeltern die Rolle der Eltern übernehmen und für das Wohlbefinden und die Erziehung der Kinder sorgen. Sie übernehmen also die Sozialisationsfunktion der eigentlichen Eltern. Diese Lösung ist mit vielen Problemen behaftet und führt häufig zu großen Konflikten und zu kindlichen Verhaltensstörungen.

Am häufigsten ist bei uns Typ 2 (Großeltern mit Freude an ihrer Rolle) und Typ 3 (Großeltern als entfernte Personen) vertreten. Von der sozialen Erwünschtheit (sozialen Norm) her dürfte der Typ 2 (Großelternschaft aus Neigung) gefragt sein. Man hält es für selbstverständlich und „natürlich", daß Großeltern ihre Enkel mögen und sich in „kindertümelnder" Weise mit ihnen beschäftigen. Großeltern, die nicht in diese soziale Norm passen, gelten nicht selten als eigenbrötlerisch und unnatürlich.

A Bestimmen Sie, zu welchem „Typus" Ihnen bekannte Großeltern gehören! Beachten Sie, daß solche Typen nie in reiner Form vorkommen!

Altersnormen und -stereotype als Richtschnur für Anpassung

Es konnte bis jetzt wohl eindeutig gezeigt werden, daß sich Altern nicht naturgesetzlich festgelegt und ohne die Beziehung zur jeweiligen Umwelt vollzieht. Von entscheidender Bedeutung für die psychischen Veränderungen im Alter ist das Bild, das sich die Menschen einer Kultur vom Alter machen, sind die Normen, die sie für das Alter vorsehen und ist schließlich auch das Bild, das sich die alten Menschen von sich selbst machen.

a) Stereotype

Unter Stereotyp versteht man die Zuweisung von Eigenschaften zu Personengruppen (Altersgruppen, sozialen Schichten, Völkern). So machen wir uns ein bestimmtes Bild von den Amerikanern, den Chinesen oder den Arabern. Auch über uns selbst haben wir ein Stereotyp. Das Bild, das eine Gruppe (oder ein Volk) hat, bezeichnet man als Heterostereotyp oder Fremdstereotyp, das Bild einer Gruppe (eines Volkes) über sich selbst als Autostereotyp. Uns interessiert hier das Fremd- oder Heterostereotyp und das Autostereotyp bzw. das Selbstbild alter Menschen. Beide stehen natürlich in Wechselbeziehung zueinander.

Das Fremdstereotyp des Alters ist ausgesprochen negativ gefärbt. Der Hauptgrund hierfür liegt in der „Jugendzentriertheit" unserer Gesellschaft. Sie äußert sich gegenüber dem Altern insofern negativ, als es begehrenswert erscheint, jung zu sein und jung zu bleiben. Wer jung ist, hat noch alles vor sich, wer alt ist, hat schon alles hinter sich und erwartet nur noch den Tod. Außerdem leistet in den Augen der Gesellschaft der alte Mensch keinen produktiven Beitrag mehr, er ist aus dem Arbeitsleben ausgeschieden.

Bergler (1968) fand bei seiner Umfrage ein recht einheitliches Stereotyp für ältere, aber noch berufstätige Personen. Sie werden unter anderem durch folgende Kennzeichen beschrieben:

- mangelnde Beweglichkeit und Wendigkeit (Rigidität, Starrheit)
- Anfälligkeit für Krankheit
- Neigung zur Bequemlichkeit und Passivität
- mangelnde Umstellungsfähigkeit
- Widerstand gegenüber neuen Arbeitsmethoden
- Widerstand gegenüber jüngeren Vorgesetzten
- Verlangsamung des Verhaltens (braucht zu allem länger)
- leichte Ermüdbarkeit

Dieses Stereotyp ist keineswegs völlig unrealistisch und verzerrt, aber es stempelt den einzelnen Menschen doch endgültig in einer negativen Weise ab, denn alle Merkmale stellen negative Kennzeichen dar, kein einziges weist auf positive Verhaltensaspekte hin. Vergleicht man demgegenüber das Bild des Alters in früheren Generationen oder anderen Kulturen, so wird der ganze Unterschied deutlich: Das Alter genießt dort meist hohes Ansehen und ist durch ein Stereotyp charakteristisiert, in dem Merkmale der Weisheit, Besonnenheit, Beherrschtheit und Ehrwürdigkeit eine Rolle spielen.

Das Autostereotyp, also das Bild alter Menschen vom Alter, dürfte ganz ähnlich beschaffen sein. Dies zeigt sich zunächst in dem Umstand, daß die Menschen solange es irgend geht nicht als alt gelten wollen. Bei

einer Umfrage in den USA, wo die Jugendzentriertheit noch größer ist als bei uns, ordneten sich die
Hälfte der zwischen 65- und 69jährigen dem mittleren
Alter zu. 10% darunter fühlten sich sogar jung (*Havighurst* & *Albrecht*, 1953).

Wichtig sind hierbei die durchgängigen Geschlechtsunterschiede. Männer „erkennen" früher als Frauen,
daß sie alt sind, d. h., sie nehmen früher als Frauen die
mit der Berufsaufgabe verbundene Einstufung der
Umgebung ins Alter wahr.
Eine Hauptrolle für die Einstufung als alt spielt die
Verschlechterung des Gesundheitszustandes. Da das
Altersstereotyp stark durch die Vorstellung des biologischen Alterns geprägt ist, nimmt man das Alt-sein an
sich selbst auch am deutlichsten durch die Beeinträchtigung des körperlichen Wohlbefindens wahr.
Vergleichen wir nun das Selbstbild alter Menschen mit
dem gängigen Altersstereotyp. *Bergler* (1968) befragte
eine große Zahl von 50- bis 69jährigen, welche Eigenschaften sie sich selbst zuordnen würden. Dabei stellte
sich heraus, daß Ältere sich zum großen Teil die gleichen Eigenschaften zuweisen wie Jüngere, z. B.

empfindlich, ausdauernd, beharrlich, vorsichtig, nach-
denklich, selbstkritisch.

Mehr als die Jüngeren bezeichneten sich die Älteren
als:
beherrscht, abwartend, nüchtern, sachlich, ernsthaft,
sich nicht nach vorn drängend.
Es fällt sofort auf, daß sich auch alte Menschen positiv
kennzeichnen, wenn sie über ihre Persönlichkeit Auskunft geben sollen und nicht über ihre Altersrolle (die

Frage nach dem Altsein bezog sich ja ausgesprochen auf die Altersrolle).

b) Altersnormen

Anpassung im Alter heißt, wie in jedem anderen Lebensabschnitt, sich an gegebene soziale Normen halten. Im Alter herrschen neben den allgemeinen sozialen Normen spezifische Normen vor, nach denen sich der alte Mensch richten muß, wenn er Mitglied der Gesamtgesellschaft bleiben will. Nimmt man die wichtigsten Kennzeichen für vollintegrierte ältere Menschen zusammen, so wünscht man sich, daß sie noch mit ihrem Ehepartner zusammenleben, daß sie noch arbeiten können, keine wesentlichen Einkommensverluste erlitten haben und noch gesund sind. *Rosow* (1962) stellt fest, daß nur 7% aller Männer und nur 1% aller Frauen über 65 Jahren eine Chance haben, diese Art von Integration zu erreichen.

Für die Jüngeren dürfte also eine übergreifende Altersnorm darstellen, daß sich mit dem Alter so wenig wie möglich ändert. Dies gilt vor allem dann, wenn die bisherige Lebenssituation als befriedigend empfunden wurde. Das, was Personen mittleren Alters tun, wird auch bei alten Menschen geschätzt. Abgelehnt hingegen wird Überaktivität und konkurrierendes Verhalten gegenüber Jüngeren. Der Alte, der seine Vorrechte nicht aufgeben will, seinen Platz nicht Jüngeren überlassen will, stößt bekanntlich auf wenig Verständnis. Wenig erwünscht ist außerdem die Abhängigkeit der Älteren von den Jüngeren. Sie sollen den Jüngeren also nicht im Wege stehen, sondern sich zurückziehen, andererseits ihnen aber auch nicht zur Last fallen.

Havighurst und *Albrecht* (1953) legten einer großen Gruppe von Personen mittleren Alters eine Liste von

Eigenschaften und Tätigkeiten vor. Sie sollten heraus-
suchen, welche dieser Möglichkeiten gut für das Alter
zutrafen und welche für das Alter abzulehnen seien.
Besonders erwünscht sind nach dieser Untersuchung
für das Alter folgende Verhaltensweisen*:

- gegenseitige Unabhängigkeit von Eltern und erwachsenen Kindern
- enge Beziehung zu den Enkeln, aber keine oder
  geringe Übernahme von Verantwortung für sie
- volle Verantwortlichkeit für den Haushalt
- Besuch von gleichaltrigen Bekannten
- noch ganztägig berufstätig sein oder
  pensioniert sein und von der Pension ein angeneh-
  mes Leben führen
- eine größere Anzahl von Beschäftigungen haben
  (aktive Freizeitgestaltung)

Am wenigsten erwünscht waren folgende Verhaltensweisen:

- keinen Kontakt zu den Kindern haben
- Abhängigkeit der Eltern von den erwachsenen
  Kindern
- kein oder geringes Interesse für Verwandte haben
- keine Aktivität, Herumsitzen, ins Wirtshaus gehen,
  nur noch das Notwendigste erledigen.

Die übrigen genannten erwünschten und unerwünsch-
ten Aktivitäten treffen nur auf die amerikanische Situation zu und werden daher nicht aufgeführt. Für
deutsche Verhältnisse dürften aber die oben aufge-

---

* Die nachfolgende Aufstellung hält sich im großen und ganzen an
  Tews, (1971).

zählten Normen bzw. Erwartungen genauso gelten wie für die USA.

Erschwerung der Anpassung durch eine inadäquate Umwelt

Die Sozialisation des Alters ist im Gegensatz zu früheren Altersstufen durch ungünstige Umweltbedingungen erschwert. Während man beispielsweise für Kindheit und Jugend großen Aufwand treibt (teures Schulsystem), um eine optimale Sozialisation zu gewährleisten, gibt es für das Alter kaum nennenswerte Verbesserungen der Umwelt. Dies ist in einer industriellen Gesellschaft trotz der Geltung christlicher Normen nur zu verständlich: Die Jugend als zukünftiger Träger der Gesellschaft und als zukünftiges Arbeitspotential stellt einen hohen Wert für die Gesellschaft dar; das Alter, das nichts mehr zur Produktivität beiträgt, besitzt keinen Wert. Dieser inhumane Zug unserer Gesellschaft ist gewiß zu verurteilen, jedoch wird es noch lange dauern, bis auch für das Alter Umweltverbesserungen in Sicht kommen.

Normen und Stereotype als inadäquate Umweltbedingungen

Der erste Aspekt, der uns hier zu beschäftigen hat, sind die bereits beschriebenen Normen und Stereotype für das Alter. Sie repräsentieren im großen und ganzen eine unangemessene Umwelt. Paßt sich der alte Mensch an das fast durchweg negative Altersstereotyp an, so muß er sich praktisch selbst aufgeben, ein negatives Selbstgefühl erwerben und von seiner Nutzlosigkeit überzeugt sein. Wir beobachten in der Tat solche Anpassungsprozesse, die zur Folge haben, daß alte Menschen sich als unnötigen Ballast empfinden und nur noch auf einen gnädigen Tod warten.

> **A** Nennen Sie aus Ihrem Erfahrungskreis Beispiele dafür, wie ältere Menschen sich selbst Merkmale des gängigen Altersstereotyps zuschreiben, obwohl diese auf sie nicht zutreffen!

Andererseits gibt es Normen oder Erwartungen, die nicht erfüllt werden können, bei denen also die Anpassung ebenfalls mißlingt. So kann der alte Mensch nicht immer und unbedingt selbständig bleiben, den Haushalt allein führen oder die Wohnung allein betreuen. Vor allen Dingen kann er das den Alltag beherrschende Tempo nicht einhalten.

Inadäquate Rückmeldung aus der Umwelt

Alte Menschen erhalten häufig zuwenig oder falsche Rückmeldung aus ihrer Umgebung, ob ihr Verhalten oder ihre Vermutungen zutreffen. Die Rückmeldung tritt vor allem in zwei Fehlformen auf:

a) Gleichbleibende Rückmeldung auf alle Reaktionen. Gern sagt man älteren Menschen etwas Nettes, erspart sich aber die Mühe, näher auf etwas einzugehen, weil das erfahrungsgemäß zuviel Zeit kostet. Die Rückmeldung besteht dann in Äußerungen wie „alles in Ordnung", „mach dir nur keine Sorgen", „schon gut", „ja, ja" usf. Aufgrund solcher Rückmeldungen kann der Betroffene nicht mehr entscheiden, ob sein Verhalten angemessen ist oder nicht, ob er richtig über eine Angelegenheit informiert ist oder falsch (*Labouvie-Vief* u. a., 1974).

b) Negative Rückmeldung ohne Begründung. Häufig werden alte Menschen getadelt, ohne daß sie erfahren, was sie falsch gemacht haben oder warum sie eine Aufgabe nicht richtig erfüllt haben. Hierher gehören Äußerungen wie: „das verstehst du doch nicht", „das haben wir dir aber wirklich schon erzählt", „das hast du schon wieder vergessen", „du mußt immer jammern", „nein das stimmt nicht", „nein das war ganz anders". Die negative Rückmeldung vermittelt nur die Aussage der Unfähigkeit des Alters, des Nicht-mehr-dazu-Gehörens.

A   Nennen Sie Beispiele dafür,
(a) wie Jüngere älten Menschen auf ihre Anfragen und Befürchtungen mit gleichbleibenden Redewendungen antworten,
(b) wie älteren Menschen Informationen aus dem Alltagsgeschehen vorenthalten werden.

Alte Menschen bekommen weniger und falsche Rückmeldung. Sie brauchen aber mehr als jüngere die Rückmeldung und zwar eine, die besonders informationshaltig ist. Um alte Menschen stärker an den Ereignissen und Entwicklungen in ihrem Lebensraum teilhaben zu lassen, bedarf es mehr Zeit bei der Informationsvermittlung, mehr Eingehen auf die Schwierigkeiten, die alte Menschen mit neuer Information haben und vor allem mehr Geduld.

Materielle Umwelt

Auch die materiellen Dinge und Einrichtungen sind nicht auf das Alter abgestimmt, ebensowenig wie sie

kleinen Kindern entsprechen. Möbel, sanitäre Einrichtungen, Verkehrsmittel, Aufzüge, Treppen, Plakate,
Zeitungen und vieles andere stellen häufig für ältere
Menschen eine unangemessene Umwelt dar. Sie können nicht in der für die grüne Ampel bemessenen Zeit
die Straße überqueren, haben Schwierigkeiten, die hohen Treppenstufen beim Bus zu erklimmen, kommen
nicht rechtzeitig in den Aufzug und sind insgesamt
mit den technischen Einzelheiten des täglichen Lebens
nicht hinreichend vertraut.

Beim Versagen im Umgang mit den materiellen Gege-
benheiten des Alltags geben sich alte Menschen meist
selbst die Schuld und beklagen ihre „Tappigkeit" und
Ungeschicklichkeit. In Wahrheit brauchen sie eine andere Umwelt, genau wie kleine Kinder eine andere
Umwelt benötigen. Alte Menschen finden in ihrer
Umwelt Barrieren, wie sie in ähnlicher Weise bei Kör-
perbehinderten gegeben sind.

A   Beschreiben Sie typische „Barrieren" Ihrer Wohngegend, die alten Menschen Schwierigkeiten be-
reiten!

Selbstmord als Folge fehlgeschlagener Anpassung

Je weniger die Umwelt an die Probleme alternder
Menschen angepaßt ist, desto eher wird für sie das
Leben sinnlos und sinnleer. So erklärt sich, daß die
Selbstmordrate im Alter stark ansteigt. Aus einer amerikanischen Statistik (Abb. 28) geht hervor, daß bei
männlichen Weißen die Selbstmordrate im Alter anwächst, während sie bei weiblichen Weißen und bei
den Farbigen eher durchs ganze Leben hindurch konstant bleibt.

Tab. 16: Selbstmorde in der Bundesrepublik für ein Jahr (Tews, 1971, S. 318)

Fälle Männer	%	Altersstufen	Fälle Frauen	%
19	0,3	unter 14 J.	3	0,1
114	1,7	14 bis unter 18 J.	54	1,5
1 096	16,0	18 bis unter 30 J.	362	9,7
1 579	23,1	30 bis unter 45 J.	733	19,7
1 910	27,9	45 bis unter 60 J.	1 252	33,6
2 164	31,0	über 60 J.	1 321	35,4
6 882	100		3 725	100

Abb. 28: Selbstmordraten in den USA (Kimmel, 1974, S. 327)

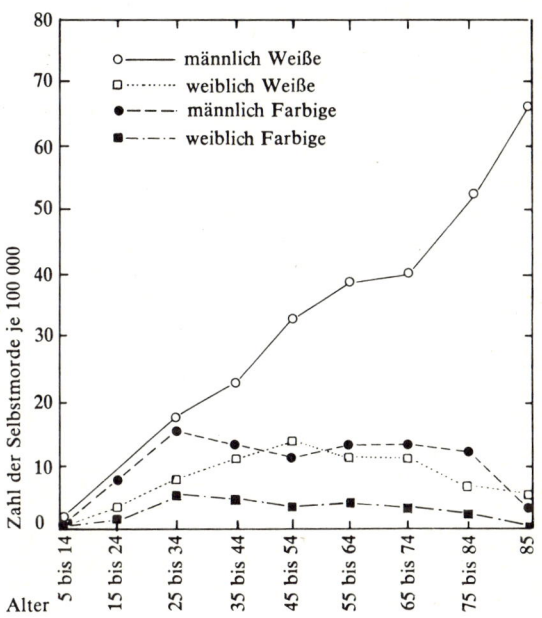

In der Bundesrepublik Deutschland liegen die Zahlen für Männer ähnlich. Bei den Frauen ist die Quote zwar ebenfalls geringer, jedoch zeigen sie einen nahezu parallelen Anstieg der Selbstmordrate mit dem Alter (Tab. 16). Diese Zahlen sind zweifellos alarmierend, sie belegen, daß Umwelt und Individuum als die zwei Seiten des Sozialisierungsprozesses im Alter nicht befriedigend aufeinander abgestimmt sind.

Anpassungstypen

Der Versuch der Anpassung führt bei jedem älteren Menschen zu einem anderen Ergebnis. Es wäre daher sinnvoll, den Lebenslauf und die Entwicklungen im Alter für jeden Menschen getrennt zu verfolgen. Erst dann wird man ihm voll gerecht. Vergleicht man die unterschiedlichen Formen der Anpassung, so ergeben sich Lösungen und bestimmte Lebenstechniken, die vielen gemeinsam sind.

Reichard u. a. (1962) fanden fünf Typen der Anpassung im Alter, die in Tab. 17 einander gegenübergestellt sind. Drei der Typen („Reife", „Lehnstuhl-Leute", „Rüstige") werden als angepaßt bezeichnet und zwei als unangepaßt („Zornige", „Selbsthasser"). Anpassung wird hier als eigenständige Leistung verstanden, die vor allem beinhaltet, daß der alternde Mensch die Situation des Altwerdens gemeistert hat. Damit freilich sind wir beim Aspekt der Selbstdurchsetzung angelangt.

Tab. 17: Formen der Anpassung im Alter (nach Reichard u. a., 1962)

Typus	Kennzeichnung	Angepaßtheit
Die „Reifen"	konstruktiv, weniger impulsiv, wenig defensiv	angepaßt
Die „Lehnstuhlleute"	das Leben auf die leichte Schulter nehmend, auf andere vertrauend, optimistisch	angepaßt
die „Rüstigen"	unabhängig, aktiv, möglichst lange berufstätig	angepaßt
Die „Zornigen"	der Welt feindlich gegenüberstehend, schimpfend, andere für die eigenen Schwierigkeiten verantwortlich machend, schlechte Ehe, Furcht vor dem Tod	unangepaßt
Die „Selbsthasser"	negative Einstellung zum Leben, Selbstbeschuldigungen, der Tod wird eher herbeigewünscht als gefürchtet	unangepaßt

> **A** Versuchen Sie, für jeden Typus einen konkreten Fall aus Ihrem Beobachtungskreis zu benennen. Beachten Sie wieder, daß solche „Typen" nie in reiner Form vorkommen!

Zusammenfassung

Im Alter erfordert der Austritt aus dem Berufsleben und die Veränderung in den Familienrollen (Partnerrolle, Großelternrolle) erhebliche Anpassungsleistungen.

Das negative Altersstereotyp und die auf das Zurückstellen eigener Wünsche sowie von Ansprüchen auf Kontakt und Pflege ausgerichteten Altersnormen erschweren die Anpassung. Auch hinsichtlich der unangemessenen sozialen Rückmeldung, der fehlenden Anregungsbedingungen und der zahlreichen Erschwernisse im Alltagsleben wirkt die Umwelt vielfach beeinträchtigend auf die Entwicklung alter Menschen.

Die Anpassung wird je nach Lebensgeschichte und persönlicher Eigenart auf verschiedene Weise bewerkstelligt, es lassen sich beispielsweise fünf Anpassungstypen unterscheiden.

Selbstdurchsetzung im Alter

Auf den ersten Blick mag man bei dieser Überschrift das Fragezeichen vermissen. Denn wie soll angesichts der Situation des alternden Menschen noch Selbstdurchsetzung möglich sein, wenn man einmal von einer kleinen Gruppe von „Privilegierten" absieht? Es ist klar, daß die Maßstäbe für Selbstdurchsetzung im höheren Alter andere sein müssen als früher. Was nach außen hin wenig auffällig oder gar passiv erscheinen mag, muß nicht unbedingt Mangel an Aktivität bedeuten. Wir wollen im folgenden Möglichkeit und Wirklichkeit der Selbstdurchsetzung im Alter unter einigen Gesichtspunkten beleuchten.

Aktivitäten im Alter: Re-Engagement

Der Rollenverlust und Funktionsverlust im Alter muß, wenn es nicht zum vollständigen Rückzug aus dem Leben kommen soll, durch neue Tätigkeiten und

Aufgaben kompensiert werden. Aus dem Des-Engagement wird bei dem Versuch der Selbstdurchsetzung das Re-Engagement.

a) Freizeit als Dauergeschenk

Für den alternden Menschen ergibt sich nach der Aufgabe des Berufs ein gewaltiger Anstieg an Freizeit. Dies gilt auch für Frauen, die schon zuvor nur als Hausfrau tätig waren, da die Aufgaben des Haushalts sich durch den Weggang der Kinder meist stark verringern und der pensionierte Ehemann häufig Arbeiten im Haushalt abnimmt.

Man könnte meinen, Freizeit sei ein herrliches Geschenk für den alten Menschen, denn nun könne er sich endlich seinen Interessen und Hobbys widmen. Es ist aber bekannt, daß schon für die berufstätigen Erwachsenen im mittleren und jüngeren Alter die Vermehrung der Freizeit zum Problem wird (*Scheuch*, 1969). Für den älteren Menschen ist die Aufnahme neuer Tätigkeiten nicht ohne weiteres möglich, wenn er die fraglichen Beschäftigungen zeitlebens nie ausgeübt hat. Er kann sich nicht plötzlich mit Sachbüchern befassen, wenn von seiner beruflichen Laufbahn her zuvor nie Anlaß gegeben war, Bücher zu lesen. Er kann sich nicht plötzlich auf Reisen verlegen, wenn er zeitlebens seinen Wohnort kaum verlassen hat. Vielfach bleibt daher nur die Möglichkeit, bisherige Tätigkeiten und Beschäftigungen weiter auszuführen. Da es sich aber nach der Pensionierung um Freizeitbeschäftigungen handelt, steht ihm nun viel mehr Zeit als früher zur Verfügung. Daher bietet sich die Möglichkeit an, die Zeit dadurch auszufüllen, daß man alles langsamer und geruhsamer macht. Die Verlangsamung des persönlichen Tempos ist somit vermutlich nur

zum Teil (wenn überhaupt) auf biologische Alterungs-
prozesse zurückzuführen. Sie hängt neben dem Moment des Ausfüllens von Leerzeit auch mit der Erfahrung des reiferen Alters zusammen, daß viele der
scheinbar wichtigen Arbeiten unnötig sind, sich selbst
erledigen oder keinen nennenswerten Effekt haben.
Bei den Nur-Hausfrauen wird die hausfrauliche Tätigkeit ebenfalls „gestreckt" und unter Umständen inten-
siviert. *Rosenmayr* (1966) spricht von „demonstrati-
ver" Beschäftigung, die gedehnt und ausgebaut wird,
um die Zeit „nützlich" zu füllen.

Nichtausgefüllte Zeit bewirkt Langeweile, ein Erleb-
niszustand, der äußerst unangenehm wirken kann und
den Sinn des Daseins für alte Menschen in Frage stellt.

b) Überblick über Aktivitäten im Alter

In einer amerikanischen Studie* wurden verschiedene
Lebensstadien hinsichtlich der Aktivitäten außerhalb
des Berufs miteinander verglichen. In Tab. 18 sind
einige Ergebnisse zusammengestellt. Am auffälligsten
ist der Anstieg im Gebrauch von Radio und Fernsehen
(über 80%). Auch das Lesen steigt mit dem Alter an.
Hingegen ist deutlich eine Abnahme sozialer Kontakte zu verzeichnen (Geselligkeit).

Man beachte die Geschlechtsunterschiede bei der Ru-
brik „künstlerische Tätigkeiten". Frauen haben hier
aufgrund ihrer durch die Geschlechtsrolle geförderten
musischen Orientierung eine bessere Chance als Männer, im Alter eine sinnvolle Aktivität auszuüben.

Bei einer deutschen Befragung durch ein Meinungs-
forschungsinstitut (Allensbach) über die persönlichen
Interessen zeigte sich in allen erfragten Bereichen ein
Interessenrückgang mit Ausnahme von vier Bereichen, in denen mit höherem Alter mehr Personen ihr

Tab. 18: *Aktivitäten von Personen verschiedener Lebenssta-*
dien (USA, im Herbst 1966*). Die Zahlen sind
Prozentangaben.

Aktivität	Geschlecht	A	B	C
Kinderpflege	Männer	3,8	0,7	0,8
	Frauen	17,8	5,0	1,3
Lesen	Männer	31,8	30,9	43,2
	Frauen	37,6	28,1	25,0
Fernsehen u. Radio	Männer	66,3	69,8	80,3
	Frauen	69,3	71,2	82,5
Künstlerische	Männer	2,5	3,6	9,1
Tätigkeiten	Frauen	9,9	9,9	21,3
Zerstreuung, Beiläufiges	Männer	2,5	11,5	11,4
	Frauen	8,9	6,5	1,3
Geselligkeit	Männer	8,8	5,0	3,8
	Frauen	8,9	7,9	2,5

A: „Teenager-Eltern" (Kinder sind zwischen 14 und 22 Jahre alt)
B: 35- bis 65jährige, keine Kinder unter 22 Jahren
C: Über 65 Jahre alt

Interesse bekundeten als in früheren Altersstufen. Die
Bereiche waren: (a) Pflanzen, Blumen, Gartenpflege,
(b) Kochen (!), (c) Gesundheitspflege und (d) Politik.
Damit scheint erwiesen, daß es Aktivitätsbereiche
gibt, die im Alter bedeutsamer sind als jemals zuvor.
Ein letzter Befund sei über die Rangfolge von Aktivitäten im Alter mitgeteilt. *Schmitz-Scherzer* u. a.
(1968) ermittelten bei älteren Personen des Mittelstan-
des die in Abb. 29 wiedergegebene Häufigkeitsfolge
von Tätigkeiten. Dabei ergibt sich insofern ein deutlich positiveres Bild, als die Kontakte mit Bekannten
und Freunden noch weit vorn rangieren. Die typischen Freizeitbeschäftigungen des Zeitungslesens, Ra-
diohörens und Spazierengehens stehen in der allge-

---

* zit. nach *Tews* (1971)

meinen sozialen Bewertung für Aktivität und Leistung gewiß nicht hoch, sie müssen aber im Alter anders gesehen werden. Möglicherweise fehlt es, wie früher schon einmal erwähnt, weniger an der Aktivitätsbereitschaft des alten Menschen als an der Umstellungsfähigkeit des Jüngeren in der Bewertung dessen, was an älteren Menschen als aktiv gewertet werden muß. Die ausgiebige Beschäftigung mit dem Lesen von Zeitungen und Zeitschriften beweist eigentlich schon, daß sich alte Menschen aus verschiedensten Schichten recht intensiv mit Tagesereignissen und insgesamt mit neuer Information auseinandersetzen.

Abb. 29: Häufigkeitsfolge der Freizeitbeschäftigten im Alter (Schmitz-Scherzer u. a., 1968, S. 254)

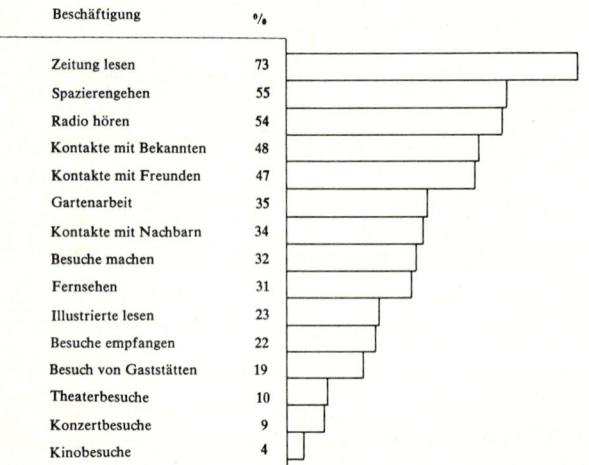

Beschäftigung	%
Zeitung lesen	73
Spazierengehen	55
Radio hören	54
Kontakte mit Bekannten	48
Kontakte mit Freunden	47
Gartenarbeit	35
Kontakte mit Nachbarn	34
Besuche machen	32
Fernsehen	31
Illustrierte lesen	23
Besuche empfangen	22
Besuch von Gaststätten	19
Theaterbesuche	10
Konzertbesuche	9
Kinobesuche	4

c) Drei Beispiele für Altersaktivität: Reisen, Hobby
   und Religion

Schon von der Alltagserfahrung her wissen wir, daß
die Bereiche Reise, Hobby und Religion einen besonderen Stellenwert in der aktiven Teilhabe des alten
Menschen am Leben einnehmen. Die beiden erstge-
nannten Bereiche stellen Möglichkeiten von produkti-
ver Tätigkeit dar, die einen vollwertigen Ersatz für den
Beruf bilden können. Der Bereich Religion wird wegen der geistigen Auseinandersetzung mit dem heran-
nahenden Tod wichtig, aber auch wegen der Reflexion
im Alter über den Sinn und Erfolg des „gelebten
Lebens".

Die Nutzung der gewonnenen Freizeit zum Reisen ist
für bestimmte Bevölkerungsgruppen im Alter schon
Realität geworden, ebenso wie das Problem von
Krankheit und Tod alter Menschen an Ferienorten
bereits enrnsthaft die Tourismusorganisationen beschäftigt. Es ist denkbar, daß in Zukunft auch für alte
Menschen aus einfacheren sozialen Schichten das Reisen und „Erholen" an klimatisch günstigen Orten attraktiv und finanziell realisierbar wird. Auf diese
Weise kann die Erweiterung des geistigen Horizontes
mit der Gesundheitsförderung verbunden und eine
besondere Form von Selbstdurchsetzung als Planung
der unmittelbaren und weiteren Zukunft verwirklicht
werden.

Das Hobby, besonders in Form von Sport, Basteln
und Handwerken in Haus und Garten erfährt in der
Bevölkerung eine hohe Bewertung (*Scheuch*, 1969). Es
tritt als sinnvolle Tätigkeit in der Freizeit der Arbeit
nahezu gleichwertig gegenüber. Man könnte sich denken, daß diese Form des Hobbys als nützliche pro-

duktive Tätigkeit im Alter zunehmen oder doch in gleichem Umfang praktiziert werden müßte. Dies ist nicht der Fall, wie wir bereits sahen: Gegenwärtig werden rezeptive und entspannende Tätigkeiten bevorzugt, wie Radiohören und Spazierengehen. Möglicherweise ist das praktisch nützliche Hobby im Pensionsalter nicht mehr so interessant, da die Berufsarbeit als Konkurrenz fehlt (*Tews,* 1971). Höhere geistige Formen des Hobbys, wie Schriftstellern, Musizieren und Malen, sind nicht jedermanns Sache und hängen stark mit dem Bildungsniveau oder dem beruflichen Lebenslauf zusammen.

A Nennen Sie einige originelle Aktivitäten, die Sie bei älteren Menschen beobachtet haben!

Die Beschäftigung mit der *Religion* und die wachsende religiöse Aktivität ist nicht durchgängig bei älteren Menschen zu finden. Nach Ergebnissen von *Blume* (1968) ist Kirchenbesuch im Alter anzutreffen:
– häufiger bei Frauen als bei Männern,
– häufiger bei Angehörigen der Mittelschicht, besonders bei Beamten, als bei Arbeitern,
– häufiger bei Personen mit niedrigerem Bildungsniveau als bei Akademikern

Nach Befunden von *Harenberg* (1968) erstreckt sich die zunehmende religiöse Aktivität nicht nur auf äußeres Verhalten wie Kirchenbesuch. Ältere Menschen verändern offenbar ihre Einstellung zu religiösen Fragen. Sie scheinen orthodoxer zu werden, als sie es in den mittleren Lebensjahren waren. So meinen sie

z. B., daß man nicht Christ sein könne, ohne die Kirche zu besuchen, glauben häufiger an die leibliche Auferstehung Christi, an die Gottessohnschaft und insgesamt an den unverbrüchlichen Wahrheitsgehalt der Bibel.

Dieses Ergebnis ist aber möglicherweise ein Artefact (ein durch einen methodischen Fehler zustandegekommenes Scheinergebnis). Die jetzigen alten Menschen besaßen nämlich aufgrund ihrer religiösen Erziehung in der Kindheit zeitlebens eine andere Einstellung zum Religiösen als das heutige mittlere Erwachsenenalter und erst recht als die heutige Jugend (Generationseffekt). Es bleibt also abzuwarten, ob sich die Zunahme an Orthodoxie auch in den folgenden Generationen finden wird.

d) Einseitiger Individualismus als Selbstdurchsetzungsform im Alter

Die Aufzählung der bisherigen Aktivitäten im Alter läßt einen starken Überhang an individualistischen Tendenzen erkennen. Man tut etwas nur für sich, lebt für sich und ist Nutznießer des gesellschaftlichen Reichtums, ohne noch etwas zu ihm beisteuern zu wollen.

Man kann zwei Positionen zu dieser Tendenz einnehmen:

a) Der alte Mensch hat zeitlebens für die Gesellschaft gearbeitet, er kann sich nun zurückziehen (ohne passiv zu werden) und nur noch seinen eigenen Bedürfnissen und Interessen leben.

(b) Auch das Alter muß in den gesellschaftlichen Produktionsprozeß einbezogen bleiben. Wenn es nicht unmittelbar in den bisherigen beruflichen Positionen tätig sein kann, so müssen neue Positionen geschaffen werden, in denen – analog zu den Aufgaben des Alters in der vorindustriellen Gesellschaft – der einzelne der Gesellschaft noch nützen kann.

Beide Standpunkte sind einseitig und entsprechen nicht einem angemessenen Verständnis vom Menschen. Es erscheint nicht sinnvoll, den Menschen ohne eine Funktion in der Gesellschaft zu denken, es ist aber auch falsch, Selbstdurchsetzung nur gelten zu lassen, wenn sie der Gesellschaft nützlich ist, im allgemeinsten Sinne also ihrer Erhaltung und Weiterentwicklung dient.

Immerhin muß man angesichts der jetzigen Situation sagen, daß ein größeres Maß an sozialen Aktivitäten und an Integration in die Gesellschaft wünschenswert ist. In den USA helfen sich ältere Frauen, die ihren Wirkungskreis als Hausfrau, repräsentierende Ehegattin und als Mutter eingebüßt haben, indem sie neue soziale Aktivitäten starten und in bestimmten Wohlfahrtsorganisationen oder auch in eigener Initiative und Regie soziale Hilfe zu geben versuchen. Der Aspekt der besseren Integration als Weg zur Selbstdurchsetzung wird uns im letzten Abschnitt noch zu beschäftigen haben. Es scheint, als müsse das Alter heute selbst die hier nötigen Einfälle produzieren, da die Jüngeren mit ihren eigenen Problemen zu sehr beschäftigt sind.

Persönlichkeitsentwicklung im Alter

Selbstdurchsetzung läßt sich auf allen Altersstufen unter dem Gesichtspunkt der Persönlichkeitsveränderung besonders gut beschreiben. Man kann einerseits fragen, was bleibt an der Persönlichkeit während des ganzen Lebens konstant, und andererseits, was ändert sich? Die Persönlichkeit im Alter soll im folgenden unter den beiden Gesichtspunkten der Konstanz und Veränderung beleuchtet werden.

a) Konstanz

Viele Züge der Persönlichkeit, die sich ein Leben lang ausgeprägt und gefestigt haben, bleiben natürlich auch im Alter konstant. In der Forschung gibt es zur Überprüfung der Konstanz nur die Möglichkeit der Längsschnittuntersuchung, in der die gleichen Personen immer wieder über die Jahre hinweg beobachtet und untersucht werden. Das ist sehr mühevoll und es dauert lange, bis Ergebnisse vorliegen. Die bisherigen Befunde über die Entwicklung der Persönlichkeit im höheren Alter belegen, daß es eindeutige Konstanz von Persönlichkeitszügen gibt.

Eine solche Längsschnittstudie wurde in Kansas City durchgeführt (*Havighurst* u. a., 1964; *Neugarten* u. a., 1964). Fast 700 Personen wurden dabei über einen Zeitraum von sieben Jahren in regelmäßigen Abständen interviewt. In der Studie traten typische Persönlichkeitsunterschiede zwischen den Befragten auf. Die Autoren unterscheiden beispielsweise zwischen

- einem „integrierten" Persönlichkeitstyp (versteht mit den Bedingungen des Lebens fertig zu werden und bleibt in die Gemeinschaft eingebunden)
- einem Typus, der seinen Status wahrt und verteidigt (versucht, möglichst lange die Aktivitäten und Rollen beizubehalten, die er zuvor praktizierte),
- einem „passiv-abhängigen" Typus (sein Leben wird mehr durch andere bestimmt, als daß er sich selbst durchzusetzen versucht) und

– einem „desintegrierten" Typ (unangepaßt, gestört, im sozialen Kontakt beeinträchtigt).

Diese Typen blieben aber individuell weitgehend konstant: Wer zu Beginn der Befragung integriert war, blieb es in der Regel auch am Ende der Befragung. Analoges gilt für die anderen Typen.

A   Versuchen Sie, einige Ihnen bekannte ältere Menschen einem der Typen zuzuordnen und prüfen Sie (sofern möglich), ob die genannten Merkmale bei den betreffenden Personen typische Alterserscheinungen sind oder schon früher vorhanden waren!

Die bereits früher beschriebenen fünf Anpassungstypen (S. 319) erwiesen sich ebenfalls in der von *Reichard* u. a. (1962) durchgeführten Längsschnittstudie individuell weitgehend konstant. Typische Altersveränderungen konnten nicht festgestellt werden.

In einer deutschen Untersuchung an älteren Menschen (Bonner gerontologische Längsschnittuntersuchung) wird von *Lehr* (1972) Konstanz bei folgenden Merkmalen mitgeteilt:

– Aktivität
– Anregbarkeit
– Sicherheit
– Steuerung
– Angepaßtheit
– Stimmung

Wer zu Beginn der Untersuchung beispielsweise wenig aktiv war, veränderte sich in den darauffolgenden Jahren diesbezüglich wenig; wer zu Beginn sehr aktiv

war, blieb es im Verhältnis über den bislang untersuchten Zeitraum hinweg.

Abschließend muß beim Konstanzaspekt noch auf einen Sachverhalt hingewiesen werden, der ebenfalls
empirisch gestützt werden kann (*Neugarten*, 1964;
Gottschaldt, 1968; *Kimmel*, 1974). Die Persönlichkeitszüge und die Struktur einer Persönlichkeit festigen sich mit zunehmendem Alter immer mehr. Je älter
ein Mensch wird, desto genauer läßt sich vorhersagen,
wie er in Zukunft sein wird. Dies gilt natürlich für
gesunde Menschen, die zudem nicht besonders folge-
schweren Ereignissen ausgesetzt wurden. Ältere Menschen werden immer mehr sie selbst, wie es *Neugarten* (1964) ausdrückt, ihre Persönlichkeitsstruktur
wird klarer und häufig integrierter (harmonischer,
„stimmiger"), wie *Gottschaldt* (1968) zu finden
glaubte.

> **A** Suchen Sie in Ihrem Bekanntenkreis nach kon-
> stanten Persönlichkeitszügen bei älteren Men-
> schen!

b) Veränderung
Neben konstanten Merkmalen gibt es natürlich auch
Züge, die sich in Abhängigkeit vom Alter verändern.
Kimmel (1974) faßt diese Veränderung unter drei Ge-
sichtspunkten zusammen:

(a) Abnahme der Energie des Ich. Ich-Energie bezieht
   sich auf das Ausmaß an Aktivität und Anstrengung für eine von außen gestellte Aufgabe. Ältere
   Menschen investieren in solche Aufgaben deutlich
   weniger Aktivität und Anstrengung als jüngere.

Von daher erscheinen die Ergebnisse über die sogenannte Leistungsminderung in der Intelligenz in einem neuen Licht. Wer sich weniger anstrengt, wird trotz gleichbleibender geistiger Leistungsfähigkeit weniger in Tests zustandebringen. *Rosen* und *Neugarten* (1964) meinen, daß ältere Menschen eher auf innere als auf äußere Ereignisse reagieren (sich also mit sich selbst und ihren Erinnerungen beschäftigen). Sie scheinen starke gefühlsmäßige Bindungen zur Umwelt abzubauen und legen weniger als früher Wert auf Bestätigung durch die soziale Umgebung.

(b) Stil der Lebensmeisterung. Aufgrund der Testdaten fanden sich drei Stile: die aktive Lebensbewältigung, die passive Bewältigung (die Dinge auf sich zukommen lassen, andere für sich entscheiden und sorgen lassen) und die magische Lebensbewältigung (religiöse Mächte werden um Hilfe bemüht, astrologische Deutungen herangezogen, Glückszahlen und Pechtage spielen eine wichtige Rolle, eigene Leistungen werden nicht rational erklärt). Mit zunehmendem Alter zeigte sich ein Überwechseln vom aktiven Stil der Lebensbewältigung zur passiven und magischen Bewältigung. Diese Veränderung ist möglicherweise nicht kulturabhängig, denn sie fand sich in einer einfachen mexikanischen Dorfkultur genauso wie bei amerikanischen Indianern (*Krohn* & *Gutmann*, 1971).

(c) Veränderung in der Wahrnehmung der Geschlechtsrolle. Dies ist wohl der interessanteste Befund. Ältere Männer werden zu verschiedenen Lebensaltern unterschiedlich wahrgenommen. Je älter die untersuchten Personen waren, desto mehr kennzeichneten sie die männliche Altersrolle (bzw. ihre eigene Geschlechtsrolle) als eher weiblich (Unterordnung, Pflege und Betreuung z. B. von Kindern). Die älteren Frauen wurden mit zunehmendem Alter der Getesteten stärker mit männlichen Zügen ausgestattet (autoritär, aggressiv). So scheint sich möglicherweise ein Wechsel der Geschlechtsrolle im Alter anzubahnen (*Singer*, 1963). Diese Annahme wurde übrigens schon vor über 40 Jahren von *Jung* vertreten (neu aufgel. 1972).

c) Arten der Selbstdurchsetzung

Betrachtet man nicht einzelne Persönlichkeitszüge oder Aktivitäten sondern den Lebensstil überhaupt und den gesamten Menschen, so lassen sich wiederum typische Formen oder Arten der Selbstdurchsetzung einer Persönlichkeit finden. Wir haben solche Typen schon mehrfach kurz umrissen. Einmal im Zusammenhang mit Formen der Anpassung (S. 319), das andere Mal als Stil der Lebensbewältigung (siehe vorigen Abschn.). Nachfolgend sei im Überblick noch ein anderer Einteilungsversuch dargestellt, der insofern recht interessant ist, als er zugleich Möglichkeiten der Selbstdurchsetzung im Alter bildet, die vom positiven bis zum negativen Pol reichen. *Havighurst* u. a. (1964) bildeten bei der schon zitierten Kansas-City-Untersuchung aufgrund der Ergebnisse acht Gruppen, die sich deutlich voneinander unterschieden. Die Unterschiede zwischen diesen Gruppen umfassen die Gesichtspunkte Persönlichkeit, Rollenaktivität und Zufriedenheit.

Die nachfolgende kurze Kennzeichnung hält sich ziemlich eng an die Darstellung von *Tews* (1971, S. 106).

Gruppe A (organisiert):	Wird in einer großen Zahl von Aktivitäten als kompetent angesehen, optimales Altern (im Sinne des amerikanischen Ideals, jung zu bleiben), verlorene Aktivitäten und Rollen werden durch neue ersetzt.
Gruppe B (konzentrierend):	gut integrierte Persönlichkeit mit mittlerem Aktivitätsniveau. Aktivitäten werden sorgsam ausgewählt, man investiert Zeit und Anstrengung in ein bis zwei Bereichen (Rollen, Aktivitäten), Zufriedenheit.
Gruppe C (sich erfolgreich zurückziehend):	relativ geringe Aktivität mit hoher Lebenszufriedenheit, „Lehnstuhl"-Haltung, freiwilliger Rückzug, positives Selbstbild.
Gruppe D (die Stellung haltend):	Aufrechterhaltung der Aktivitäten der mittleren Jahre, solange es geht, dadurch hohe Zufriedenheit bis zur Aufgabe der Tätigkeiten.
Gruppe E (sich einschränkend)	Reduzierung der Rollenaktivität als Verteidigung gegen das Alter, Einschränkung der sozialen Kontakte, hohe Zufriedenheit, weniger integriert.
Gruppe F (hilfesuchend):	Erfolgreiche Suche nach emotionaler Unterstützung durch andere (andere halten zu einem, denken und fühlen ähnlich), mittlere Aktivität und Zufriedenheit.
Gruppe G (apathisch):	Niedrige Rollenaktivität und eher geringe Lebenszufriedenheit, Erwartung gegenüber dem Leben war in der Rückschau nie hoch.

Gruppe H (desor-gani-siert):	Verschlechterung der geistigen Leistungsfähigkeit, Verlust der Kontrolle über Verhalten und Gefühle, niedrige, höchstens mittlere Lebenszufriedenheit.

A Selbstdurchsetzung und Lebenszufriedenheit stimmen nicht immer überein. Wählen Sie die Gruppen aus, bei denen ein deutlicher Unterschied besteht und fällen Sie Ihr Urteil darüber, ob Aktivität bzw. Selbstdurchsetzung oder Lebenszufriedenheit für alte Menschen wichtiger ist.

Neue Chancen zur Selbstdurchsetzung

Selbstdurchsetzung war in vorindustriellen Gesellschaften für alte Menschen kein Problem. Im Gegenteil, sie konnten aufgrund ihres Einflusses die Selbstbestimmung jüngerer Mitglieder der Gesellschaft beeinträchtigen. Bis in die jüngste Zeit noch lassen sich solche Beispiele finden, etwa bei dem alternden Bauern, der seinen Hof nicht übergeben will und seinen Sohn als Abhängigen arbeiten läßt.

In der industriellen Gesellschaft haben sich die Chancen zunächst stark verringert. Rollenverlust, Aktivitätsverlust, Abhängigkeit, ungünstige ökonomische Bedingungen und Krankheit bestimmen stark das Bild des Alters. Gleichwohl bahnt sich eine Entwicklung an, die der Selbstdurchsetzung (Selbstverwirklichung) im Alter bessere Möglichkeiten bieten dürfte.

a) Chancen

Diese Möglichkeiten liegen in folgenden Trends begründet (*Tews,* 1971):

(1) Durch die moderne Medizin kann immer besser gewährleistet werden, daß das Alter über 65 Jahren sich guter Gesundheit erfreut. Diese Voraussage erfüllt sich aber nur, wenn die lebenslangen Beeinträchtigungen durch Umweltvergiftung und Arbeitsstreß abgebaut werden.

(2) Die ökonomische Lage alter Menschen verbessert sich im Schnitt allmählich. Auf längere Sicht wird es durchaus möglich sein, dem Alter ein Einkommen zu sichern, das ihm Wahlmöglichkeiten offenläßt und ein sinnvolles Leben zu führen gestattet. Sofern allerdings diese Voraussetzung nicht gegeben ist, helfen alle übrigen Maßnahmen nichts, auch raffinierteste psychologische Betreuung wird dann wenig fruchten.

(3) Infolge der technischen Entwicklung verschiebt sich der Zeitpunkt der Pensionierung nach vorn. So wird die Gesellschaft sich veranlaßt sehen, neue Aufgaben und Rollen einzurichten (zu institutionalisieren). Die soziale Aktivität älterer Frauen in Organisationen oder privat ist ein Beispiel für solche neuen Rollen. Sie bilden die Voraussetzung für Selbstverwirklichung als Re-Engagement.

(4) Die „freiwilligen" und die freizeitlichen Beschäftigungen dürften ebenfalls zunehmen, so daß das Alter mehr als bisher Züge der erneuten Selbstverwirklichung trägt.

(5) Politisch ist die Verbesserung der Situation der Bürger im Alter ebenfalls interessant. Die Bürger selbst als zukünftige Alten-Generation wünschen ein zufriedenstellendes und gesichertes Alter, und der Politiker weiß, daß er aus seinem Engagement in der Altersfrage Kapital schlagen kann.

Wenn ältere Menschen unter sich bleiben und gemeinsame Vorhaben (Kaffeekränzchen, Reisen, Tanzpartys) verwirklichen, schaffen sie sich eine eigene Welt, in der sie sich auch kulturell gegenüber der Umgebung abgrenzen.

b) Die Subkultur des Alters

Gegenwärtig scheint sich bereits eine Subkultur der Alten – analog zur Jugendkultur – herauszubilden. Alte Menschen finden sich häufig in Gruppen zusammen, entwickeln gemeinsame Interessen, nehmen ihre gemeinsamen Bedürfnisse wahr und finden zum Teil auch schon Wege, sie durchzusetzen. In den USA ist die Entwicklung einer eigenen Subkultur schon deutlicher sichtbar (*Rose,* 1965). In Deutschland werden solche Tendenzen noch kaum spürbar, man findet sie allenfalls unter günstigen Bedingungen in Altersheimen und in Alters-Organisationen (Pensionistenbund). Aber da die Bildung altershomogener Gruppen, also das Zusammenfinden alter Menschen, immer auch Wirkungen in der Umwelt hervorruft, läßt sich bei uns eine ähnliche Entwicklung voraussagen. Die Wirtschaft entdeckt allmählich das Alter als Markt und nutzt die größer werdenden Finanzquellen älterer Menschen für den Konsum (Alterstourismus, Möbel und Geräte).

Wichtiger als die äußere Nachhilfe zur Schaffung einer Subkultur ist heute eine gewisse Oppositionshaltung alter Menschen gegenüber der Gesellschaft. *Rose* spricht sogar von einer Gegenkultur, die in der Subkultur der Alten aufgebaut wird. So unerwünscht auf die Dauer die Isolierung und Abgrenzung der Gruppe älterer Menschen in einer Subkultur sein mag, so wichtig ist sie vielleicht angesichts der jetzigen Probleme. Erst wenn das Alter unbequem wird für die übrige Gesellschaft und durch seinen Protest auf sich aufmerksam macht, kann mit durchgreifenden Verbesserungen gerechnet werden.

c) Verbesserung der jetzigen Situation

Neben den sich gegenwärtig abzeichnenden Chancen, von denen schon die Rede war, lassen sich eine Reihe von Möglichkeiten zur Verbesserung der Sozialisation im Alter denken. Im folgenden seien nur drei Aspekte herausgegriffen:

(1) *Aktivitätstraining.* Eine Reihe von Befunden zeigen, daß lebhafte körperliche und geistige Aktivität mit Wohlbefinden, Zufriedenheit und körperlicher Gesundheit einhergeht (*Palmore,* 1970, 1971). Man weiß nun freilich nicht, was Ursache und was Wirkung ist: Sind die Aktiven deshalb aktiv, weil sie besonders gesund und leistungsfähig sind, oder erhält die Aktivität körperliche und geistige Fitness? Immerhin ist die positive Wirkung körperlichen Trainings auf Gesundheit und körperliche Leistungsfähigkeit erwiesen. In bezug auf intellektuelle Leistungen ist es eigentlich selbstverständlich, daß nur fortlaufendes Training, ständige Bemühung um die Bewältigung von Aufgaben und Problemen die geistigen Fähigkeiten wachhält. Als gefährlich und meist falsch ist die Volksmeinung einzustufen, daß man sich möglichst schonen solle, um nicht zu bald unter Abnützungs- und Verschleißerscheinungen zu leiden. Freilich darf man das Aktivitätstraining nicht an den Maßstäben für junge Menschen messen. Sowohl Intensität wie Häufigkeit müssen auf das jeweilige körperliche und kognitive Niveau abgestimmt werden.

(2) *Vorbereitung aufs Alter.* Altern ist ein Prozeß, der nicht plötzlich eintritt, besonders wenn man ihn

als psychosozialen Vorgang begreift, wie das in diesem Kapitel getan wurde. Es ist für den einzelnen daher wichtig, nicht plötzlich mit der Situation des alten Menschen bei Eintritt in die Pension konfrontiert zu werden. Viele (vor allem Angehörige der Mittelschicht) stellen sich in der Tat auf das Alter ein, schmieden Pläne, treffen Vorbereitungen (z. B. Alterswohnsitz) und sind von den gravierenden Veränderungen, die der Berufsaustritt mit sich bringen mag, nicht so überrascht. Andererseits konnten wir feststellen (s. S. 302), daß Arbeiter und allgemein Angehörige niedrigerer Schichten weniger gut mit der Altersrolle fertig werden. Für sie sind regelrechte Vorbereitungskurse für das Alter am Platz. Solche Vorbereitungskurse wurden in den USA bereits durchgeführt (*Ash*, 1966; *Charles*, 1971). Schon nach dem 55. Lebensjahr begann man mit einer intensiven Beratung. Die bisherigen Erfolge zeigen, daß die vorbereiteten Pensionäre zufriedener sind als Vergleichsgruppen.

(3) *Veränderung der materiellen Umwelt.* Die physikalische Umgebung alter Menschen ist die gleiche wie die aller übrigen Mitglieder der Gesellschaft. Wir mußten schon feststellen, daß die Umgebung besser auf die Bedürfnisse und Probleme des Alters abgestimmt werden sollten. Die Verbesserung der materiellen Umwelt umfaßt unter anderem:

– Vermeidung von Treppen (nicht nur wegen des Steigens, sondern zur Erleichterung des Transports von Gepäck mit einem Rollwagen oder dergl.),

- Schaffung sicherer Verkehrsübergänge und vom Alter benutzbarer öffentlicher Verkehrsmittel,
- leichte Erreichbarkeit von Dienstleistungseinrichtungen (vom Arzt bis zum Kaufhaus),
- Errichtung von Wohneinheiten, die alten Menschen gestatten, möglichst lange selbständig zu leben und dabei Kontakt mit anderen Altersgruppen zu haben,
- Schaffung von Gebrauchsgütern, die speziell von alten Menschen benötigt werden.

A Überlegen Sie, welche Möglichkeiten zur Verbesserung der Lebensbedingungen im Alter es noch gibt und wie man Selbstverwirklichung im Alter anregen kann.

Zusammenfassung

Selbstdurchsetzung im Alter bedeutet in den meisten Fällen Re-Engagement, da frühere Aktivitäten und Funktionen aufgegeben werden mußten. Besonders häufige Beschäftigungen, wie Zeitungslesen, Spazierengehen und Radiohören (bzw. Fernsehen) erscheinen Jüngeren oft nutzlos und wenig aktiv, dürften aber im Alter als sinnvolle Tätigkeiten anzusehen sein. Die im Alter zunehmende religiöse Aktivität ist nicht bei allen Bevölkerungsgruppen in gleicher Weise anzutreffen.

Die Persönlichkeit entwickelt sich auch im Alter weiter. Einerseits wurden Veränderungen bezüglich der Abnahme von „Ich-Energie", des Stils der Lebensmeisterung und der Geschlechtsrolle beobachtet. Andererseits gibt es bemerkenswerte Konstanz hinsicht-

lich der Aktivität, Anregbarkeit, Steuerung, Angepaßtheit und anderer Merkmale. In gewisser Hinsicht
bringt das Alter bei vielen Klärung von widerstreiten-
den Tendenzen und Festigung zentraler Persönlichkeitszüge.

Heute bieten sich eine Reihe von Möglichkeiten zur
Verbesserung der Situation alter Menschen an. Innerhalb dieser Altersgruppe kann eine eigene Subkultur
entstehen, die den Bedürfnissen des Alters besser
Rechnung trägt als die Gesamtkultur. Durch Aktivitätstraining und langfristige Vorbereitung auf das Alter sowie durch Veränderung materieller Umweltbedingungen lassen sich für das Alter Wohlbefinden und
eine bessere Integration in die Gesamtgesellschaft erreichen.

Aufgaben

(1) Welche Ereignisse im Leben der Frau haben sich seit
 1890 zeitlich vorverlagert, welche treten heute später
 ein?

(2) Worin liegt der Unterschied zwischen alten Menschen
 (vor allem Männern) unserer Gesellschaft und früherer
 Gesellschaften bzw. Primitivkulturen?
 a) Schlechtere Versorgung in unserer Gesellschaft
 b) Weniger Liebe und Pflege in unserer Gesellschaft
 c) Geringeres Prestige und geringerer Einfluß in unserer Gesellschaft
 d) Geringere körperliche Leistungsfähigkeit in unserer
 Gesellschaft

(3) Beschreiben Sie die körperlichen Altersveränderungen
 in folgenden Bereichen: Haut, Skelett, Muskeln, Nervensystem und Sinnesorgane

(4) Wie erklären Sie sich die höhere Lebenserwartung von
 Personen mit höherer Schulbildung? Kreuzen Sie zwei
 der folgenden Möglichkeiten an!

a) Sie besitzen anlagemäßig nicht nur eine höhere Begabung, sondern auch eine bessere Konstitution
b) Sie wissen besser, was man für seine Gesundheit tun muß und halten sich auch daran
c) Sie üben meist einen Beruf aus, der weniger anstrengend und gesundheitsschädigend ist als Personen mit niedrigerer Schulbildung
d) Hier wirken Anlage- und Umweltbedingungen zusammen: Zur durchschnittlich besseren Körperkonstitution treten günstigere hygienische Bedingungen

(5) Durch welche Methode konnte der früher vermutete allgemeine Intelligenzrückgang im Alter wiederlegt werden?
a) Durch verfeinerte Intelligenztests
b) Durch Längsschnittuntersuchungen
c) Durch neue medizinische Forschungsergebnisse
d) Durch Querschnittsuntersuchungen

(6) Bei der Entwicklung der Intelligenz kann man zwei Hauptfaktoren unterscheiden. Welche der beiden erfährt im Alter keinen Leistungsabfall, sondern häufig sogar noch einen Anstieg?

(7) Nennen Sie ein Untersuchungsbeispiel, das eine Verbesserung bestimmter Leistungen während der beruflichen Tätigkeit mit fortschreitendem Alter belegt!

(8) Was besagt die Defizit-Annahme?
a) Das Alter wird in unserer Gesellschaft vernachlässigt
b) Dem Alter fehlt es an angemessener Umweltanregung
c) Im Alter sinkt die Intelligenzleistung ab
d) Das finanzielle Einkommen im Alter liegt zu niedrig

(9) Wie heißen die beiden Haupttheorien des Alters?

(10) Das Alter läßt sich in unserer Gesellschaft hauptsächlich kennzeichnen
a) als Rollen- und Funktionsverlust
b) als Beeinträchtigung der körperlichen Leistungsfähigkeit
c) als Beeinträchtigung der geistigen Leistungsfähigkeit

d) als Persönlichkeitsveränderung, vor allem als zunehmende Rigidität (Starrheit, Unbeweglichkeit)

(11) In der Altersforschung unterscheidet man zwischen Vereinsamung und Isolation. Worin besteht der Unterschied?

(12) Welche Bevölkerungsgruppe ist auf lange Sicht mit der Pensionierung zufrieden, welche ist eher unzufrieden?

(13) Verstehen sich Ehepartner nach der Pensionierung auf lange Sicht besser oder eher schlechter als in jüngeren Jahren?

(14) *Neugarten* und *Weinstein* unterscheiden aufgrund ihrer Untersuchung fünf Typen der Großelternschaft. Zählen Sie auf!

(15) Nennen Sie einige Merkmale des Altersstereotyps bei uns!

(16) Nennen Sie einige erwünschte und nicht erwünschte Verhaltensweisen für das Alter!

(17) Alte Menschen erfahren oft inadäquate Rückmeldung aus der Umwelt. Im vorliegenden Text werden zwei Formen unterschieden. Welche?

(18) Nennen Sie die fünf von *Reichard* u. a. gefundenen Anpassungsformen im Alter!

(19) Nennen Sie ein Beispiel für „demonstrative" Beschäftigung im Alter *(Rosenmayr)*!

(20) Nennen Sie zwei Beschäftigungen, denen alte Menschen mehr nachgehen als jüngere

(21) Beschreiben Sie kurz die vier Persönlichkeitstypen, die man in der Kansas-City-Studie fand!

(22) Welche der folgenden Persönlichkeitsveränderungen im Alter wurden empirisch gefunden? (Nur eine Möglichkeit ankreuzen!)
a) Veränderung im Stil der Lebensbewältigung
b) Veränderung der persönlichen Stimmung
c) Veränderung der Aktivität
d) Veränderung der Anregbarkeit

(23) Alter und Jugend bilden einen Gegensatz, der sich häufig im Tadel alter Menschen an der heutigen Jugend niederschlägt. Dennoch haben Alter und Jugend man-

ches gemeinsam. Vor allem sind beide Marginalgruppen (im Sinne *Lewins*). Nennen Sie einige Bedingungen und Folgen, die aufgrund der Marginalstellung bei beiden Gruppen gleich oder ähnlich sind!

Literatur

Ash, Ph.: Pre-retirement counseling. Gerontologist, 1966, 6, 97–99

Bennet, R. & Eckmann, J.: Attitudes in the U. S. aged. In: Eisdorfer & Lawton (Eds.): The psychology of adult development and aging. Washington, D. C.: American Psychological Association, 1973, 575–597

Bergler, R.: Selbstbild und Alter. Bericht 1. Kongreß Dt. Ges. Gerontologie. Darmstadt: Steinkopff, 1968, 156–169

Birren, J. E.: The psychology of aging. Englewood Cliffs, N. J., Prentice Hall, 1964

Blood, R. O., Jr. & Wolfe, D. M.: Husbands and wives: The dynamics of married living. New York, Glencoe Ill.: Free press, 1960

Blume, O.: Möglichkeiten und Grenzen der Altenhilfe. Tübingen: Mohn 1968

Charles, D. C.: Effect of participation in a pre-retirement program. Gerontologist, 1971, 11, 24–28

Craik, F. J. M.: Age differences in short-term-memory. In: Chown, S. & Riegel, K. (Eds.): Psychological functioning in the normal aging and senile aged. Basel & New York: Karger 1968, 1, 44–47

Crovitz, E.: Reversing a learning deficit in the aged. Journal Gerontol., 1966, 21, 236–238

Cumming, E. & Henry, W. E.: Growing old, the process of disengagement. New York: Basic Books Inc., 1961

Damianopoulos, E.: A formal statement of disengagement theory. In: Cumming, E. & Henry, W. E. (Eds.): Growing old, the process of disengagement. New York: Basic Books Inc., 1961

Dreher, G.: Adjustment to retirement – a study of two occupational groups. Proc. 8th Intern. Congr. Gerontol., Washington, D. C., 1969, 2, 64

Eisdorfer, C.: New dimensions and tentative theory. Symposium on learning and memory. Gerontologist, 1967, 7, 14–18

Friedmann, E. A.: The impact of aging on the social structure. In: Tibbitts, C. (Eds.): Handbook of social gerontology – societal aspects of aging. Univ. of Chicago Press, Chicago 1960

Goldfarb, A. I.: Psychodynamics and the three-generation family. In: Shanas, E. & Streib, G. F. (Eds.): Social structure and the family. Englewood Cliffs, N. J.: 1965, 10–45

Gottschaldt, K.: Zwillingsuntersuchungen vom zweiten bis zum sechsten Lebensjahrzehnt. In: R. Schubert (Hrsg.): Bericht 1. Kongreß Dt. Ges. Gerontologie, Darmstadt: Steinkopff 1968, 176–185

Harenberg, W. (Hrsg.): Was glauben die Deutschen? München-Mainz, 1968

Havighurst, R. J. & Albrecht, R.: Older people. New York-London-Toronto: Holt, Rinehart Winston, 1953

Havighurst, R. J., Munnichs, J. M. S., Neugarten, B. L. & Thomae, H.: Adjustment to retirement: a crossnational study. Assen/Holland: van Gorcum 1969

Havighurst, R. J., Neugarten, B. & Tobin, Sh.: Disengagement and patterns of aging. Gerontologist, 1964, 4, 24

Heron, A.: Retirement attitudes among industrial workers in the sixth decade of life. Vita Humana, 1963, 6, 152–159

Horn, J. L. & Cattell, R. B.: Age differences in primary mental ability factors. Journal Gerontol., 1966, 21, 210–220

Hoyer, W. J., Labouvie, G. V. & Baltes, P. B.: Modification of response speed deficits and intellectual performance in the elderly. Human Development, 1973, 16, 233–242

Jarvik, L. F. & Blum, J. E.: Cognitive declines as predictors of mortality in discordant twin pairs – a twenty-year longitudinal study of aging. Unveröff. Man., Columbia University 1971

Jones, H. E.: Age changes in adult mental abilities. In: Old age in the modern world. London: Livingstone 1955, 267–274

Jones, H. E.: Intelligence and problem-solving. In: Birren, J. E. (Ed.): Handbook of aging and the individual. Chicago: University of Chicago Press 1959, 700–738

Jung, C. G.: Gesammelte Werke, herausgegeben von Niehus-Jung, M. & Hurwitz-Eisner, L. Band 17: Über die Entwicklung der Persönlichkeit. Freiburg: Walter 1972

Kimmel, D. C.: Adulthoud and aging. New York, London: Wiley 1974

Krohn, A. & Gutmann, D.: Changes in mastery styles with age: A study of Navajo dreams. Psychiatry, 1971, 34, 289–300

Labouvie-Vief, G., Hoyer, W. J. Baltes, M. M. & Baltes, P. B.: Operant Analysis of Intellectual Behaviour in Old Age. Human Development, 1974, 17, 230–238

Lehr, U.: Attitudes toward the future. Human Development, 1967, 230–238

Lehr, U.: Probleme der Anpassung an die Pensionierung unter psychologischem Aspekt – Ein Beitrag zur Frage der Flexibilität der Altersgrenze. Darmstadt: Bericht Symposion Dt. Ges. Gerontologie, Nürnberg 1968, 1969, 53–59

Lehr, U.: Psychologie des Alterns. Heidelberg: Quelle & Meyer, 1972, erw. Aufl. 1977

Lehr, U. & Thomae, H.: Die Stellung des älteren Menschen in der Familie. In: Wurzbacher, G. (Hrsg.): Die Familie als Sozialisationsfaktor. Stuttgart: Enke 1968, 104–132

Lipman, A.: Role conceptions and morale in couples in retirement. Journal Gerontol., 1961, 16

Maddox, G. L.: Retirement as a social event in the United States. In: McKinney, J. G. & Vyver, F. (Eds.): Aging and social policy. New York: Appleton Century, 1966, 119–135

Meichenbaum, D. H.: Training the aged in the verbal control of behavior. Proc. 9th Intern. Congr. Gerontology, Kiev 1972

Miles, C. C.: The influence of speed and age on intelligence scores of adults. Journal Genet. Psychol., 1934, 10, 208–210

Nesselroade, J. R., Schaie, K. W. & Baltes, P. B.: Ontogenetic and generational components of structural and quantitative change in adult behavior. Journal of Gerontology, 1972, 27, 222–228

Neugarten, B. L.: Continuities and discontinuities of psychological issues into adult life. Human Development, 1969, 12, 121–130

Neugarten, B. L.: Summary and Implications. In: Neugarten, B. L. u. a. (Eds.): Personality in Middle and Late Life. New York: Atherton Press 1964

Neugarten, B. L. u. a.: Personality in Middle and Late Life. New York: Atherton Press 1964

Neugarten, B. L. & Weinstein, K. H.: The changing American grandparent. In: Neugarten, B. L. (Eds.): Middle age and aging – a reader in social psychology. Chicago-London: 1968

Oberleder, M.: Effects of psychosocial factors in test results on the aging. Psychol., Rep., 1964, 14, 383–387

Palmore, E.: Health practices and illness among the aged. Gerontologist, 1970, 10, 313–317

Palmore, E.: Variables related to needs among the aged poor. Journal of Gerontology, 1971, 26, 524–531

Reichard, S., Livson, F. & Petersen, P. G.: Aging and personality. London 1962

Riegel, K. F. & Riegel, R. M.: Development, drop, and death. Developmental Psychology, 1972, 6, 306–319

Rockstein, M.: The biological aspects of aging. The Gerontologist, 1968, 8, 124–125

Rose, A. M. & Peterson, W. A.: Older people and their social world. Philadelphia, P. A.: Davis Comp. 1965

Rose, A. M.: A current theoretical issue in social gerontology. The Gerontologist, 1964, 4, 46–50

Rose, A. M.: Group consciousness among the aged. In: Rose, A. M. & Peterson, W. A. (Eds.): Older people and their social world. Philadelphia, P. A.: Davis Comp. 1965

Rose, C. L.: Secularity in longevity research. The Gerontologist, 1968, 8, 29

Rosen, J. L. & Neugarten, B. L.: Ego functions in the middle and late years: A thematic apperception study. In: Neugarten, B. L. u. a. (Eds.): Personality in middle and late life. New York: Atherton Press, 1964

Rosenmayr, L.: Family relations of the elderly. In: Proceedings of the 7th International Congress of Gerontology. Wien 1966

Rosow, I.: Old age: one moral dielmma of an affluent society. The Gerontologist, 1962, 2, 182–191

Roth, E.: Lernen in verschiedenen Altersstufen. Zeitschrift exp. angew. Psychologie, 1961, 8, 409–417

Ruffin, H.: Das Altern in medizinisch-soziologischer Sicht. Freiburg 1962

Schaie, K. W., Rosenthal, F. & Perlman, R. M.: Differential

mental detoriation of factorially ‚pure' functions in later maturity, J. Gerontol., 1953, 8, 191–196

Scheuch, E. K.: Soziologie der Freizeit. In: König, R. (Hg.): Aspekte der Entwicklungssoziologie. Köln: Westdeutscher Verlag, 1969, 735–825

Schmitz-Scherzer, R., Renner, M. & Olbrich, M.: Freizeit und Alter. In: Schubert, R. (Hrsg.): Bericht 1. Kongreß Dt. Ges. Gerontologie, Darmstadt: Steinkopff 1968, 252–260

Schreiner, M.: Zur zukunftsbezogenen Zeitperspektive bei alten Menschen. Bonn, Phil. Diss., 1969

Simmons, L. W.: The role of the aged in primitive society. New Haven 1960

Singer, M. T.: Personality measurements in the aged. In: Birren, J. E. u. a. (Eds.): Human aging. Nat. Inst. of mental health. Bethesda, Maryland 1963, 217–249

Smith, H. E.: Family interaction patterns of the aged: a review. In: Rose, A. M. & Peterson, S. (Eds.): Older people and their social world. Philadelphia, 1965, 143–161

Streib, G. F. & Orbach, H. L.: Aging. In: Lazarsfeld, P., Sewell, W. H., Wilensky, H. L. (Eds.): The uses of sociology. New York, 1967, 612–640

Tartler, R.: Das Alter in der modernen Gesellschaft. Stuttgart: Enke 1961

Tews, H. P.: Soziologie des Alterns; Band I u. II. Heidelberg: Quelle & Meyer 1971

Thomae, H.: Cross-national differences in social participation: Problems of interpretation. In: Havighurst, R. J. u. a. (Eds.): Adjustment to retirement. Assen/Holland: Gorcum 1969, 147–158

Thomae, H.: Theory of aging and cognitive theory of personality. Proc. 8th Intern. Congr. Gerontol., Washington, D. C., 1969, 1, 7–10

Townsend, P.: The emergence of the four generation family in industrial society. In: Proceedings of the 7th International Congress of Gerontology, Wien 1966

Townsend, P.: The structure of the family. In: Shanas et al. (Eds.): Old people in three industrial societies. New York 1968

Tunstall, J.: Old and alone; a sociological study of old people. London 1966

Vernon, P. E.: The variation of intelligence with occupation, age and locality. Brit. Journal of Psychology, 1947, 1, 52–63

Wagner, E. E.: Differences between old and young executives on objective psychological test variables. Journal Gerontol., 1960, 15, 296–299

Lösungshinweise

Zu Kapitel (Wie vollzieht sich menschliche Entwicklung?)

(1) b) Erbinformation ist in den Genen gespeichert, unabhängig davon, ob es sich um körperliche oder Verhaltensmerkmale handelt

(2) c)

(3) biologische und sozialkulturelle Umwelt

(4) d) Punkt c ist irreführend formuliert: wenn gar keine Anlagebedingung vorhanden ist, kann durch Umwelteinfluß nichts erreicht werden: Hunde können z. B. nicht sprechen lernen

(5) b) (die restlichen Möglichkeiten treffen allenfalls für körperliche Entwicklung zu)

(6) Anpassung und Selbstdurchsetzung (-verwirklichung)

(7) b)

(8) c) Zur Rollenübernahme gehört die individuelle Interpretation (Auslegung) der Rolle, wenn neben der Anpassung auch Selbstdurchsetzung im Spiel ist.

(9) Für Anpassung: c
Für Selbstdurchsetzung: d
Natürlich sind bei beiden Prozessen alle Lernformen beteiligt, aber die genannten Alternativen sind die jeweils wichtigsten.

(10) a), b), c).
Bei den Beispielen d und e handelt es sich nicht um role-taking, da die Betroffenen schon zuvor die gleiche Rolle ausübten.

(11) Im Text (S. 69) wurden fünf Rollen genannt: Altersrolle, Geschlechtsrolle, Schichtrolle, familiale Rolle, Schüler- und Berufsrolle (letztere sind wieder als zwei Rollenarten aufzufassen).

Zu Kapitel (Frühe Kindheit)

(1) b)

(2) a) z. B. ein Haus aus Legosteinen bauen, ein Bild malen

    b) z. B. ein Rollenspiel planen und durchführen (Schutzmann und Verkehrsteilnehmer)

(3) Nachbarschaft: Steine beim Bauen zusammenlegen, so daß eine Mauer entsteht. Eingeschlossensein: etwas in eine Schachtel legen und mit Deckel verschließen, etwas aus der Schublade holen. Überschneidung: Perlen auffädeln, mit der Schere Papier schneiden.

(4) z. B. Herbeiholen eines mit der Hand unerreichbaren Gegenstandes mit einem Stock (erst muß der Stock ergriffen werden, dann kann der Gegenstand geholt werden.)
Oder (auf höherem Niveau): Planung eines Bauwerks (Fundament – Wände mit Fenstern und Türen – Dach) legt Reihenfolge der Handlungsschritte fest, sie sind nicht umkehrbar.

(5) a) Die übrigen Möglichkeiten können im Einzelfall zwar auch beteiligt sein, jedoch erfaßt das Kind am leichtesten und häufigsten „Oberflächenmerkmale".

(6) Im Text werden genannt:
„Körper-Ich", privates Selbst, soziales Selbst. Das Körper-Ich wird zum Bestandteil des privaten Selbst.

(7) Positive Verstärkung: gebotsorientiertes Verhalten
Negative Verstärkung: verbotsorientiertes Verhalten

(8) 2) „Ich will die Mutter sprechen."
Der Mutter signalisieren, daß man mit ihr in Kontakt treten möchte.

(9) Vorteile für den Sozialisanden und Sozialisator: *Rascher Erwerb* der *richtigen* (erwünschten) Verhaltensweisen, Zeit- und Energieersparnis.

(10) a) und c)

(11) d)

(12) b)

(13) b–a–c
(14) Unveränderbarkeit (Invarianz) der Geschlechtsrolle.
(15) b–c–d–a
(16) Unangemessenes Hantieren mit Werkzeugen – nur
      äußerlich angemessen, arbeitserleichternde Funk-
      tion wird noch wenig genutzt (z. B. Hammer am
      Stiel packen ohne Nutzung der Hebelwirkung)
      – angemessene Benutzung des Werkzeugs
(17) Erst kinästhetisch-taktile, dann visuelle Informa-
      tion.
(18) c)
(19) arb–d–c
(20) früher: später:
      a) Greifen mit der ganzen   Greifen mit Finger und
         Hand   Daumen
      b) Sand einfüllen: Zweirad fahren:
         rechte Hand bedient die   Treten, lenken, Gleich-
         Schaufel, linke hält das   gewicht halten
         Eimerchen
      c) Nach einem Gegenstand   Ein Haus zeichnen
         greifen
      d) Ein Kind führt einfache   Drei Kinder planen zu-
         sprachlich gegebene   sammen ein Kasperl-
         Aufträge aus   spiel und führen es an-
                                       schließend auf

      e) Ein Kind sagt: Jetzt male   Das Kind führt sein
         ich unser Dorf (unsere   Vorhaben bis zu Ende
         Stadt), gibt aber das Ma-   aus
         len nach kurzer Zeit auf
(21) d)
(22) b) Bezogen auf die Darstellung des vorliegenden Kapi-
        tels sind die Möglichkeiten a) und c) weniger wich-
        tig, weil sie als Sozialisationsziele für den Erwachse-
        nen ohnedies im Vordergrund stehen. Möglichkeit
        d) ist sicher sehr wichtig, trifft aber häufig gar nicht
        zu (Selbstdurchsetzung verläuft gewöhnlich nicht
        ohne Konflikte) oder stellt nur eine diffuse, allge-
        meine Angabe dar.

Zu Kapitel (Jugend)

(1) a)

(2) c)

(3)   Der Jugendliche nimmt eine unklar definierte Position zwischen Kind und Erwachsenem ein.

(4) 1. Akzeptieren der eigenen körperlichen Erscheinung und effektive Nutzung des Körpers

     2. Erwerb neuer und reiferer Beziehungen zu Altersgenossen beiderlei Geschlechts

     3. Erwerb der männlichen bzw. weiblichen sozialen Rolle

     4. Gewinnung emotionaler Unabhängigkeit von Eltern und anderen Erwachsenen

     5. Vorbereitung auf eine berufliche Karriere

     6. Vorbereitung auf Heirat und Familienleben

     7. Bemühung und Gewinnung eines sozial verantwortungsvollen Verhaltens

     8. Entwicklung eines Wertsystems und eines ethischen Bewußtseins als Richtschnur für das eigene Verhalten – Entwicklung einer Weltanschauung

(5)   Schulische Probleme und Probleme der Berufswahl

(6)   b), d) Möglichkeit c spielt wohl auch eine Rolle, doch bezieht sie sich mehr auf die private Identität.

(7)   FHS (follikelstimulierendes Hormon), LH (luteinisierendes Hormon) und Progesteron

(8)   Die gonadotropen Hormone

(9)   e) Die Zukunftsorientierung ist für die Entwicklung der Identität (des Selbstkonzeptes) entscheidend und spielt vorher oder später eine geringere Rolle.

(10)   b–c–f

(11)   b), d)

(12)   Vergleichen Sie S. 204: In Primitivkulturen besteht meist Kontinuität hinsichtlich sozialer Beziehung, z. B. Dominanz, gleichartiger Aktivität und Sexualverhalten. Jugend wird häufig auf die Zeit der Initiationsriten beschränkt.

(13)   Beispiel für traditionell: Übernahme der weiblichen Rolle in Kleidung, affektiver Wärme, Aufgabe männlicher Interessen

     Beispiel für Umdefinieren: Anpassung von Kleidung, Haartracht und Ausdrucksverhalten beider Geschlechter aneinander.

(14) a), d)

(15) Sie können beide Behauptungen wählen! Der Tendenz nach könnte man der Anpassung den Vorzug geben. Untersuchungsbeispiel: *Harris* u. a., Tab. 8

(16) d) (Die übrigen Beispiele decken nicht den gesamten Bereich von Devianz ab)

(17) s. S. 222
Primäre Devianz: Abweichendes Verhalten, das in Familie und Schule auftritt und dort aufgefangen wird
Sekundäre Devianz: Öffentliches Aufgreifen und Bestrafen von Verhalten

(18) Mädchen wählen später wieder häufiger die Eltern zum Vorbild, was mit der stärkeren Zentriertheit des Mädchens auf die Familie zu erklären ist.

(19) Haartracht, Kleidung, Sprache, Musik, Beschäftigungen und Interessen.

(20) Der Jugendliche wählt sich seine Freunde vorwiegend aus der gleichen sozialen Schicht, aus der er selbst stammt. Untersuchungsbeispiel: *Kreutz*, 1964

(21) s. S. 250: „Zur Wirkung von Peergruppen"

(22) Jugendangepaßte, Erwachsenenangepaßte und Cliquenangepaßte

Zu Kapitel (Alter)

(1) Zeitlich vorverlagert: Heirat, Geburt des letzten Kindes
Zeitlich nach hinten verlagert: Schulabschluß und Tod

(2) c) (s. S. 268)

(3) Siehe S. 270

(4) b), c)

(5) b) Längsschnittstudien untersuchen die gleichen Personen über längere Zeit hinweg. Dabei konnten auch in höherem Alter noch Leistungssteigerungen beobachtet werden.

(6)   „fluid" und „crystallized intelligence", letztere
        steigt bis ins Alter an.

(7)   Untersuchung von *Glanzer* und *Glaser* (1958), s. S.
        282

(8) c)

(9)   Desengagement-Theorie und Aktivitätstheorie

(10) a) (die übrigen Möglichkeiten sind eher Stereotype)

(11)   Vereinsamung: Subjektives Gefühl des Alleingelas-
        senwerdens bei objektiv gegebenen sozialen Kon-
        takten
        Isolation: objektive Verringerung sozialer Kontak-
        te, gegebenenfalls bei fehlendem subjektiven Gefühl
        des Alleinseins

(12)   Zufriedener: Mittelschichtangehörige
        Unzufriedener: Arbeiter

(13)   Im allg. verstehen sie sich besser (s. z. B. *Smith*,
        1965), s. S. 305

(14)   s. S. 306

(15)   s. S. 309

(16)   s. S. 312

(17) a) gleichbleibende (stereotype, uniforme) Rückmel-
        dung
     b) negative Rückmeldung ohne Begründung

(18)   s. S. 319

619)   z. B. verstärktes Saubermachen im Haus, weil nun
        mehr Zeit zur Verfügung steht; bei Männern z. B.
        vermehrte Arbeit im Garten, obwohl es nicht mehr
        zu tun gibt. Zum Begriff „demonstrativ" s. S. 322

(20)   Spazierengehen, Radiohören

(21)   s. S. 329

(22) a) (s. Befund von *Kimmel*, S. 331 f.). Die übrigen
        Merkmale bleiben nach Befunden von *Lehr* über
        längere Zeit hinweg unverändert! (s. S. 330)

(23)   Gemeinsamkeiten von Alter und Jugend:
        – Beide haben eine Subkultur geschaffen (trifft beim
          Alter vorwiegend für die USA zu)
        – Beide haben im allg. geringes Prestige und geringen
          Machteinfluß.
        – Beide haben unklar definierte Altersrollen

Namenregister

Sachregister